教育部人文社会科学重点研究基地 四川大学南亚研究所
国家“985工程”四川大学南亚与中国藏区研究创新基地
南亚前沿问题研究丛书

印度农村反贫困研究

Research on Anti-Poverty in Rural India

宋志辉 著

四川出版集团
巴蜀书社

教育部人文社会科学重点研究基地四川大学南亚研究所
国家“985 工程”四川大学南亚与中国藏区研究创新基地

南亚前沿问题研究丛书

总　序

当前，世界形势正发生重大而深刻的变化。一大批新兴国家的发展和壮大，使国际格局不断向有利于和平与发展的方向演进。由印度、巴基斯坦、孟加拉国、阿富汗、斯里兰卡、尼泊尔、不丹、马尔代夫组成的南亚区域合作联盟，其总面积超过400万平方公里，人口超过13亿，已成为新兴国家中一支重要的力量。

南亚各国是中国的近邻，中国人民同南亚各国人民有历史悠久的深厚友谊。近年来，中国同南亚各国的友好关系取得了令人鼓舞的新发展。中国和南亚各国的友好往来日趋频繁，经贸合作不断增加，文化交流丰富多彩。中国已成为南亚区域合作联盟的观察员。和平、友好、互信、合作，是中国和南亚各国关系呈现的四大可喜的特点。了解南亚，研究南亚，更成为中国各界人士的共同愿望。

四川大学南亚研究所是教育部人文社会科学重点研究基地。该所和该所支撑成立的教育部“985”工程四川大学南亚与中国藏区研究创新基地一起，在南亚研究方面进行了大量的工作，已成为我国南亚研究的重要中心之一。该所过去编辑出版的《南亚基地丛书》内容丰富，研究深入，是当今我国十分难得的有关南亚的一套宝贵的丛书。现在，根据当前的形势需要，该所和“985”基地又编辑出版《南亚前沿问题研究丛书》，相信一定会获得广大读者的欢迎。

我谨对这套丛书的出版表示衷心的祝贺，并对笔耕不辍、辛勤工作的作者们致以崇高的敬意。

中国前驻印度大使

四川大学南亚研究所讲座教授

程瑞声

2008年4月

目　录

前言

1947年8月15日，印度从英国殖民统治下获得独立。经过六十多年的发展，印度的经济建设取得了显著的成就。然而，长期以来，虽然印度以农立国，但粮食却不能自给，在独立前是有名的“饥荒之国”。独立后许多年也要靠美国“救济粮”度日。因此，印度在国内外的报刊上就是一个“捧着讨饭碗的乞丐”形象。独立前，印度的贫困曾使其人均寿命降到30岁以下，1943年孟加拉大饥荒死亡350万人的人间悲剧更是引起了全世界人民的震惊。独立后，印度政府把消除贫困，特别是消除农村贫困作为工作重点之一，从20世纪70年代起，印度政府针对严重的农村贫困问题，实施了一系列扶贫计划，如实施了“绿色革命”、“白色革命”和“蓝色革命”等一系列措施以解决农村人口的粮食等问题，在某种程度上对缓解农村贫困起到了一定的作用。20世纪八九十年代，印度的农村扶贫工作虽然取得了十分可观的成绩，但90年代后期则显得迟缓，且返贫现象较为严重。进入21世纪，印度政府通过开展“第二次绿色革命”等措施继续开展农村反贫困工作，但由于各方面的原因，印度的农村反贫困工作并未真正使大部分农村贫困人口脱贫。本书旨在全面、详尽地阐述和分析印度农村的贫困问题和反贫困的各个方面。

本书对贫困理论、贫困标准，特别是印度各界的贫困标准，以及印度社会的贫困现状作了介绍和分析。笔者认为，贫困是个人消费结构受到严重限制的一种状况，而富裕的消费结构属于基本上不受限制的另一种状况，简单地说，生活水平是根据个人对实物和服务的支配权，即对资源的支配权来衡量的，一个人可支配的资源越少，他的生活水平就越低，他也就越穷。因此，贫困的定义是可支配的资源量低于某个水平，即低于贫困线的生活水平。[①] 实际上贫困问题既有经济的因素，也有非经济的因素，而后者往往被忽视。联合国开发署在《1997 年人类发展报告》中提出“人文贫困”的概念值得注意。这一贫困概念不仅包括人均国民收入的因素，还包括人均寿命、教育、卫生和生活条件等因素，即从 40 岁以前可能死亡的人口比例、文盲率、获得基础卫生保健服务、可饮用水和合适食物的状况等方面来衡量一个国家或地区贫困的程度。对于贫困问题，应该从经济、社会、政治、文化诸多方面来予以综合性的考察。

导致印度农村贫困的原因是多方面的，包括制度原因、经济原因、社会人口原因和宗教文化原因等。1950 年 1 月 26 日生效的宪法规定印度为联邦制国家，是主权的、社会主义的、世俗的民主共和国，采取英国式的议会民主制。公民不分种族、性别、出身、宗教信仰和出生地点，在法律面前一律平等。[②] 然而，尽

① 斯蒂芬·克拉克、理查德·亨明、大卫·厄尔普：《贫困线的概念和标准》。
② 郭登皞等译：《印度宪法》，世界知识出版社，1951 年，第 7 页。

管宪法规定了印度是世俗的国家，但是，印度的宗教对社会生活的影响却无处不在；尽管宪法规定印度“公民不分种族、性别、出身、宗教信仰和出生地点，在法律面前一律平等”，但是，印度政治制度、种族、性别、出身、宗教信仰甚至出生地点都对印度大多数人产生着巨大的影响，尤其是种族、种姓和性别等对人的影响，这些因素都是导致印度大多数贫困人口越来越贫困的直接原因。

农村的贫困问题对印度经济、社会和政治民主造成广泛而深远的影响。印度农村面临较为严重的贫困问题，具体体现在两个方面：一是贫困人口的队伍庞大。印度全国的贫困人口超过了三亿多，其城市贫困与农村贫困问题一样严重；二是贫富差距有进一步拉大的趋势。印度农村贫困人口多为无地农民和缺地农民，印度城市贫困人口都多为无业游民和从事低收入职业的人群，这些贫困人口往往受到社会的歧视和排斥，他们游离于主流社会之外，难以享受到经济增长带来的成果。独立六十多年来，尽管印度的经济发展取得了巨大的成就，但其发展却面临着这样一种尴尬局面：一方面经济发展使富者越来越富，另一方面，贫困人口却在原地踏步，而且贫困人口的数量还在增加。这个问题不解决，不但会对印度政治和社会稳定产生影响，而且还会制约其经济的发展和社会的进步。

为了消除农村贫困，印度各届政府出台了各种反贫困措施，印度的非政府组织也提出了相应对策。印度在独立初期、20 世纪 80 年代、20 世纪 90 年代和进入 21 世纪以来的农村反贫困措施以及非政府组织的扶贫措施各不相同，效果也有所差异。独立后，印度政府注意到，作为一个人口众多的大国，吃饭问题始终是摆在政府目前的头等大事。为了解决粮食问题，印度政府实行了一系列政策措施，加大对农村的扶贫力度，概括起来主要有四个方面，一是大力发展农村经济，二是努力扩大农村就业，三是积极实施农村综合发展计划，四是切实解决无地农民的问题。

印度政府的农村反贫困工作虽然取得了较大的成绩，但也存在较为严重的问题，其前景并不乐观。独立六十多年来，印度的反贫困工作取得到较大的成绩，也使一部分农村贫困人口摆脱了贫困。但是，由于历史和现实的原因，印度农村总的贫困状况并未得到根本改善，印度反贫困工作中存存在着较大的问题。同时，本书也对印度农村反贫困工作的前景作了分析。

中国改革开放以来，也在农村开展了扶贫工作。本书对中印两国农村反贫困工作进行了比较，分别从两国农村反贫困的政策、反贫困的方法和反贫困的绩效进行比较。

印度农村反贫困的经验有值得中国借鉴的地方，也有值得中国吸取的教训，本书旨在通过上述分析，希望对中国相关部门有所启示。

由于时间及资料等方面的原因，书中遗漏之处在所难免。倘能对读者有所裨益，十分知足矣。

绪 论

贫困是一个世界性的问题，反贫困是人类面临的一项共同历史任务。1997 年 10 月 17 日，时任联合国秘书长科菲·安南在“国际消除贫困日”发表的文告中指出：“在发展中国家，目前有 13 亿人生活在生活费每天不足一美元的贫困线以下；在发达国家，也有 1 亿多人生活在贫困线以下。贫困人口都集中在农村，特别是发展中国家的农村地区。”[①] 中国和印度同是世界上最大的发展中国家，同样也面临着农村贫困问题，同样肩负着反贫困的历史使命。2000 年 9 月，千年首脑会议在联合国总部举行，包括中国在内的 150 多个国家的元首或政府首脑出席了会议，会议承诺在 2015 年之前将全球的贫困水平降低一半。随后制定了千年发展目标。千年发展目标的八个方面是：消除极端贫困和饥饿，普及初等教育，促进性别平等和提高妇女权利，降低儿童死亡率，改善产妇保健，与艾滋病、疟疾和其他疾病作斗争，确保

① 科菲·安南：《在消除贫困日纪念大会上的讲话》，《联合国快讯》，1997 年 10月 18日

环境的可持续能力，全球合作促进发展。反贫困是当今世界大多数发展中国家面临的战略任务。同为人口大国的中国和印度在各具特色的发展道路上，也共同面临着反贫困问题。尽管两国的贫困人口在成因、数量和程度上存在差异，但是在反贫困的经验与教训等方面可以相互借鉴。

1947 年 8 月 15 日，印度摆脱英国殖民统治，赢得民族独立。六十多年来，印度的政治、经济和社会各方面获得了巨大的发展，印度人民的生活水平总体上也获得了大幅度提高。然而，与此同时，印度仍然面临众多挑战，在消除贫困，特别是消防农村贫困方面，印度仍然面临十分严峻的形势。据联合国有关机构统计，印度至今仍有三分之一的人口生活在贫困线以下，印度儿童仍然面临着比非洲儿童还更为严重的营养不良状况。

独立初期的印度面临着百废待兴的局面。为了巩固政治独立，以尼赫鲁为首的国大党政府在致力于统一 552 个土邦，实行议会民主，建立联邦制国家的同时，积极调整和恢复国民经济，实行“社会主义类型”的混合经济体制。之后的各届政府在强调国营经济“制高点”作用的同时，努力促进私营经济并行发展；在实施“五年计划”，进行宏观调控的同时，重视市场调节的作用；在实行土地改革发展传统农业的同时，开展绿色革命，发展现代农业新技术；坚持自力更生发展民族经济的同时，积极引进外资和新兴技术，大力推进国民经济的现代化建设，并积极参与到经济全球化的进程中。经过六十多年的发展，印度的综合国力有了明显的提高，经济已走向全面、稳定发展的道路，国民经济结构日趋合理，农业生产持续增长，工业门类齐全，基本解决了吃饭问题，所有这些对印度消除贫困，特别是农村贫困起到了巨大的推动作用。

印度是一个相对落后的国家，而贫困的人口又大部分居住在农村。为促进整个国家的繁荣和强大，印度政府非常重视农村发展和扶贫工作。为了促进农村地区的发展，印度在中央政府和地方政府专门设立了农村发展部，负责实施国民经济和社会发展计划中的农村扶贫计划和农村住房建设、农村饮用水的改善、乡村卫生计划、社会扶助事业、农村教育、就业保证、荒地综合开发和农村电力建设等农村基础设施建设。中央政府的农村发展部设有农村发展局、土地资源局和饮水供应局三个部门，分别负责扶贫和各种项目建设、荒地开发和土地改革、乡村饮水和卫生项目。

印度农村发展的各种项目一般是由中央政府建立，由邦政府负责实施。其行政运行体系是：中央政府农村发展部→邦政府农村发展部→地区农村发展部→村农民自治组织。农村发展部所实施的各种项目大部分涉及农村人口的就业。印度政府认为，农民需要在可持续发展的基础上获得就业机会，包括付工资的就业和自谋职业。其中付工资的就业是有局限性的，主要目的是帮助农民自主就业，包括务农、从事手工业生产经营等，中央政府主要是对地方政府实施的就业项目提供财政帮助（在中央政府所辖的各部门中，农村发展部所得到的预算是第二位的，仅次于外交部）。在农村发展部所实施的饮水项目、住房项目、荒地开发项目中，都同时为农民提供了就业机会。印度农村发展部认为，只有把农民组织起来，项目的实施才会更有意义。农村发展项目在基层的实施是依赖村农民自治组织。根据法律规定，印度的村农民自治组织每两年改选一次，要保障妇女、残疾人和贫困者加入该组织的名额，以便在农村发展项目的实施中更好地保护这些弱势群体的利益。村农民自治组织可以从中央和邦一级得到项目发展资金，由该组织选择项目的参加者和监督项目资金的使用，以达到农民自我管理的目的。地方政府的官员对村农民自治组织的项目实施承担行政管理的职责，并按照要求提供技术指导。印度农村发展部的官员认为，农村居民生活状况的改善相对于城市而言更为困难，农民的问题最终要靠农民自己通过开发来解决，只有这样，才能最终缩小城乡差距。作为一个农业大国，在粮食已经实现自给后，应当通过各种渠道促进农村地区的自我发展，而不是鼓励农村人口涌入城市。

印度的农村社会保障制度很有特点：

第一，丧失劳动能力的老年农民可以获得政府发放的津贴，以满足其最基本的生活需要。

第二，无房的贫困农民可以获得政府的建房补助，以得到基本的居住条件。

第三，对贫困子女的教育由中央和邦政府给予补贴，印度的小学教育实行免费政策，在条件好的邦，中学教育也实行免费，学生可以免费得到书本，有些邦的学生还可以得到免费午餐。

第四，对贫困人口购买粮食实行低价政策，贫困人口不需要按照市场价格购买粮食，而是根据政府确定的远低于市场的价格来购买，以保障其基本的生存需求。

作为一个经济比较落后的国家，印度仍然较好地实施了通常只有发达国家才会有的福利政策，对农村居民生活质量的改善、农村社会的全面发展和农村地区的稳定起到了非常重要的作用。①

与印度一样，中国也是一个人口众多的发展中国家，也是全球反贫困事业的重要实践者。自20世纪70年代末以来，得益于改革开放政策，中国的经济实现了长期持续增长，加上国家专项扶贫开发计划的实施，中国农村的反贫困工作取得了举世瞩目的成就。按照中国政府的贫困标准，中国的绝对贫困人口从1978年的2.5亿下降到2005年的2365万，贫困发生率从30.7%下降到2.5%。② 贫困地区的生产、生活和生态条件明显改善，社会事业发展水平持续提高。中国是全球唯一提前实现了联合国千年发展目标中使贫困人口减半目标的国家。③

联合国开发计划署发布的《2005年人类发展报告》认为，"中国是过去20年中世界上增长最快的经济体，人均收入翻了三倍。中国在全球千年发展目标中所做的贡献，给予再高的评价也是不过分的。如果不算上中国的进步，整个世界在减贫方面从总体上说其实是倒退了"。④

尽管中国农村减贫成效显著，但作为世界上人口最多、内部发展不平衡的发展中国家，目前中国扶贫仍然面临着严峻的形势。一是贫困人口绝对数量依然庞大。到2005年末，全国绝对贫困人口还有2365万人，初步解决温饱但还不稳定的农村低收入人口为4067万人。这些贫困人口分布在生产生活条件极差的

---

① 任大鹏：《印度的农业和农村发展政策》，《世界农业》，2005年第2期。
② 国务院扶贫办《2006年度扶贫报告》第3页。
③ 见联合国开发计划署《2005年人类发展报告》。
④ 见联合国开发计划署《2005年人类发展报告》。

地区，市场经济发育程度低，人力资源严重不足，收入来源匮乏，极易返贫，是中国扶贫面临的最大挑战。二是扶贫成本增加，难度加大，减贫速度放缓。20 世纪 80 年代，全国农村贫困人口年均减少 1350 万，到 90 年代年均减少人数下降为 530 万，而在 2002 年至 2005 年期间，年均减少人数仅为 140 万。三是贫困群体的弱势地位更加突出，收入与社会事业方面的差距持续拉大。在过去的 13 年间，贫困人口的收入上限与一般农民的收入差距从 1∶2.45 扩大到了 1∶4.76。贫困地区教育、卫生、社会保障等社会服务水平提高幅度长期低于发达地区。一些贫困县至今仍未实现普及九年义务教育的任务，缺医少药的状况十分普遍，西部一些地区的孕产妇死亡率较高。①

面对上述困难与挑战，中国提出将按照全面建设小康社会、构建社会主义和谐社会的战略方针，努力在“十一五”期间实现“两个基本”，即：基本解决农村贫困人口的温饱问题，并逐步增加他们的收入；结合社会主义新农村建设，基本完成 14.8 万个重点贫困村的整村推进扶贫规划。②

中国是一个发展中国家，也是一个负责任的大国。中国政府在努力解决好本国问题的同时，也积极关心和支持其他国家的减贫行动。中国政府表示将和包括印度在内的世界各国、相关国际组织密切合作，通过研究、总结、推广和交流中国和世界各国在反贫困方面的经验，增强国际间的互动与合作，提升各国在扶贫发展方面的能力，从而促进全球反贫困事业的发展。

---

① 中国国务院扶贫办《2006 年度扶贫报告》第 5 页。
② 详见《中国十一五规划纲要》第 17 页。

免于饥饿，消除贫困，共享繁荣是人类梦寐以求的共同理想，也是中印两国的共同理想。作为世界人口最多的两个大国，印度和中国同样面临着消除贫困的问题。中印两国既是邻居，也是全球反贫困事业的重要实践者。两国在反贫困方面既有成功的经验，也有各自的教训，两国可以互相学习和借鉴，从而达到更好的效果，进而向世界推广，为世界减贫事业作出更大的贡献。但是，减少以至消除贫困，不仅是一个经济问题，而且是一个政治问题；不仅是各国自己的紧迫任务，而且是国际社会的共同责任，因而，开展反贫困研究具有十分重要的国际意义。本书通过对印度农村反贫困的情况作一全面的研究和探讨，并通过对中印两国在反贫困方面的比较，希望能对我国的扶贫工作有所借鉴。

一、国内对印度农村贫困问题的研究现状

2006 年 8 月 15 日，由国务院西部开发办公室、国务院扶贫办公室、四川省人民政府、重庆市人民政府和四川大学联合主办的"反贫困与国际区域合作国际学术研讨会"在四川大学举办，会议邀请了国内外研究反贫困问题的专家、学者共同探讨反贫困问题。此次会议讨论的重点是南亚国家，来自联合国相关机构和印度、巴基斯坦、孟加拉国及斯里兰卡等南亚国家的政府官员和专家、学者出席会议并介绍了本国开展反贫困工作的情况。这是国内首次就包括印度在内的南亚国家的反贫困问题举行大型国际学术会议进行研讨。目前，虽然国内涉及南亚问题研究的学术和科研机构较多，如中国社科院亚太研究所、中国国际问题研究院、上海国际问题研究所、四川大学南亚研究所、云南省社科院

以及新近成立的复旦大学南亚研究中心等，但至今尚无专门研究南亚反贫困问题的研究机构，各相关学术机构也无专门研究南亚反贫困，特别是农村反贫困问题的专家和学者，国内研究印度反贫困问题的文章也不多见。

四川大学南亚研究所是截至目前国内研究南亚问题时间最长、人员最集中、资料最齐全的专门研究机构，但四川大学南亚所的研究领域主要是南亚经济、政治、历史和文化等方向，印度经济研究是该所的主要研究方向，一些专家、学者在研究中虽也涉及印度的反贫困问题，但未作为专门方向作专题研究，特别是印度农村反贫困问题研究至今尚未专门触及，也无有关该问题的专著出版。

近年来，国内发表的涉及南亚或印度反贫困的学术著作或文章主要有：

文富德：《南亚国家反贫困的若干经验教训》，载《2006 年反贫困与国际区域合作国际研讨会论文集》。文章认为，长期以来，南亚地区是世界上最贫困地区之一，也是世界上较早开展反贫困工作的地区之一。在南亚地区国家反贫困斗争中，既积累了诸多值得借鉴的重要经验，也存在某些需要汲取的沉痛教训。该文就南亚地区国家反贫困的经验教训进行了探讨。

邓常春：《印度的贫困与反贫困：成因、努力、效果与前景》，载《南亚研究季刊》2003 年第 3 期。文章认为，贫困是一个世界性的难题，南亚则是世界上贫困人口最多的地区之一。文章分析了南亚的头号大国印度贫困的成因，反贫困的努力及其效果与前景。认为，随着印度经济的持续增长，印度的贫困问题将会得到更好的缓解。

邓常春:《印度政府对农业的支持及其成效》,载《南亚研究季刊》2005 年第 4 期。文章认为,印度对农业的扶持性政策以及对农民利益的保护性措施,极大地促进了农业的发展,不但保证了这个人口大国的粮食供应,并且带动了食品加工和其他相关产业的发展,对整个国民经济产生了极为深远的影响,对于深受"三农"问题困扰的中国来说,印度的经验值得借鉴。

杨文武:《20 世纪 90 年代以来中印贫困与反贫困探析》,载《南亚研究季刊》2004 年第 3 期。该文对中印贫困程度、外在表征及其内在成因等方面作了深入细致的比较和分析,揭示出中印贫困现象背后深层次的运行机理,进而为两国政府探索消除贫困、制订切实可行的应对策提供了全新的理论视角。

王晓丹:《印度贫困农民的状况及政府的努力》,载《当代亚太》2001 年第 4 期。文章认为,印度农村贫困人口约占农村人口总数的 70%以上,虽然印度政府每年都制定各种消除贫困的计划,向表列种姓、表列部族和落后阶层提供各种福利和援助,使得贫困人口在人口总数中所占百分比由 50%以下降至 36%,但贫困人口总数并没有大幅度减少,贫困问题仍然困扰着印度政府和人民。

李涛:《中印非政府组织(NGOs)及其在扶贫开发中的作用研究》,载《2006 年反贫困与国际区域合作国际研讨会论文集》。文章认为,对于世界上两个贫困人口最多的、正在快速发展的大国——中国和印度,面临不同的国际背景、不同的改革开放程度、不同的社会制度和不同的民族、宗教问题,非政府组织(NGOs)在其扶贫开发中作用何在?该文通过对印度和中国非政府组织运作的实地调查研究,分析比较两国非政府组织在政府的管理政策、法律地位、资金来源及外资的影响力、民族宗教特性、组织治理绩效等方面的异同，以探讨适合亚洲地区特色的非政府组织扶贫开发机制。

乐波：《反贫困过程中的印度农村妇女自助团体》，载《孝感学院学报》2006年第2期。文章认为，目前农村妇女自助团体在印度发展很快，并在反贫困过程中发挥了重要作用，文章介绍了印度农村妇女自助团体的基本情况，所取得的成就，并分析了其取得成功的原因。

宗义湘等：《印度农业国内支持政策》，《世界农业》，2007年第4期。

黎海波：《印度农业机械化发展的政府扶持经验》，《福建农机》2006年第1期。

王建刚：《政府扶持催生印度农业奇迹》，《金融信息参考》，2004年第6期。

李西林：《印度农业支持政策改革的经验及对中国的启示》，《世界农业》，2007年第10期。

李巧莎：《印度金融支持农业发展的经验及借鉴》，《金融教学与研究》，2008年第2期。

汪登伦：《印度的农业政策及农业现代化成就》，《山东省农业管理干部学院学报》，2007年第3期。

汪登伦：《印度的农业政策与农业现代化略论》，《河北农业大学学报》，2007年第1期。

吴臣辉：《基于农村反贫困的印度农业保险政策》，《贵州财经学院学报》，2007年第6期。

唐华俊、李建平、王东阳：《印度加入WTO后农业产生的变化及若干启示》,《中国农业资源与区划》,2002 年第 3 期。

王晓丹:《印度的农村建设》,《南亚研究》,2006 年第 2 期。

张颖梅、程绍仁、贾冬艳:《印度农村信息技术发展及对我国的启示》,《辽宁农业职业技术学院学报》,2008 年第 1 期。

朱超:《印度农村建设中的金融支持及启示》,《浙江学刊》,2006 年第 5 期。

冉杰:《印度发展农村金融的经验、教训及启示》,载《经济体制改革》2006 年第 6 期。文章认为,印度农村金融体系在政府强烈干预下建立并发展壮大,农村金融覆盖率、支农贷款、农村金融品种迅速增长,但同时逐渐反映出经营效率低下、农村金融资源分布不均和可持续发展等问题。吸取印度农村金融发展的经验和教训对加快我国农村金融发展具有现实意义。我国应加大对"三农"的资金支持;进一步完善农村金融体系和丰富金融品种;正确认识政府和市场的作用;注重农村金融资源公平分配。

二、国外对印度农村贫困问题的研究现状

国际上也没有专门研究印度农村反贫困的专门研究机构。联合国开发计划署、世界银行、亚洲开发银行等国际机构虽然设立专门的扶贫项目和扶贫基金,南亚区域合作联盟秘书处也曾对南亚国家的贫困问题进行过专门讨论,美国的福特基金会等国际机构也曾就包括印度在内的南亚国家的贫困问题设立过专项基金,也有较多专家就印度的贫困问题进行过探讨和研究,其中印度本国对该问题的研究也较多,但专门研究印度农村反贫困的机构至今没有成立,也没有专家或学者对印度农村反贫困问题进行过系

统研究。近年来，国外涉及印度贫困问题和印度农村反贫困问题的文章或著作主要有：

纲纳·缪达尔（1898—1987）：瑞典人，是瑞典学派和新制度学派以及发展经济学的主要代表人物之一。纲纳·缪达尔由于在货币和经济波动理论方面的开创性贡献以及对经济社会和制度现象的内在依赖性进行的精辟分析，1974年和哈耶克（Friedrich August von Hayek）一起荣获诺贝尔经济学奖。纲纳·缪达尔的主要著作：《经济理论发展中的政治因素》（1930）、《货币均衡论》（1931）、《1630—1930年间的瑞典生产费用》（1933）、《财政政策的经济效果》（1934）、《人口问题的危机》（合著，1934）、《人口：一个民主问题》（1940）、《美国的困境：黑人问题和现代民主》（1944）、《国际经济》（1956）、《富裕国家与贫穷国家》（1957）、《超越福利国家》（1960）、《亚洲的戏剧：一些国家贫困问题研究》（1968）、《世界贫困的挑战》（1970）、《反潮流：经济学评论集》（1973）等。

鲁达尔·达特、K. P. M. 桑达拉姆：印度著名学者，著有《印度经济》一书，由雷启淮等翻译，四川大学出版社1994年出版。该书对印度经济作了全方位的介绍，其中只有部分章节提到印度农村的贫困问题和印度政府对农村反贫困的举措，但都不全面。

大卫·阿姆斯特朗：《效率评估的新方法》，载《国外社会科学文摘》2006第11期。该文主要介绍了印度反贫困团体塞瓦·曼迪（Seva Mandir）在运作一个教育项目：用印地语教4000个7到10岁的孩子数学和读写能力。他们遇到一个问题，即从农村招募的教师往往只有10年级的水平，而且到校上课率只有

60%。虽然教师旷课太多将被除名，但是对贫困的拉贾斯坦邦的遥远地区根本无法进行正规的监督。

阿玛蒂亚·森、让·德雷兹：《印度：经济发展与社会机会》，黄飞君译，社会科学文化出版社 2006 年 12 月出版。该书以一种广泛的视角分析了导致社会贫困的原因，指出社会机会与经济机会一样在其中发挥重要的作用。社会机会的变化不仅导致人们生活质量水平的差异，而且影响经济实效，特别是普通公民能获得的由功能性市场提供的设施的程度。

联合国开发计划署：《印度农村发展战略》，2003 年 7 月。该发展战略于 2003 年 7 月 1 日开始实施，计划于 2007 年 12 月 31 日结束。该计划的发展目标是通过印度中央及各邦的联合行动在印度农村实施一项广泛的减贫战略，包括通过对政策及规定的辩论、改革农村机制等措施来提高农村发展效率，加快人类发展进程，以最终提高农村人口的生活水平。

罗杰斯·哈里斯、拉杰希·拉觉拉：《为穷人赋权，政府管理中的信息与通信技术与减贫——印度农村发展项目研究》，联合国开发计划署系列报告，2006 年。

提莫西·贝斯利、罗宾·伯杰斯：《土地改革，减贫与经济发展——来自印度的例证》，发表于 2001 年 5 月。

拉西米·帕特：《贫困的女性化与妇女的权赋——印度视角和经验》，发表于 2003 年 7 月。

安古斯·戴顿、让·德雷兹：《印度的贫困与不平等》，发表于 2004 年 8 月。

高拉夫·达特：《印度及各邦的贫困——情况更新》，发表于 2005 年 12 月。

K. K. 巴格奇：《印度的就业与减贫计划——一个评价》，新德里，2007 年 2 月。

萨维塔·夏尔玛：《对印度贫困的估计——几个关键问题》，ERD 第 51 号工作报告，2004 年 5 月。

纳里尼·库马尔、纳莱西·萨克森纳：《印度：通过发展森林实现减贫》，世界银行国别评估报告，2000 年。

胡安·佩德罗·施密特：《印度的经济发展与减贫——中央与各邦的经济、社会政策的效果与效率》，2005 年 6 月。

三、印度农村反贫困研究的发展趋势

进入 21 世纪以来，一方面世界经济在发展，大多数国家人民的生活水平在提高，但另一方面，世界上许多地区，特别是第三世界国家，其中包括印度的贫困人口也在增加。世界范围内的扶贫工作面临巨大挑战，印度也不例外。这同时也为我们的反贫困研究工作提出了挑战。

第一，进入新世纪后，贫困的方式在发生变化，反贫困的方法也应该随之变化。同其他国家一样，由于世界经济全球化的影响，印度的城市人口中出现了新的贫困群体，农村人口中的贫困表现形式也发生了变化。如何解决该群体的减贫问题将会是印度政府必须以新的思维加以考虑的，并且必须要有新的策略。

第二，印度仍将继续是农业大国，由于印度特殊的土地关系，庞大的农村人口还将继续面临粮食、健康、就业、教育等问题。如何加大对农业的投入，使农村人口真正得到实惠，切实处理好农业、农村和农民问题也是新时期印度政府必须面临的新课题。

第三，印度的老龄群体、妇女和儿童仍将是扶贫的主要对象。如何进一步改善社会保障体系，改善该群体的居住和生活条件将是印度政府面临的巨大挑战。

第四，由于独特的自然、地理环境原因，特别是恶劣的气候因素，印度贫困人口的生存问题也面临巨大挑战。

对于印度农村反贫困研究，今后将呈现更加专业化和细化的研究发展趋势。国际方面，由于印度是个农业大国，将会有越来越多的专家学者开展对印度农村贫困和反贫困的研究，特别是联合国的相关机构，如联合国开发计划署、联合国粮农组织、世界银行等。此外，亚洲开发银行等也将会加强对印度农村反贫困问题的研究。国内方面，由于印度的农村贫困问题与中国的扶贫工作有许多相似之处，加强对该问题的研究有助于我国进一步提高扶贫的效率，因此，相关机构和科研单位将会加大对该问题的研究力度，并逐步延伸到更加专业的领域，研究方面也将更加细化，如对印度农村贫困妇女的帮扶问题，印度农村失学儿童的问题，非政府组织在印度农村反贫困中的作用等。

四、印度农村反贫困研究的理论意义

消除贫困是当今世界大多数发展中国家面临的共同问题。作为发展中国家，同时也是人口大国的中国和印度在各具特色而不同的发展道路上，也同样面临着消除贫困，特别是如何消除农村贫困的问题。尽管两国的贫困人口在成因、数量和程度上存在差异，但是在反贫困的经验与教训等方面可以相互借鉴，而借鉴的前提在于相互了解。中国是世界上人口最多的发展中国家，是全球减贫事业的重要实践者。改革开放三十多年来，中国经济稳定、快速增长，人民生活水平显著提高，各项社会事业得到全面发展。中国贫困人口已由 1978 年的 2.5 亿减少至 2004 年底的 2610 万人，贫困人口占农村人口的比重由 1978 年的 30.7%下降到 2004 年的 2.8%。2000 年联合国千年峰会上提出的从 1990 年到 2015 年，将每日收入不足 1 美元的人口比例减半，将挨饿的人口比例减半的目标，在中国已经提前实现。[①] 中国在减贫方面取得成绩的重要原因一方面在于中国政府对“三农”问题非常重视，改革开放以来中共中央历年的一号文件都是针对“三农”；另一方面还在于中国政府走的是符合中国国情的发展道路，中国政府把扶贫工作纳入国民经济和社会发展的总体规划，实事求是地确定扶贫开发的阶段性目标，从救济式扶贫转向开发式扶贫，增强贫困地区自我发展能力。目前，中国已制订出了 2006—2010 年发展规划，扶贫开发是 2006—2010 年全面建设小康社会和建设社会主义新农村的一项重要任务。我们相信这一规划将进一步促进中国经济发展和社会进步。尽管取得了上述成绩，但由于中国是一个人口众多、发展不平衡的发展中国家，中国消减贫困所面临的形势依然严峻，需要扶持的贫困群体数量仍然较多。同时，刚刚解决温饱问题的贫困人口仍然具有很大的脆弱性，抵御风险的能力很差，如果没有持续的综合救助和发展机会的改善，他们很容易重新陷入绝对贫困。消除贫困已经进入了解决温饱和巩固温饱并存的关键阶段，扶贫对于我们来说仍是一项长期

---

① 中国国际扶贫中心：《战略定位和发展规划（2006—2010 年）》，第 7 页。

而艰巨的工作。[①] 中国政府高度重视消除贫困问题，在大力推进本国减贫工作的同时，还积极参与消除贫困领域的国际合作。2004 年 5 月，中国与世界银行在上海举办了全球扶贫大会。2005 年 5 月，作为全球扶贫大会后续行动之一的“国际扶贫中心”在北京正式成立，致力于全球扶贫领域的应用性政策研究与人力资源合作，为总结、交流、推广世界各国的扶贫经验提供平台，提升各国减贫能力。2005 年 9 月，胡锦涛主席在联合国发展筹资高级别会议上宣布了中国帮助其他发展中国家的五项举措，内容涉及零关税待遇，减免债务、优惠贷款、公共卫生合作、人力资源培训等。这一切显示了中国积极参与世界反贫困事业的决心，也将为国际减贫事业作出贡献。相对而言，印度在减贫方面存在的问题较多一些，因此，在中国实施西部大开发战略的过程中，积极开展相邻国家的反贫困研究，对于反贫困理论和发展经济学的丰富和发展，都具有十分重要的意义。

五、印度农村反贫困研究的现实意义

全世界约有 13 亿人口生活在极度贫困之中，约占全球总人口的四分之一。因此，反贫困成为全世界共同关注的重大问题。联合国确定的战略目标是到 2015 年将全球的贫困人口在 20 世纪 90 年代中期的基础上减少一半。近二十年来，中国在反贫困领域取得了举世瞩目的成就，但按国际标准衡量，中国仍有近 1 亿左右的农村人口生活在贫困状态。研究贫困人口的状况、导致贫

① 中国国际扶贫中心：《战略定位和发展规划（2006—2010 年）》，第 11 页。

困的各种因素和相互之间的联系以及可能的应对策略，对中国政府和国际机构制定高效率的反贫困政策具有重要的现实意义。

贫困问题一直是困扰人类社会发展的问题，人类社会发展的历史实际上也是人类为消除贫困而不断摸索前进的过程。同样，我国也在为消除农村贫困进行着不懈的努力，特别是在改革开放以来，农村绝对贫困人口从 1978 年的 2.5 亿人已减至 2004 年的 2610 万人，摆脱绝对贫困境地的人口近两亿人，反贫困工作取得了骄人的成绩。但是，我国的反贫困事业仍然任重而道远。根据《中国农村扶贫开发纲要（2001—2010 年)》的目标，到 2010 年要基本解决绝对贫困问题。在这一严峻的反贫困形势下，对贫困成因进行深入分析，并提出所应采取的有效反贫困措施，对我国社会主义和谐社会的建设具有重要的借鉴意义。

新中国成立以来，中国共产党和中国政府始终高度重视并致力于消除贫困。特别是改革开放三十多年来，我国组织实施了大规模的专项扶贫开发计划，我国政府通过推进再就业工程，完善居民最低生活保障制度，构筑社会救助体系，发展非政府组织（NGO）的扶贫事业等，全国贫困人口从改革开放初期的 2.5 亿，下降到 2005 年的 2365 万人，取得了举世瞩目的伟大成就，总体上实现了从温饱到小康的历史性跨越。

我国正处在社会经济变革和转型时期，中央对于解决贫困问题始终给予高度关注。从确立以经济建设为中心，到党的十六大提出全面建设小康社会，把建设和谐社会作为发展目标，无不体现出这种关注，而且指导思想更加明晰。党的十六届五中全会明确提出，要坚定不移地以科学发展观统领经济社会发展全局，坚持以人为本，转变发展观念、创新发展模式、提高发展技术，把经济社会发展切实转入全面协调可持续发展的轨道。并把普及和巩固九年制义务教育，城镇就业岗位持续增加，社会保障体系比较健全，贫困人口继续减少，城乡居民收入水平和生活质量普遍提高，价格总水平基本稳定，居住、交通、教育、文化、卫生和环境等方面的条件有较大改善等等，列入"十一五"发展规划目标。这些都表明，尽管解决真正意义上的贫困是一个漫长的过程，但是，党中央已经把解决贫困群体问题，包括提高收入水平、改善教育卫生条件和人民的社会地位及福利、提高全体公民参与发展过程的能力等，列入发展目标和工作议程。

因此，开展中印农村反贫困的比较研究，对于研讨贫困群体与反贫困问题，很有现实意义。本书系统分析了印度农村贫困群体的现状和原因，对贫困人群给予了更为明确的定位，并分析了印度政府农村反贫困的绩效等，对于我们如何通过政府和社会资源的有效整合促进贫困人群培训与就业、如何推动民间力量有效参与贫困人群的社会保障事业，以期为政府机构提供决策咨询。

目前，国内机构对国外贫困问题研究较少。中国的科研院所中，虽然也有专门研究国际问题的机构，但没有专门针对国外贫困问题的专业研究机构，对国外的贫困问题、需求等问题的研究非常有限。某些机构从国外引进了一些减贫理论、经验、方法，如中国社会科学院农村发展研究所在推介国际小额信贷理论和实践经验上做了长期、大量的工作，中国农业大学人文与发展学院在引进参与式扶贫理念和方法上作了大量的探索。国内绝大多数的贫困问题研究机构和专家，都很少涉及国外贫困问题的研究，特别是印度农村贫困问题的研究。

国际和国内专门对印度反贫困问题进行研究的机构和个人都

相对较少，特别是对印度的农村反贫困工作进行系统研究的机构和个人更是少之又少。中国国务院扶贫办作为国家专门开展扶贫工作的机构，由于是面向全世界开展工作，没有专门人员进行印度的反贫困研究。中国社科院亚太所作为国家社会科学研究最权威的机构，对包括印度在内的亚太地区的政治、经济、文化和社会等研究虽然很全面和深入，但没有专门研究印度的反贫困问题。一些相关院校虽然也设立了有关南亚问题的研究机构，但都没有专门研究印度贫困问题。国内虽然有一些学者在研究中涉及印度贫困问题，但很少对其系统和全面的研究。

四川大学南亚研究所长期致力于南亚问题，特别是印度问题研究，是我国高校唯一专门研究南亚的学术机构，也是全国研究时间最长、研究人员最集中、研究资料最完整、研究设施最先进、研究成果最多的南亚研究机构，但至今没有专人对印度农村的贫困及反贫困工作进行专门研究。

本书作者长期从事印度问题研究，对印度的政治、经济和社会等有较为深入的了解，特别是近年来，笔者专门开展印度贫困问题研究，本书也是国内第一个以印度农村反贫困研究为题的博士论文上修订而成的。鉴于此，本书旨在对印度农村的贫困现状、贫困成因、印度政府反贫困的措施和扶贫的绩效等方面作一较为全面的探讨。

六、印度农村反贫困研究的重点和难点

1. 研究重点

本书的研究重点是造成印度农村贫困现象的原因、独立以来

历届政府的反贫困举措及其效果，尤其是各种脱贫措施的绩效方面。重点是对过去经验的总结，包括从尼赫鲁执政时期、英·甘地和拉·甘地时期，以及曼莫汗·辛格政府的贫困政策和效果。原因在于尼赫鲁、英·甘地和拉·甘地是印度独立以来执政时间最长，出台政策最多，最具有代表性。此外，曼莫汗·辛格政府是现任政策，其扶贫政策的效果具有重大的现实意义。其他各界政府都基于属于过渡政府，对其研究的意义不大。

出于现实的考虑，本书将侧重介绍20世纪90年代以来印度的农村反贫困措施及其效果。20世纪90年代以来，印度实行了以市场化为导向的经济改革，在1992—1998年的6年间，印度的年均经济增长率达到6.5%，比20世纪80年代年均增长率5.8%高出0.7个百分点。但在此期间，印度的贫困问题非但没有解决，反而有所恶化，全国贫困人口比例仍维持在36%左右，且贫富差距日趋扩大，而且贫困人口中70%以上为农村人口。尽管印度政府每年都制定各种消除贫困的计划，向表列种姓、表列部落和落后阶层提供各种福利和援助，但贫困人口总数并没有减少，扶贫发展迟缓，返贫现象严重。其主要原因包括：(1) 印度的经济改革迄今还没有真正触动农村土地制度，没有改变广大贫苦农民无地、少地的状况；(2) 地区发展不平衡的现象更加突出；(3) 国民生产总值增长的部门状况不利于减贫；(4) 政府有关管理部门缺乏监控措施等。

2. **拟突破的难点**

本书将力求在印度的反贫困措施其及效果等难点问题上有所突破，特别是印度农村人口的脱贫问题。本书将系统分析印度各届政府对农村的反贫困措施，如“绿色革命”、“白色革命”和

“蓝色革命”以及土地改革等具体措施的绩效。

印度农村反贫困研究的重点是农村反贫困措施与绩效。长期以来，由于反贫困的措施不得力，印度农村反贫困工作取得的成绩并不理想。因此，开展对印度农村反贫困的措施和绩效的研究将是今后研究的重点，也是难点。

印度农村反贫困研究的难点是中印两国农村反贫困研究的比较，包括对两国农村反贫困的政策比较、方法比较和绩效比较。

七、印度农村反贫困研究的方法

本书将采取历史与现实结合、个别与一般结合、理论与实际结合、国外与国内结合以及通过定性分析与定量分析等方法开展研究。

在有关贫困的历史与现实方面，将着重从造成印度农村贫困不断加剧的历史原因和现实状况方面加以分析和讨论，找出其中的关键问题，提出解决办法，并总结对我国在该领域的启示。

关于个别与一般的问题，着重从印度有关各邦，如北方邦、拉贾斯坦邦、喀拉拉邦和中央邦等具有一定代表意义的邦的反贫困案例进行分析和讨论，并针对印度全国存在的贫困现象进行深入讨论，找出解决问题的思路。

关于理论与实际相结合的问题，主要从国际知名经济学家的减贫理论入手，结合印度六十多年经济发展的成就进行讨论。

关于国外与国内相结合的问题，主要从反贫困的国际经验，特别是中国在该领域的成功经验入手，讨论和分析印度农村反贫困工作的绩效问题。

关于定量分析和定性分析，本书将对印度贫困人口进行定量和定性分析，包括对印度贫困地区和社会弱势群体的定量分析和定性分析，以求寻找导致贫困的原因，并提出解决办法。

八、印度农村反贫困研究的研究思路

关于反贫困的几个阶段，主要对印度独立以来社会经济发展几个阶段中印度进行农村反贫困的情况分别进行分析，包括独立初期、20 世纪 60—80 年代、90 年代以及进入 21 世纪以来的农村反贫困情况。

关于反贫困的理论，目前国内外关于贫困的理论较多，但争论也较多。本书将对各种理论进行分析探讨，力图提出一种适合印度农村反贫困实践，同时对中国的扶贫工作具借鉴意义的理论。

关于贫困的标准，联合国有关机构对贫困线划分和贫困的标准有专门的界定。本书将通过有关标准对印度的贫困状况进行分析和比较。

第一章 印度贫困问题概述

什么是贫困？怎样才算是贫困？国际上普遍认可的观点认为，贫困是个人消费结构受到严重限制的一种状况，而富裕的消费结构基本上不受限制的另一种状况。简单地说，生活水平是根据个人对实物和服务的支配权，即对资源的支配权来衡量的，一个人可支配的资源越少，他的生活水平就越低，他也就越穷。因此，贫困的定义是可支配的资源量低于某个水平，即低于贫困线的生活水平。[①] 1998年诺贝尔经济学奖得主、印度的经济学教授阿玛蒂亚·森认为，应该从概念上将贫困定义为：能力不足而不是收入低下。联合国开发计划署认为贫困远不只是人们通常所认为的收入不足（收入贫困）问题，相反，贫困实质上是人类发展所必需的最基本的机会和选择权的被排斥，恰恰是这些机会和选择权利才能把人们引向一种长期、健康和创造性的生活，使人们享受体面生活、自由、自尊和他人的尊重。[②]

---

① 斯蒂芬·克拉克、理查德·亨明、大卫·厄尔普：《贫困线的概念和标准》。

② Amartya Sen：India：*Economic Development and Social Opportunity*，Langman Press，2001，p. 132.

实际上，贫困问题既有经济的因素，也有非经济的因素，而后者往往被忽视。联合国开发计划署在《1997 年人类发展报告》中提出“人文贫困”的概念值得注意。这一贫困概念不仅包括人均国民收入的因素，还包括人均寿命、教育、卫生和生活条件等因素，即从 40 岁以前可能死亡的人口比例、文盲率、获得基础卫生保健服务、可饮用水和合适食物的状况等方面来衡量一个国家或地区贫困的程度。对于贫困问题，应该从经济、社会、政治、文化诸多方面来予以综合性的考察。①

在界定贫困概念时，最普遍的做法是将贫困区分为绝对贫困和相对贫困，但在具体解说时则有种种歧义，需要我们给予更加细致的辨析。一种定义是：绝对贫困主要是依据营养标准法，即以满足人体基本活动所需的最低营养水平作为划分的标准。相对贫困的计量又称消费标准法，它是将一般社会成员从事正常社会活动所需要的最低消费量作为划分标准。该消费量不仅包括达到最低营养标准所需要的食物消费，还包括了其他必需品的消费和一部分参与社会基本活动的支出。根据这一定义，似乎一个人或一个家庭中平均每个人所具有的收入在能够购买满足其最低营养水平的食品之上，他就不处于绝对贫困状况。实际上，在现实生活中，一个人不仅需要有钱吃饱肚子，还得另有一笔用于其他方面如穿衣、居住、对外活动等的开支，才能维持最低限度的正常生活。也就是说，这一定义对于绝对贫困的界定，是低于绝对贫困的标准；它对于相对贫困的界定，实际上才是绝对贫困的标准。“一般社会成员从事正常社会活动所需要的最低消费量，不

① 联合国开发署：《1997 年人类发展报告》，1997 年 12 月，第 25 页。

仅包括达到最低营养标准所需要的食物消费，还包括其他必需品的消费和一部分参与社会基本活动所需的支出，这恰恰是为绝对贫困定下的一条标准线，低于这一标准的就是绝对贫困。”①

国际上使用的关于贫困划分的马丁法也是将绝对贫困标准由两部分组成，一个是食物贫困线，另一个是非食物贫困线：食物贫困线是指人体生存需要的一组“基本食物定量”的价值量，非食物贫困线是指人们为满足基本生存所必需的衣着、住房、医疗等费用支出，两者结合起来构成贫困线。

另外，国际通用的恩格尔系数是将居民的食品支出在总的生活消费支出中的比重作为判定贫富状况的标准：当这一比重超过一定数值时，居民的生活状况即可视为处于绝对贫困。这里总的消费支出实际上也是包括食品消费和非食品消费两大部分。

由上可知，以营养标准和消费标准来区分绝对贫困和相对贫困是不正确的，因为绝对贫困线也要涉及营养以外的消费。一般来说，两者的区分在于，绝对贫困是根据实际生活状况（是否达到最低生活需求的水平）来确定的；而相对贫困是根据统计标准来确定：与社会平均水平相比，人们满足生存的需要是否处于匮乏状态。而相对匮乏到什么程度，具体标准是怎样的，则说法不尽一致。有的将相对贫困线确定在总体人均收入的二分之一的标点上。有的将低于平均收入40%的人口规定为相对贫困人口。还有将其收入低于平均收入三分之一的社会成员视为处于相对贫困状态。“相对贫困的含义，是指贫困不完全是从绝对意义上的

① 黄忠晶：《“绝对贫困与相对贫困”辨析》，见《中国城市反贫困网》http://www.antipoverty.cn/Content.aspx?lid=972&&type=yj01.

生活水平而言，它还有很关键的心理基础。”[①] 这种观点指出，人们主观认定的可维持生存的水准在不同的国家或地区会有很大差别，在一个国家或地区被认为是必需品的东西，在另一个国家或地区也许被认为是奢侈品。

另有一种观点认为，上述这种与社会平均收入水平比较的方法仍然属于绝对贫困标准的衡量。该观点一方面承认，绝对贫困的基本含义是指缺少达到最低生活水准的能力，通常是以饥饿、严重的营养不良、文盲、破陋的衣着和住房等为特征；另一方面又认为，这一绝对贫困线一般定在平均收入或消费水平的30％上。

依据相对贫困和绝对贫困的定义，前者在任何国家、地区都会存在，可以缓解而难以消除，探讨这一问题的目的主要是，如何将它控制在一个对于社会来说比较安全的范围之内；而后者随着社会经济文化的发展是能够消除的，探讨这一问题的目的主要是如何有效地消除它。这两者既有区别又有联系：当相对贫困人口增多时，其中处于最底层的绝对贫困者可能增多；而绝对贫困人口的减少甚至消除，可能大大缩小贫富收入差距，缓解人口的相对贫困。

① 斯蒂芬·克拉克、理查德·亨明、大卫·厄尔普：《贫困线的概念和标准》，中国选举与治理网：2005 年 12 月 5 日，http：//www. chinaelections. org/NewsList. asp? SortID=197.

第一节 关于贫困的相关理论

国际上通常把贫困划分为收入贫困、人类贫困和知识贫困。

所谓收入贫困是指缺乏最低水平的足够的收入或支出。极端贫困也是一种收入贫困，通常是指无力满足最低食物需求。用世界银行提出的国际贫困线标准来定义绝对贫困，例如每人每天支出不足1美元（按照1985年美元价格计算出的购买力平均价），用它来比较不同国家的贫困程度。不同的国家有不同的国家贫困线，如中国农村贫困线，相当于国际贫困线的60%左右，被称为赤贫线。

所谓人类贫困是指缺乏基本的人的能力，如不识字、营养不良、缺乏卫生条件、平均寿命短等。人类贫困在南亚地区尤为突出：在5岁以下的儿童中有一半营养不良，进入小学的儿童中有35%从未达到小学五年级，将近2/3的妇女是文盲。在撒哈拉以南非洲国家中，约有30%的人口预计寿命活不到40岁（艾滋病大大降低了健康标准），一半以上的妇女是文盲，约有30%的儿童从未达到小学五年级。①

所谓知识贫困，我们定义为人们普遍缺乏获取、交流、应用和创造知识与信息的能力，或者缺乏权利、机会与途径获得这一能力。这类贫困人口不仅收入低下，缺乏人类发展能力，还缺乏知识资产和获得知识与信息的能力。知识贫困是人类进入21世

① 见《联合国千年发展计划》，2000年1月。

纪知识社会的新型贫困。

以上三大贫困之间存在着因果关系：收入贫困导致人类贫困与知识贫困；而人类贫困与知识贫困则是收入贫困的重要根源；贫困人口不仅收入不足，而且人类发展的能力不足，知识资产严重不足。21 世纪人类新的综合反贫困战略，应当从狭义地消除收入贫困转向更为广泛、持久地消除三大贫困，即人类贫困、收入贫困、知识贫困，而消除人类贫困和知识贫困会大大减少收入贫困。

从社会政策的角度看，贫困线是判断公民是否需要政府补贴其收入的一项标准，包括以下四种方法：

第一种方法是完全由政治家制定的贫困线。按照阿特金森的定义，符合政府补贴条件的人属于穷人，这个方法不需要进行任何衡量。政治家仅根据直觉或鉴于选民的压力，决定什么状况是一个人无法承受的。

第二种方法是了解一个“具有代表性的公民”认为起码的资源支配量是多少。在这方面基尔帕特里克和雷恩沃特的分析给人以启示。他们分析了几次盖洛普民意测验的结果，在这些民意测验中，通过向调查对象询问：“在这个地区，一个四口之家，即丈夫、妻子和两个孩子的每周生活费至少需要多少钱?”可以把对这个问题答复的统计平均数作为调查对贫困线适宜水平的看法。

第三种方法是力求“客观地”确定贫困线的定义，我们可以把它称为“温饱水平”定义，这个定义的出发点是必须满足人对吃、穿、住等基本生活的需要。实际上，我们尽管强调了这种方法的“客观性”，但在衡量基本需要时，首先必须采取若干主观行动。可以说，这种方法在很大程度上仍取决于专家进行人际生活水平的对比，以便确定需要内容。

第四种方法是向人们了解他们认为最起码的收入应该是多少，它涉及的测验问题与第二种方法类似。另外，我们必须假定人们不会故意错误地表达他们的看法。这种方法需要进行的人际生活水平对比比较少，上述的每一种方法都涉及人际生活水平的对比。由此可见，贫困定义的实质是按照某种标准对生活状况的衡量。所谓生活水平低，主要在于使用哪一种生活水平标准比较不同人的生活状况的差别。①

自从人类进入文明社会以后，贫困便一直成为迄今为止各种社会形态中一种常见的社会现象。对于贫困这一社会存在，人们可以从感性上直觉它，但似乎很难从概念上把握它。也就是说，对于社会中的贫困，人们能较容易地根据一些现象，如缺吃少穿、营养不良、没有足够收入、无法获得教育和医疗卫生服务等来作出感性判断，但真正对贫困作出抽象判断并对其一般概念给出准确、科学的定义，并不是一件容易的事。因为，在不同的历史时代、不同的社会制度、不同的经济背景下，贫困的特征是大不相同的。同时，不同的政治信仰、不同的价值观念和不同社会身份的人，对于贫困的理解和评价也是大不相同的。正因如此，有些学者对贫困概念的科学涵义的可知性表示怀疑，陷入相对主义和不可知论的困惑之中。美国经济学家萨缪尔·森认为，“贫困是一个非常难以捉摸的概念”，“贫困一词对不同的人意味着不

① 阿特金森：《贫困标准的差异性辨析》，世界知识出版社，1993 年，第 21 页。

同的事情”[①]。英国学者奥本海默也认为：“贫困本是一个模糊概念，它不具备确实性。它随时间和空间以及人们的思想观念变化而变化。”[②]

一、国际有关贫困的理论概述

国际上，许多理论家和政治家都对有关贫困的问题作过论述，从早期的空想社会主义的贫困理论、马克思主义的贫困理论到亚当·斯密、大卫·李嘉图以及当代的阿玛蒂亚·森等著名理论家和学者先后从不同角度对贫困问题作过精辟的论述。

1. 空想社会主义者的贫困理论

大约从16世纪开始，空想社会主义者从改造人类社会，建立一个理性和永恒正义的理想社会的角度，尖锐地抨击了资本主义制度的各种弊病和祸害，贫困作为资本主义制度违反理性原则的集中表现，成为空想社会主义理论体系的研究内容。这是对贫困的一种政治经济学的研究，贫困被看做是制度的产物——贫困的根源是私有制；贫困是作为社会不公平的结果看待——在资本主义制度下，贫困是由富裕产生的，由此，认为消除贫困的根本途径在于消灭私有制。空想社会主义者对贫困的研究是从政治变革的立场出发的，除了对早期资本主义社会贫困现象进行归纳和较为详细的描述外，对贫困问题本身却并没有什么实质性的研究。

---

① 萨缪尔森：《经济学》第14版，上册，北京经济学院出版社，2003年，第658页。

② 奥本海默：《贫困真相》，世界知识出版社，1993年，第53页。

2. 马克思主义的贫困理论

马克思主义理论研究中所涉及的贫困，是早期资本主义发展中的贫困问题。马克思、恩格斯一生的理论研究，涉及了大量的贫困问题，但这些问题发生的背景都是在资本主义发展的初期，是资本积累和贫困积累最典型的时期，也是资本主义经济危机周期性频繁爆发和失业人员大量出现的特殊时期。工业革命之后，对资本主义社会存在的贫困现象，进行科学分析和深刻揭示的当首推马克思与恩格斯。马克思最早从制度层次上揭示了贫困的根源。马克思的贫困学说，是关于资本主义制度下无产阶级贫困化及其趋势的理论，具有阶级贫困的性质与制度分析的特点。马克思的贫困学说立足于资本主义生产的本质就是生产剩余价值，就是资本吸吮雇佣工人的剩余劳动。而这种私有资本对工人创造的剩余价值的无偿占有就是马克思称之为“雇佣劳动制度”的必然结果。雇佣劳动制度怎样给雇佣劳动者阶级带来贫困化呢？马克思指出：“最勤劳的工人阶级的饥饿痛苦和富人建立在资本主义积累基础上的粗野的或高雅的浪费之间的内在联系，只有当人们认识了经济规律时才能揭示出来”。而这个规律，主要是资本主义的剩余价值规律和资本积累的一般规律。马克思在其巨著《资本论》中指出：在资本主义制度下，资本家为了攫取更多的剩余价值，就不断地把剥削来的剩余价值中的一部分转化为资本，扩大资本主义再生产。资本有机构成随着资本积累的增长而提高。随着资本集中和资本有机构成的提高，资本家用于购买生产资料的不变资本相对地增大，用于购买劳动力的可变资本相对地减少。可变资本相对地减少，使雇佣工人也相对地减少，因而不断地产生出一个相对的超过资本增值所需要的过剩人口。这个过剩人口不是同生活资料相比而成为绝对多余的人口，而是同资本积累相比变为过剩的。马克思写道："工人人口本身在生产出资本积累的同时，也以日益扩大的规模生产出使他们自身成为相对过剩人口的手段。这就是资本主义生产方式所特有的人口规律。"① 因此，马克思作出结论说："社会的财富即执行职能的资本越大，它的增长的规模和能力越大，从而无产阶级的绝对数量和他们的劳动生产力越大，产业后备军也就越大。可供支配的劳动力同资本的膨胀力一样，是由同一些缘由发展起来的。因此，产业后备军的相对量和财富的力量一同增长。但是同现役劳动军相比，这种后备军越大，常备的过剩人口也就越多，他们的贫困同他们所受的劳动折磨成反比。最后，工人阶级中贫苦阶级和产业后备军越大，官方认为需要救济的贫民也就越多。这就是资本主义积累的绝对的、一般的规律。"② 这一规律的实质就是：在一方，资本的积累越多；在另一方，工人的失业和贫困就越大。马克思的结论是：失业和贫困完全是资本主义制度的产物。马克思指出，资本积累的增长给无产阶级带来的不是社会福音，而是贫困积累的厄运。资本积累的后果必然是：一极是资产阶级的财富的积累；另一极是无产阶级贫困的积累。但无产阶级如何改善自己的贫困命运呢？马克思认为，在资本主义制度下，企图把无产阶级的经济地位的改变寄希望于资本主义生产的高度发展上，那只是天真的幻想。马克思借用古希腊神话中的故事，比喻资本主义积累的一般规律把无产阶级的贫困命运钉在资本上，"比赫斐斯塔

① 马克思：《资本论》第1卷，人民出版社，1972年，第692页。
② 马克思：《资本论》第1卷，人民出版社，1972年，第695页。

司的楔子把普罗米修斯钉在岩石上钉得还要牢”。[1] 普罗米修斯把神火带到人间，造福于人类，却被锁在岩石上遭受饿鹰啄食肝脏的折磨。无产阶级为资本主义社会创造了大量财富，而自己却牢牢地从属于资本，日复一日地经受资本剥削而日益贫困化。马克思认为无产阶级摆脱贫困的唯一出路是“剥夺者被剥夺”。马克思断言，制度是造成无产阶级贫困化的根源，必须从制度本身寻找答案，在改变旧制度、建立新制度中实现反贫困的目标。面对资本主义制度和无产阶级的贫困状况，马克思预言：制度更迭将是彻底解决无产阶级贫困问题的唯一途径。而马克思设想的未来社会是建立在高度发达的资本主义社会基础之上的，在这种社会财产异常丰富、消灭私有制、消灭剥削的社会制度下，符合逻辑的推断必然是贫困消失的结论。所以，马克思主义的贫困理论揭示了资本主义制度下无产阶级贫困化的本质和根源以及无产阶级贫困化增长的趋势。同时也指明了无产阶级摆脱贫困命运的根本出路——消灭雇佣劳动制度。虽然马克思主义的贫困理论也涉及到贫困研究的一些具体层次，如绝对贫困分析，但并不着意于贫困研究本身。马克思主义的贫困理论是服务其资本和剩余价值理论的，在于通过贫困的分析批判资本主义制度，去说明、论证其政治主张。并且这种贫困研究主要是以资本主义工业化过程中的无产阶级贫困化，即主要是以早期资本主义国家的贫困为研究对象，没有涉及落后的非资本主义国家或后来的发展中国家的贫困问题，更不用说 20 世纪 90 年代以来一些社会主义国家在转型中面临的贫困问题。现在看来，贫困是一个很复杂的社会经济问

---

① 马克思：《资本论》第 1 卷，人民出版社，1972 年，第 708 页。

题，资本主义制度下的无产阶级贫困化，只是社会贫困中的一种存在形式。现代社会中贫困还有其他的表现形式。[①]

3. **亚当·斯密的解释——交换价值贫乏论**

西方古典经济学体系创始人亚当·斯密对“贫”与“富”含义的阐述，也是从财物或财富多寡的角度来解释的。所不同的是，他从劳动价值论出发来论述财富的价值或商品交换价值，从而将“贫”与“富”定义为拥有支配或购买劳动的多与寡。亚当·斯密在他的著作《国民财富的性质和原因研究》中说：“一个人是贫是富，就看他在什么程度上享有人生的必需品、便利品和娱乐品。”“劳动是衡量一切商品交换价值的真实尺度。自分工完全确立以来，各人所需要的物品，仅极小部分给于自已劳动，最大部分须给于他人劳动。所以，他是穷是富，要看他能够支配多少劳动，换言之，要看他能够购买多少劳动。”[②] 这里所说的劳动，不是具体劳动，而是一种抽象劳动，是指凝结在财富或商品中的价值或交换价值。

斯密运用劳动价值论对重商主义的“货币财富论”进行了批判。重商主义认为，财富与金银货币是同义语，有很多货币的人，被称为富人；只有极少一点货币的人，被称为穷人。对此，亚当·斯密驳斥道：“世间一切财富，原来都是用劳动购买而不是用金银购买的。所以，对于占有财富并愿意以交换一些新产品的人来说，它的价值，恰恰等于它使他们能够购买或支配的劳动量。”亚当·斯密在《国富论》中还对“必需品”作了经典阐述，

① 《马克思恩格斯全集》第3卷，人民出版社，1976年，第73页。

② 亚当·斯密：《国民财富的性质和原因研究》上卷，商务印书馆，1972年，第26页。

其影响延续至今。

4. **大卫·李嘉图的解释——使用价值贫乏论**

英国古典经济学家大卫·李嘉图对亚当·斯密关于贫与富取决于其所能支配的必需品、便利品和娱乐品多寡，即取决于财富多寡的观点，是持赞同态度的。但是，大卫·李嘉图不赞成亚当·斯密把财富与价值等同的观点，因而，他认为亚当·斯密关于贫与富取决于所能购买的劳动量多寡是不恰当的。大卫·李嘉图认为："价值与财富在本质上是不同的，因为价值不取决于数量多寡，而取决于生产的困难或便利。制造业中一百万人的劳动永远生产出相同的价值，但却不会永远生产出相同的财富。由于机器的发明，由于技术的熟练，由于更好的分工，由于使我们能够进行更有利的交换的新市场的发现，一百万人在一种社会情况下所能生产的'必需品、享用品和娱乐品'等财富可以比另一种社会情况下大两倍或三倍，但他们却不能因此而使价值有任何增加。"[①] 他指出，"政治经济学中的许多错误之所以发生，就是由于对于这一问题的错误看法，由于把财富的增加和价值的增加混为一谈"。大卫·李嘉图认为，财富是指生产出的商品或物品，评价财富的多寡或穷与富的尺度，是商品或物品数量即使用价值的多寡，而不是劳动价值的多寡。"如果两个国家所具有的生活必需品和享受品数量恰好相等，我们就可以说它们同样富有，但是它们各自的财富的价值取决于这些财富生产上的相对便利可困难条件。"大卫·李嘉图认为，亚当·斯密关于"一个人的贫富必然取决于其所能购买的劳动量"的说法，肯定是不正确的。

---

① 《李嘉图著作和通信集》，商务印书馆，1962年，第232页。

“财富不取决于价值。一个人的贫富取决于其所能支配的必需品和奢侈品的多寡。这些东西无论对货币、谷物或劳动的交换价值是高是低，它们总是同样能有益于所有者的享用。”这里所说的“能有益于所有者的享用”，显然是指物品的使用价值对所有者的效用满足。

5. **西博姆·朗特里的研究——收入贫困论**

一个世纪以前（1901 年），英国学者西博姆·朗特里对英国约克市工人家庭的收入与生活支出状况进行了普查。在对普查收集的资料信息进行处理分析后，他发现约克市 10%的人口生活在生存难以为继的贫困境地。据此，西博姆·朗特里将贫困定义为：“家庭总收入不足以支付仅仅维持家庭成员生理正常功能所需的最低量生活必需品开支。”西博姆·朗特里所说的最低量生活必需品，包括食品、衣物、住房和取暖等项，但不包括报纸、邮票、烟酒、消遣等“享受品”、“娱乐品”或“奢侈品”。根据最低量生活必需品的数量及其价格，从而得出了划分贫困家庭的收入标准，即贫困线。这是关于收入贫困和贫困线的经典研究，西博姆·朗特里方法一直沿用至今。世界银行在《2000—2001 年世界发展报告》中，对发展中国家的收入贫困人口规模现状进行了计算分析。世界银行在该报告中评价说，与西博姆·朗特里研究相比，尽管两次收入贫困的计算相隔一个世纪，“不过它们采用的基本概念和方法非常相似”。[①] 经济学家们大多从收入角度来解释或定义贫困概念。如美国经济学家萨缪尔森在《经济

---

① 世界银行：《2000—2001 年世界发展报告》，中国财政经济出版社，第 17 页。

学》中说："贫困是一种人们没有足够收入的状况。"由于收入是评价居民生活状况的一个十分重要指标，并且它比较容易进行统计、测量和监测，因此收入贫困成为当今各国反贫困中一个非常重要的概念。

6. 西方社会学理论——社会资源贫困论

以马克斯·韦伯为代表的西方社会学家提出的关于社会不平等和社会分层理论认为，社会不平等的实质，是社会资源或有价值物（如财富、收入、权力、声望、教育机会等），在社会成员中的不均等分配，而处在社会下层的贫困群体正是上述社会资源分配的匮乏者。上述理论得到了国际社会和众多学者的认同。如欧盟委员会在《向贫困开战的共同体特别行动计划的中期报告》中给贫困下的定义是："贫困应该被理解为个人、家庭和人的群体所拥有的资源（物质的、文化的和社会的）十分有限，以致他们被排除在社会可以接受的最低限度的生活方式之外。"这里所说的资源是多方面的，它不仅限于物质生活资源，还包括文化生活资源、社会生活资源等。英国社会学家皮特·汤森将贫困定义为：在一个社会中，一个人缺乏参与社会惯例或社会所广泛认同的活动和享受普通生活水平所必需的资源。中国台湾学者江亮演在《社会救助的理论和实务》一书中，也将贫困定义为"生活资源缺乏而无法维持生理的和精神的生活的需要"。

7. 阿玛蒂亚·森的解释——可行能力贫困论

1998年诺贝尔经济奖获得者阿玛蒂亚·森，在获奖次年出版了《以自由看待发展》一书。阿玛蒂亚·森在这本书中提出了一个新的发展观：即自由是发展的首要目的，自由也是促进发展的不可缺少的重要手段。阿玛蒂亚·森在本书的导论中指出：

"狭隘的发展观包括发展就是国民生产总值 GNP 的增长、或个人收入的提高、或工业化、或技术进步、或社会现代化等等的观点。"森认为，财富、收入、技术进步等固然可以是人们追求的目标，但它们最终只属于工具性的范畴，是为人的发展、人的福利服务的；而以人为中心的最高价值标准就是自由，自由才是发展的主题，自由才是发展的最高目标。①

阿玛蒂亚·森所说的"自由"是在"实质的"意义上定义的，即享受人们有理由珍视的那种生活的可行能力。更具体地说，"实质自由包括免受困苦——诸如饥饿、营养不良、可避免的疾病、过早死亡之类——基本的可行能力，以及能够识字算数、享受政治参与等等的自由"。基于以上观点，阿玛蒂亚·森对"贫困"的概念作出了新的定义："有很好的理由把贫困看做是对基本的可行能力的剥夺，而不仅仅是收入低下。"阿玛蒂亚·森认为"可行能力贫困"比"收入贫困"具有更宽泛的内涵和更高层次的视角。这是因为：其一，贫困用可行能力被剥夺来识别，是从人的自由发展目标层面上来解释的，具有"目的性"；而贫困用收入被剥夺来解释，只具有"工具性"。其二，消除收入贫困是重要的，但这不应成为反贫困的终极动机；关键是提高人的可行能力，如享受教育、医疗保健、社会参与、政治权益等。提高人的可行能力一般也会扩展人的生产力和挣钱能力。阿玛蒂亚·森指出："根本的问题要求我们按照人们能够实际享有的生活和他们实实在在拥有的自由来理解贫困和剥夺。发展人的可行能

① 阿玛蒂亚·森：《以自由看待发展》，人民出版社，1999 年，第 24 页。

力要直接顺应这些基本要求。”[①] 阿玛蒂亚·森的这一思想已经产生了重大影响，成为国际社会制定反贫困战略和政策的一个重要理论依据。

8. **贫困的现代概念——广义福利剥夺论**

把福利与贫困联系在一起进行研究，应首推英国经济学家庇古。1920年，庇古在他的著作《福利经济学》中提出：一个人的福利寓于他自己的满足之中，这种满足可以来自对物质财富的占有，也可以来自非物质因素（如欲望、知识、情感等），所谓福利应包括这两个方面的满足。庇古将前者称为“经济福利”，后者称为非经济性“一般福利”。庇古认为，对于一般福利无法进行度量，超出了经济学所能考虑的范围，而“经济福利”则与人们的经济生产或经济生活有关，这种经济上的效用满足，是可以直接或间接地用货币来进行衡量的；并且，“经济福利”对社会福利总体来说有决定性的影响，因此“经济福利”应成为福利经济学的研究对象。庇古认为：“在很大程度上，影响经济福利的是：第一，国民收入大小；第二，国民收入在社会成员中的分配情况。”关于国民收入总量规模的增加，庇古认为应主要通过资源的优化配置而使国民收入达到最大限度；关于国民收入的分配，庇古认为，任何能够增加穷人的实际收入而又不减少国民收入的分配措施，都将增加社会经济福利。后来，庇古把这两个影响经济福利的重要因素称为福利经济学的两个命题。为解决后一个命题庇古提出的“药方”是“收入均等化”。“收入均等化”

① 阿玛蒂亚·森：《印度：经济发展与社会机会》，社会科学文献出版社，2006年，第127页。

理论的一个基本观点是：如果把富人的部分收入转移给穷人，既增加了穷人经济福利，也增大了全社会福利。而收入转移的途径和手段，主要是通过政府税收和国民收入再分配来进行。[①]

广义福利贫困概念，目前已被国际社会所接受和采用。世界银行在《1990 年世界发展报告》中对“贫困”概念下的定义是：“缺少达到最低生活水准的能力。”其“最低生活水准”的内容既包括收入或消费，还包括医疗卫生、预期寿命、识字能力等。十年之后，世界银行在《2000—2001 年世界发展报告》中，明确提出了广义的贫困概念，并将其定义为：“贫困是指福利的被剥夺状态。”福利被剥夺的含义是：贫困不仅指物质的匮乏，而且还包括低水平的教育和健康；除此之外，贫困还包括风险和面临风险时的脆弱性，以及不能表达自身的需求和缺乏参与机会。显而易见，世界银行报告所说的福利是一种广义福利的概念，它不仅包括物质福利，而且还包括文化福利和政治福利；贫困实际上是指广义福利被套剥夺的状态。这种广义贫困的概念，可以使人们更加深入全面地了解贫困产生的原因，从而制定更加系统全面的反贫困战略和政策，采取与贫困作斗争的更加广泛的行动。

世界银行正是基于上述广义贫困的概念，所以在《2000—2001 年世界发展报告》中，针对贫困群体福利被剥夺状况，提出了新世纪参与性综合减贫战略框架：

(1) 扩大经济机会：通过市场和非市场行动的结合，使穷人积聚资产并且提高其资产的回报，以扩大穷人的经济机会，增加他们的收入。

---

① 庇古：《福利经济学》，世界经济出版社，1989 年，第 87 页。

（2）促进参与赋权：使国家制度对穷人更负责、对其需要作出及时反应，加强穷人在政治进程、地方决策和社区管理中的参与，取消来自性别、民族、种族和社会地位差距的社会障碍。

（3）加强安全保障：建立社会保障机制，减少因疾病危害、经济灾难、自然灾害等和暴力对穷人造成的伤害，帮助穷人化解风险。①

二、印度有关贫困的理论

在印度，贫穷被界定为生活在最低生活水平之下的状况。许多经济学家和组织对印度贫困范围进行了有价值的研究，尽管他们据以进行分析的方法和衡量标准不同，因而得出的关于印度贫困状况的看法各异，但有一点是共同的，那就是印度社会，尤其是在广大农村，存在大量生活在贫困线以下的人口，即贫困是印度社会面临的一个普遍问题。同时也都承认，随着经济增长率的上升和政府实施各种扶贫计划，低于贫困线以下人口占总人口的比重已开始下降，但穷人的绝对数仍在继续扩大。造成贫困的原因是多方面的，主要包括：失业和就业不充分；穷人缺乏财产基础；穷人受教育程度低因而收入也相应低；个人收入分配严重不均，等等。因此，消除贫困是一项涉及各个方面、多领域的系统工程，其中，解决就业问题是至关重要的。在印度政府所实施的扶贫计划中，都包括有关于扩大就业的安排。1993 年，印度政府正式将贫困的标准界定为：5 口之家年收入 11000 卢比以下属

① 见世界银行：《2000—2001 年世界发展报告》，第 19 页。

于贫困家庭；每人每天摄入的热量不到 2525 大卡，不能满足生理上的最低需要的属于贫困。在印度政府划定的贫困标准中，食品消费部分占 50%，非食品消费部分占 50%。[①] 印度著名经济学家鲁达尔·达特认为，贫困可界定为一种社会现象，即社会的一部分甚至不能够得到解决基本的生活必需品。当社会中相当大一部分人丧失了最低生活水平，继续过着勉强维持生存水平的生活时社会就蔓延着普遍的贫困。[②]

研究印度贫困理论最有代表性的人物是英国剑桥大学教授、1998 年度诺贝尔经济学奖获得者阿玛蒂亚·森。他对发展中国家，特别是印度的饥荒问题的成因与对策进行了深入细致的研究，并对饥荒是由粮食供应减少造成的传统观点提出了挑战。森认为饥荒不仅是由粮食短缺造成的，其背后还存在着其他决定因素。当然，他也并不否定粮食匮乏会触发饥荒，但认为粮食供给的急剧下降造成饥荒的传统观点无法解释在多次饥荒中所观察到的下列奇怪现象：比如，某些年份的粮食供应并没有少于前几年，却在该年度发生了饥荒。突出的例子就是，当 1943 年印度孟加拉帮发生饥荒时，当年粮食生产却很正常，甚至好于往年。或者，在饥荒期间尽管某些特定的社会阶层如农民、工人、手工业者成千上万地死于饥饿，某些社会阶层如地主和商人却在饥荒期间大发横财；还有，在一些严重发生饥荒的时期，不仅有关国家仍在出口粮食，甚至受饥荒影响的地区还在向外出口粮食。因此，阿玛蒂亚·森认为之所以在国家有充足的食品供应的情况之

① 《印度政府关于贫困的标准》，1993 年 7 月。
② 鲁达尔·达特：《印度经济（上）》，四川大学出版社，1994 年，第 609 页。

下还会出现饥荒，是因为这些国家的一些社会经济群体没有获得享用食品的“权利”（entitlement），即他们没有进入食品市场的购买力，而并非真正的食物供应减少。他认为，在每个社会中，每个人都拥有一定的要素禀赋，其中包括工作能力、土地、资金、耐用物品、金融资产等，因此，每个人都可以以一定的经济活动方式将其禀赋变换成食品，从而实现权利的交换，而要素禀赋的丧失或改变也就意味着交换权利的失效。比如，工人失业、农民离乡都意味着禀赋的丧失或改变，从而导致享用食品“权利”的丧失。一旦民众大规模遭受权利失效，饥荒就随之发生。例如，1974 年孟加拉国发生饥荒的原因，就是由于洪灾使粮食价格大幅度提高，农业工人由于洪灾而丧失不少工作机会，以至于他们的真实收入下降，购买力不足，从而使这一群体不相称地遭受到了饥荒。因此，阿玛蒂亚·森认为，当饥荒发生时，不能只是采取发放救济食品、迁徙饥民等一般措施，更应该采取特殊的政策来使灾民取得他们期望得到食品的权利。阿玛蒂亚·森关于饥荒成因的解释尽管也受到一些批评者的质疑，但其基本观点还是极有理论与实践意义的。[①] 阿玛蒂亚·森关于贫困问题的分析与“贫困是一个相对概念”这样的观点具有表面上的一致性。按照相对主义者的观点，如果一个家庭的收入或消费远低于其所在社会共同体维持正常生活的水平，那就认为这个家庭是贫穷的。但是，人们很难说明为什么贫穷应该被看作一种社会罪恶，为什么一个家庭仅仅满足基本生活需要是不够的等这样一些问

① Amartya Sen：Poverty and Famines：*An Essay on Entitlement and Deprivation*，Oxford University Press，USA，Jan. 1983，p. 47.

题。不能认为一个人的收入多少决定了一个人的效用的大小，否则，相对主义的贫穷概念就成了批评家所说的嫉妒政治学。阿玛蒂亚·森的分析从收入扩大到能力，并使得相对剥夺概念扩大为绝对剥夺概念，使森的解释避免了这种理论上的困境。森讨论的另一个问题是性别差异造成的不平等。关于性别不平等的一些重要理论模式建立在对“家庭内部”的劳动分工和资源分配进行分析的基础上。传统的关于价值估量的经济分析方法套用了诸如收入、消费和劳动供应这样的来自市场分析的概念，得出关于偏好的资料，用以研究家庭性别不平等问题。但这样一些资料很难用来说明在家庭内部男人比女人更多地消费，更少地劳动，或者更多地拥有支配家庭资源的自由。森用死亡率、疾病、就医次数、体重和营养这样一些指标揭示了印度和北非等国家所存在的惊人的性别之间不平等，并发现家庭内部男孩与女孩之间在食物分配与保健方面的不平等待遇。①

阿玛蒂亚·森的作为能力剥夺的贫困理论认为，在分析社会公正时，个人的利益，也就是个人有实质性的自由去选择她或他认为有价值的生活的能力，是非常重要的。从这个角度来看，贫困必需被视为是对基本能力的剥夺，而不仅仅是收入低下，这是判别贫困的标准。能力贫困的视角并不意味着对收入缺乏显然是贫困的最重要的原因的观点的丝毫否定，因为收入缺乏可能是对一个人能力剥夺的首要原因。

尽管收入贫困和能力贫困之间的这种关系是值得强调的，仍

① Amartya Sen：Poverty and Famines：*An Essay on Entitlement and Deprivation*，Oxford University Press，USA，Jan. 1983，p. 78.

然需要强调指出的是，收入贫困的降低本身可能并不是反贫困政策的最终目标。将贫困单纯地看做收入剥夺，并用是否能够很好地降低收入贫困，作为评价对教育、卫生保健等方面的投资标准，这种看法是危险的，因为它混淆了目的和手段。最基本的问题促使我们将贫困和剥夺从人们真实经历的生活和他们确实享有的自由的角度来理解。人类能力的提高直接符合这个基本结论，人类能力的提高也可以扩大生产能力和获取收入的能力。这种关系建立了一种重要的联系，通过能力提高有助于直接或间接地使人们生活富足并使对人类的剥夺越来越少的发生。这种工具性的联系，尽管很重要，还是不能够替代对于贫困的本质和特点的基本理解。

三、中国有关贫困的理论

中国古汉语对“贫”、“穷”、“困”的释义主要是指处于财货匮乏的境况。关于“贫”，《说文》的释义为：“贫，财分少也。”《广韵·真韵》的释义是：“贫，乏也，少也。”关于“穷”，《广雅·释诂四》释义：“穷，贫也。”也就是说，“贫”与“穷”含义大体相同，都是指缺乏财物。但“贫”与“穷”有量或程度方面的差别。《左传·昭公十四年》孔颖达疏曰：“大体贫穷相类，细言穷困于贫，贫者家少财货，穷谓全无家业。”《荀子·大略》的解释是：“多有之者富，少有之者为贫，至无有者为穷。”意思说“穷”比“贫”更为极端，即一无所有。关于“困”，《广雅·释诂四》释义：“困，穷也。”“困”的另一个含义，是指处于艰难窘迫或无法摆脱的境地，即困境。由此可见，中国古代将“贫穷”和“贫困”释义为财物极为缺乏的艰难窘迫境况。

需要指出的是，《荀子·大略》关于“多有之者富，少有之者为贫，至无有者为穷”的论述，阐明了物质上“贫”与“富”的相对性和可量度性。

在20世纪后期，对中国农村中存在的贫困现象，一种较为普遍的说法是“食不果腹，衣不遮体，房不避风雨”。这同样是对贫困的一种传统理解——财货匮乏论。但是，今天的贫困标准与古代的标准已大不相同，其含义也有所区别。

中国特色的反贫困理论是邓小平理论的重要内容之一。邓小平在深刻总结历史和现状的基础上，提出“贫穷不是社会主义”、“社会主义要消灭贫穷”的历史课题，把反贫困与社会主义本质联系起来，并科学设计出分“三步走”——消除贫困、实现富裕的步骤，及“让一部分人，一部分地区先富起来，先富带后富”的方案，指明了通过改革开放实现强国富民的途径。邓小平关于反贫困的一系列思想是对马克思主义的继承和发展。

1. 中国农村贫困标准和低收入标准的测算方法

中国国家统计局发布的政府贫困标准有两个：一个被称为农村贫困标准，另一个被称为农村低收入标准。从学术研究的角度看，农村贫困标准是极端贫困标准，低收入标准则是一条较高的贫困标准。中国农村贫困标准在1985年、1990年、1994年、1997年由国家统计局农村社会经济调查总队根据全国农村住户调查分户资料测定，其他年份则使用农村居民消费价格指数进行更新。

中国最后一次详细测定绝对贫困标准是在1997年，采用了世界银行推荐的确定贫困线的基本方法。具体步骤如下：(1) 确定最低营养需求。最低营养需求是指维持人体生存所必需的营养需求。根据营养学家建议，中国采用每人每日 2100 大卡热量作为最低营养需求。（2）计算食物贫困线。利用全国农村住户调查数据，根据穷人的实际消费价格和消费结构计算出能获得最低营养需求的食物支出，以该食物支出作为食物贫困线。（3）计算非食物贫困线。采用世界银行的马丁法，利用计量方法找到低非食物贫困线和高非食物贫困线。（4）计算贫困线。食物贫困线＋低非食物贫困线＝低贫困线。达到低贫困线的农户，只能得到基本食物消费和一些农户愿意牺牲基本食物消费来换取的最必需的非食物消费。在 1997 年测定的低贫困线中，农户食物消费支出份额高达 85％，这表明，低贫困线确实是一条极端贫困线。食物贫困线＋高非食物贫困线＝高贫困线。达到高贫困线的农户可以获得基本食物消费以及与基本食物消费同等重要的非食物消费。（5）确定农村贫困标准。由于在 20 世纪，中国农村的贫困面很大，而国家扶贫资源有限，因而，根据当时的情况，确定低贫困线作为农村贫困标准，用来衡量农村贫困状况。①

为了更好地监测刚实现基本温饱的贫困人口的动向，并进行贫困的国际比较，1998 年，国家统计局开始测算新的贫困标准，从 2000 年起，以低收入标准的名义向社会公布。具体方法是：采用 1997 年的食物贫困线（经物价指数调整），再利用在贫困状况下食物消费占总生活消费 60％的假设，计算出 1998 年农村低收入标准为 880 元。该标准的测定使用了世界粮农组织采用的一个通用的假设，即如果恩格尔系数（食物消费份额）在 60％以上时，生活水平一般为贫困。按 1993 年购买力平价换算，“1 天

① 中国国际扶贫中心：《战略定位和发展规划》，2001 年。

1美元”标准在1998年应为每年885元人民币，这与低收入标准非常接近。[①]

2. **国家统计局测算中国农村贫困状况的指标**

国家统计局从1998年开始，使用人均收入和人均消费双指标衡量一个农户是否属于贫困人口，而世界银行基本上用人均消费来计算贫困人口。收入和消费双指标衡量的办法是指，如果某一住户的人均可支配收入或人均消费支出中的一项低于贫困标准，而另一项低于某一较高标准，比如1.5倍贫困标准，就为贫困户。因而，贫困户实际上包括三类人：第一类是人均收入和人均消费均低于贫困标准，这类人毫无疑问是贫困人口，属于应该扶持的对象；第二类是收入水平低于贫困标准，但消费水平高于贫困标准但低于某一较高标准，这是消费水平较低，而且收入水平很低的一类人，即使从消费的角度看不算贫困人口，但由于收入很低，消费水平可能会很快降低，从而进入贫困行列，所以，政府应该对他们进行扶持；第三类是消费水平低于贫困标准，但收入水平高于贫困标准且低于某一较高标准，这是收入水平较低，而且消费水平很低的一类人，这些人虽然偶然一年的收入略高于贫困标准，但消费水平很低，而且没有储蓄可以使消费水平达到贫困标准之上，因而政府应对他们进行持续的扶持。

3. **城市低保标准和城市贫困标准**

目前，中国各地大多自行确定城市低保标准，范围从每年1200—3100元不等。城市低保标准的确定为缓解城市贫困问题起到了重要的作用，但是，城市低保标准与现行农村贫困标准有

---

① 见中国国家统计局1998年报告，第11页。

很大不同：一是确定基本生活需求的参考人群不同，城市低保标准的确定依据的是本地穷人的消费结构和价格水平，不仅与农村不可比，而且各个城市之间也不具备可比性；二是各城市低保标准是一种扶贫工作标准，其确定还依据本地政府的财政实力，因此，中央政府无法用其来衡量各地贫困程度并据此分配扶贫资金。2002年，亚洲开发银行、国务院发展研究中心与国家统计局城市社会经济调查总队合作，根据城市住户调查数据研究城市贫困标准，研究得到的城市贫困标准约为同期政府公布的农村贫困标准的3.7倍，测定的城市贫困人口发生率约为6%，约为同期农村贫困发生率的两倍。很明显，这两个标准也不具备可比性，因为两个标准制定时依据的穷人是完全不同的，比如，城市中最低20%收入组人口和农村中最低20%收入组的人口，其生活水平实际上是完全不一样的。从对城市低保标准和城市贫困标准的回顾中可以得知，虽然目前中国城乡都有自己贫困标准，但城乡贫困标准是不可比的，因而无法借目前已有的城乡贫困标准来测算并反映城乡贫困状况的真正面貌。从中国贫困监测的实践看，使用双指标衡量的贫困人口数量较为稳定，反映了一种较为长久的趋势，既较好地避免了收入贫困受收入年度波动影响的过大问题，也较好地避免了消费贫困的高估问题。所测定的贫困程度一般介于收入贫困程度和消费贫困程度之间。

第二节 国际机构的贫困标准

一、世界银行关于贫困的标准

1990年，世界银行为了比较各国的贫困状况，对各国的国家贫困标准进行了研究，发现在34个有贫困标准的发展中国家和转型经济国家中，贫困标准从每年200多美元到3500美元不等（按1985年购买力平价将各国货币表示的贫困标准换算成美元），而且贫困标准与各国居民收入水平成高度正相关。其中，12个最贫困国家的国家贫困标准集中于275—370美元。因此，世界银行在1990年采用了370美元作为衡量各国贫困状况的国际通用标准。同时，为了有效地反映印度、孟加拉国、印度尼西亚、埃及、肯尼亚等国的贫困状况，世界银行将275美元（约合1天0.75美元）作为国际通用赤贫标准，用于比较各国的极端贫困状况。按1985年购买力平价计算的每年370美元的高贫困线很快被简化成“1天1美元”的贫困标准，被各界熟知并广泛接受。1994年，世界银行对贫困标准重新进行了研究，按1993年的购买力平价测算，10个最贫困国家的平均贫困线约为每天1.08美元。世界银行当年按此标准重新测算了各国的贫困状况。虽然二十多年过去了，各国的物价水平和消费结构都发生了变化，贫困标准的实际数值也已不再是1天1美元，但是，在贫困状况的研究和衡量中，人们仍习惯将“1天1美元”称作贫困标准。“1 天 1 美元”的贫困标准之所以能被广泛采用，一是因为它简单明了，容易记忆；二是因为其测算基础是最贫困国家的贫困线，“1 天 1 美元”比较符合人们对贫困生活水平的大致想象。这个贫困标准在 2000 年被联合国千年发展目标采用后，就更加深入人心。[①]

2008 年 8 月 28 日，为了更加准确地反映出发展中国家的生活成本，世界银行制定了每天生活费不足 1.25 美元的新的贫困线，并按照新的标准对贫困数据进行了更新。按照新的估算，全球贫困人口的数量比原来估算的要高，但新数据仍然能够反映出全球在减少极度贫困方面取得的巨大进展。据联合国网站报道，按照旧的估算，1981 年有大约 15 亿人生活在每天一美元的国际贫困线下；到 2004 年，有 9.85 亿人的生活低于这一标准。而新的估算显示，1981 年有 19 亿人（总人口的二分之一）生活在每天 1.25 美元的水平之下，2005 年这一数字下降为 14 亿人（总人口的四分之一）。世界银行首席经济学家、主管发展经济学研究的高级副行长林毅夫说：“新的数据证实，全世界有望在 2015 年实现在 1990 年基础上把贫困人口减少一半的首项千年发展目标。然而，贫困比我们设想的更为普遍，这一令人清醒的消息表明，我们必须加倍努力，尤其是在撒哈拉以南非洲地区。”[②] 新数据显示，在反贫困进展方面仍然存在明显的地区差异。在东亚地区，生活在每天 1.25 美元贫困线下的人口比例从 1981 年占总人口近 80%到 2005 年降低到 18%。然而，在撒哈拉以南非洲地

① 世界银行：《贫困标准》，世界知道出版社，2000 年，第 45 页。

② *UN News Bulltetin*，August 30，2008.

区，2005年贫困率仍高达50%，并不低于1981年的比例。[①]世界银行将贫困人口衡量标准从原来的每天消费1美元提高到1.25美元后，印度的贫困人口比例大增，从2005年的24.3%提高到41.6%，贫困人口从原来的2.67亿增加到4.56亿，占全球贫困人口总数的三分之一。

二、联合国开发计划署对贫困的定义——人类贫困论

"人类贫困"是联合国开发计划署在《1997年人类发展报告》中提出的一个新概念。《报告》对"人类贫困"的解释是，贫困不仅仅是缺乏收入的问题，它是一种对人类发展的权利、长寿、知识、尊严和体面生活标准等多方面的剥夺。可见，"人类贫困"比"收入贫困"具有更宽泛的内涵，它是从人的全面发展、生活质量和基本权利等方面来考察、分析和测量贫困问题。"收入贫困"偏重钱和物，是人们对贫困的传统理解，属狭义贫困概念；而"人类贫困"则体现了一种以人为中心、重视人的体面生活和基本权利的新的扶贫理念，属广义贫困概念。衡量某个发展中国家、某一地区的人类贫困程度，是用人类贫困指数HPI（Human Poverty Index）来评价，指数愈大，贫困程度愈深。HPI由以下三组指标综合计算而成：

一是对长寿的剥夺P1——以不能活到40岁的人口占总人口

① 中国新闻网：《世界银行公布的最新贫困标准》，2008年8月28日 http://news.21cn.com/world/guojisaomiao/2008/08/28/5124838.shtml.

百分比来表示；

二是对知识的剥夺 P2——以成人文盲率来表示；

三是对体面生活的剥夺 P3——用两个指标的不加权平均数来表示：(1) 无法获得安全饮用水的百分比；(2) 5 岁以下儿童中等或严重体重不足的百分比。贫困指数 HPI 计算公式如下：

HPI= [1/3 (P13+P23+P33)] 1/3

人类贫困和收入贫困这两个概念，已经得到了当今国际社会的普遍认同和采用。

三、经济合作与发展组织：国际贫困线标准

国际贫困标准（International Poverty Line Standard）实际上是一种收入比例法。它显然是以相对贫困的概念作为自己的理论基础。经济合作与发展组织在 1976 年组织了对其成员国的一次大规模调查后提出了一个贫困标准，即以一个国家或地区社会中位收入或平均收入的 50%作为这个国家或地区的贫困线，这就是后来被广泛运用的国际贫困标准。[①]

国际贫困标准简单明了，容易操作，其优点是明显的。但是，其收入比例数 50%这个确定值是经济合作与发展组织以其成员国（都是西方发达国家）的社会救助标准为基础计算出来的，它能否名副其实地在全世界通行，尤其是能否符合第三世界（譬如中国）的实际情况，显然还有疑问。

① 汤森得：《贫困的国际分析》，纽约，哈维斯特·惠特谢夫出版社，1993 年。

四、亚洲开发银行的贫困标准

亚洲开发银行采用世界银行的贫困标准，即“1天1美元”的标准。亚洲开发银行成立于1966年，包括63个成员国，是一家致力于减少亚太地区贫困的多边发展金融机构。亚洲银行的使命是帮助其发展中成员体减少贫困，改善生活条件，提高生活质量。亚洲开发银行的工作是以提高亚太地区人民，尤其是那些每天生活在1美元标准以下的9亿贫困人口的福利为目标。亚洲银行的根本目标是消除亚太地区的贫困。亚洲银行的使命是帮助其发展中成员体减少贫困，改善生活条件，提高生活质量。亚洲银行的战略目标包括经济的可持续增长、社会的全面进步和有效的政策与机构管理机制。亚洲银行的活动还包括三个战略性的主题：私营部门发展、区域合作和环境的可持续发展。

第三节 印度的贫困标准

印度政府划分贫困线的标准是1993年制定的，其标准有两条：一是5口之家年收入11000卢比；二是每人每天摄入的热量不到2525大卡，不能满足生理上的最低需要。印度政府划定的贫困标准中，食品消费部分占50%，非食品消费部分占50%。[①]

---

① 中国社会科学院印度扶贫考察团：《印度扶贫考察报告》。1998年3月18日至31日，中国社会科学院组团赴印度进行了为期14天的扶贫问题考察，中国社会科学院印度扶贫考察团团长是刘文璞，团员有杨敏、张红、张巧枝。

印度全国各邦的贫困线标准不太一致，城乡之间也有差异，不过全国目前的平均贫困线是人均月收入450卢比。根据这个标准，印度现在处于贫困线以下的人口是总人口的26.1%。印度全国总人口约为11亿。印度划定贫困线的部门是计划委员会，该委员会根据人均热量（即卡路里）摄取量为标准来划定贫困线。在1957年举行的印度劳工大会上，划定贫困线的想法首次被提了出来。印度计划委员会下属的一个工作小组之后制定了一条以卡路里为基础的贫困线，当时的贫困线是人均月收入20卢比，也就是说20卢比可以购买维持身体需要能量的食品。经过几度调整后，印度政府在2005年12月将农村贫困线调整为人均月收入368卢比，将城镇贫困线调整为人均月收入559卢比，这个标准一直沿用至今。该标准就是一个月的收入可以让一个农村人得到可以提供2400卡路里热量的食品，让一个城市人得到可以提供2100卡路里热量的食品。

印度著名贫困问题专家P. D. 奥杰哈在20世纪90年代对印度的贫困标准下的定义是每人每天平均摄取卡路里2250大卡，并据此估计出印度在20世纪60年代的贫困人数。在城市地区，每月人平均消费支出必须有15—18卢比（1960—1961年度价格），在农村地区必须有8—11卢比。基于此，奥杰哈估计在印度有1.84亿农村人口（占农村总人口的51.8%）和600万城市人口（占城市人口的7.6%）生活在贫困线以下。在1960—1961年度，印度全国有1.9亿人（占总人口的44%）被划为穷人。[①] 根据奥杰哈估计，1967—1968年度，印度有2.89亿（占农村人

① 鲁达尔·达特：《印度经济（上）》，四川大学出版社，1994年，第610页

口的 70%）生活在贫困线以下。[①] 如今，印度的贫困线标准是每天收入不足 1 美元。目前印度有 2.6 亿人生活在贫困线以下，贫困人口约占总人口的 1/4，其中大部分贫困人口生活在农村。

在印度，人们有两种方式的界定贫困线：相对贫困和绝对贫困。相对贫困指的是人口底层的 10%或 20%或 30%的人口。这些人没有能力在特定的社会和特定的时间里生存，而绝对贫困则是指一个人缺乏维持基本生存的东西，也就是说，最基本的需求，如食物、居住地和衣物。一般说来，相对贫困被认为是拥有了某些基本的生存条件，人们也可以追求更好的生活。对一个国家来说，绝对贫困更加贴切。如果以相对条件来看待印度的贫困，即 30%或更少的人口，那么官方的估计总是对的，也没有必要以绝对标准来对贫困下定义。然而，如果认为人们还没有获得基本的生存条件，那么有必要对基本生存条件制定明确的标准。1978 年，印度计划委员会指定的专家组对贫困线的定义为消费群体的实际支出，即在食物方面花费足够的支出以供应正常的卡路里要求。该标准仅限于食物成分，而对非食物成分，如衣物、居住、教育和卫生等则没有定标准。

官方界定的位于贫困线群体为人均月消费支出界于 300—340 卢比之间。该群体的人均卡路里摄入量仅为 1868 大卡，即正常标准的 77%。而用于全部食物和非食物项目的支出更是出奇的少。其中主要的支出都用于谷类食物。用于非谷类食物的支出也是非常少。主要两项是燃料与照明和衣物。用于燃料与照明的人均月支出是 26.63 卢比。一个五口之家每月要花 130 卢比用

① P. D. 奥杰哈：《印度贫困的挑战》，印度报业托拉斯，1987 年，第 40 页。

于燃料和照明，大约 70 卢比用于柴火，一个家庭仅用 10 度电。每月用于衣物的费用为 23.93 卢比，即全年为 290 卢比。这 290 卢比还包括床上用品、冬衣和日常衣物。用于教育的支出为每人每月 3.69 卢比，即一个五口之家两个小子女上学每人每月花费 10 卢比。根据卡路里的标准来算，生活在贫困线上的人的支出状况略好一点，也就是 13.45 公斤谷类，每人每月消费 5.15 升牛奶。该群体每月人均消费 1.41 公斤蛋和 3 公斤香蕉。家庭消费 218 卢比用于燃料和照明。除了柴火外，家庭还消费一点煤油。电的用量约为每月 28 度，全年用于衣物的费用为约 470 卢比，包括一小部分用于床上用品、毛巾和毛衣。同样，用于教育的费用略多一点，大有希望为每个上学子女花费为 25 卢比。①

2004 年 8 月，印度著名智库之一、位于新德里的政策选择中心提出一份研究报告，报告的题目就是《重新定义贫困》。撰写这份报告的两位作者莫汉·古汝斯瓦米和罗纳德·阿卜拉哈马认为，以热量摄入量为基础制定的贫困线是动物的生活水平，不是人的生活标准。另外，印度现行贫困线不能真实反映贫困问题，这条贫困线标准早已过时。他们调查发现，37.7%的印度家庭不能就近获取饮水，43%的村庄没有像样的道路与外面连接。该报告认为，制定贫困线的标准应该把人的生活的所有基本需求都包括进来，如基本的吃、住、行、卫生条件、中学教育等。他们认为，目前印度的贫困线标准应该是人均月收入 840 卢比。这个标准可以最低限度地满足营养、健康、衣服、能量消费及其他必要支出等方面的需求。如果按照这条贫困线计算，印度现在有

① 见印度《全国抽样调查组织》第 461 号报告（1997 年）。

近79%的人口处于贫困线以下。该报告还建议，每5年要对贫困线重新评估一次。印度计划委员会在此报告及社会其他力量的推动下，最近成立了新的专家组，对印度的贫困问题进行评估，并商讨制定新的能反映实际贫困面貌的贫困线。①

第四节　印度农村的贫困现状

根据印度政府2001年的人口普查数据，截至2001年底，印度的人口总数为10.27亿，其中农村人口为7.41亿，占人口总数的近70%。总劳动力人口4.234亿，从事农业生产的劳动力人口为2.34亿，占总劳动力人口的58%，其中男性劳动力为1.4273亿，占男性劳动力总数的51.9%，女性劳动力为0.9133亿，占女性劳动力总数的71.8%。上述数据显示，印度劳动力人口的一半以上从事农业生产，但其农业产值只占约四分之一。有近3亿人口即人口总数的四分之一生活在贫困线以下，如果按照联合国现规1美元的国际贫困标准计算，则贫困人口约为3.9亿。由于城乡之间、地区之间的经济社会发展差距显著，四分之三的贫困人口集中在农村地区，其中近一半集中在社会发展指标最差的北方邦、比哈尔邦和中央邦。与此相关的是，农村的各项基础设施、生存环境、教育和医疗等社会保障程度都大大落后于城市。独立后，印度通过在独立初期进行的土地制度改革和20世纪60年代开始实施的“绿色革命”、“白色革命”和“蓝色革

① 印度政府：《1999—2000经济发展报告》，第17页。

命”以及在20世纪90年代的经济改革和进入新世纪后进行的“第二次绿色革命”等一系列发展农村的措施，在一定程度上增加了农民收入，缓解了农村的收入不平等问题，使印度的农村贫困状况有所缓解。但是，总体来讲，当今印度农村的贫困问题仍然较为严重。

一、经济发展仅使少数部分人受益

独立初期，针对土地分配中存在的严重不公现象，印度废除了具有浓厚的封建主义色彩的柴明达尔制度，这在一定意义上解放了农业生产力，促进了农村经济发展和农民收入水平的提高。同时，从1963年到1980年，印度实行了具有农业技术革命意义的“绿色革命”，通过引进农业生产技术、新品种和使用化肥等新技术，促进农业发展。在这些措施影响下，印度这个发展中人口大国逐步解决了粮食问题，农业发展、农民收入等都有显著提高，印度农村内部不平等逐渐下降。但由于受到1990年经济危机以及后来的市场化改革的影响，加上印度农产品与化肥等价格上涨等因素，导致改革以后农村不平等的下降趋势逐渐放慢。但是，由于土地制度改革不彻底，人口增长过快、落后的教育和人力资本环境制约了农村经济增长以及减贫效应，印度农村发展十分缓慢，至今印度的贫困问题仍然十分严重。据印度报纸报道，印度目前仍有1.26亿人口生活在贫困线以下，仅在首都新德里就有30万人在垃圾里求生存。[①] 据统计，印度10亿人口中有2.5亿人生活在最低贫困线以下。据报道，尽管印度2005年经济增长7.5%，但农村中的10%最贫穷的人口每日的消费支出仅有9卢比（约合20美分），城市相对稍好，10%的最贫困人口每日人均消费也仅13卢比（注：1美元=44卢比）。[②] 根据印度全国抽样调查组织（NSSO）进行的第7次家庭消费支出调查结果显示，2004—2005年，农村人口人均月消费支出为559卢比，城市为1052卢比。调查显示，近十年以来，农村人口和城市人口的人均粮食需求有所下降，农村人口每月人均粮食消费量已经从1993年的13.4公斤下降到了2005年的12.1公斤，城市居民的每月人均粮食消费量从1993年的10.6公斤下降到了2005年的9.9公斤。NSSO调查显示：2004—2005年，农村最贫穷的5%的人口人均月消费支出为0—235卢比，每日人均消费不足8卢比；另外5%的农村人口人均月消费支出为235—270卢比，每日人均消费8—9卢比；农村较富裕的5%的人口人均月消费为890—1155卢比，农村最富裕的5%的人口的人均月消费为1155卢比以上。在城市中，5%的最贫穷的人口人均月消费支出为0—335卢比，每天不足11卢比；5%的城市人口人均月消费支出335—395卢比，每日人均消费支出11—13卢比。调查显示，5%的城市人口人均月消费1880—2540卢比；5%的最富裕的城市阶层的人均月消费在2540卢比以上。在消费结构方面，调查显示，在农村地区，人均每月用于粮食的支出为101卢比，

---

① Arvind Virmani：How Poverty Can Be Eliminated，*Rediff News*，June 29，2007

② 印度《金融快报》，2006年12月28日。

而城市为 106 卢比。2004—2005 年，在农村地区，用于食物的支出占总支出的 55%，其中 18%用于粮食，8%用于牛奶及奶制品，6%用于蔬菜，5%用于食用油，5%用于糖、盐和香料，5%用于饮料和加工制品。在城市里，用于食物的消费占总消费支出的 43%，其中 10%用于粮食，8%用于牛奶和奶制品。该项调查是在 7999 个农村和 4602 个城市社区中进行的，覆盖 79298 个农村家庭和 45346 个城市家庭，具有广泛的代表性。

一方面，政府的经济区域性政策使印度经济获得了巨大发展，另一方面，印度各大城市随处可见的贫民窟说明经济发展并没有惠及所有印度人，特别是农村贫困人群。诚然，经济改革使中产阶级以上的人更加富有了，然而穷人没有得到相应的改善。根据印度 2001 年人口普查统计，印度全国人口总数为 10.27 亿人，其中劳动力有 4.234 亿人，就业人数为 4.164 亿，失业率为 7%。这说明就业跟不上劳动力的增加。1997 年至 1999 年，有组织部门的就业人数分别为 2824.5 万、2816.6 万和 2811.3 万，呈下降趋势。由此推论，总体上这 3 年大中企业改革没有创造就业机会。1999 年城市登记求职的人达 4037.1 万人，农村失业和半失业人口更难精确统计。据在 1999 年 7 月至 2000 年 6 月进行的全国第五十五次抽样调查显示，90 年代失业状况进一步恶化。按日失业率计算，在调查的四类人群中最严重的是农村男性，失业率增加 29%，农村女性增加 21%，城市男性增加 7%。[①] 根据联合国《2001 年人文发展报告》，按购买力平价，每人每天生活费 1 美元为贫困线，印度贫困线以下的人口占 44%。而据印度

① 见印度《第 55 次全国抽样调查报告》，2000 年 7 月。

计划委员会的统计，2002年印度贫困人口占26.1%，显然印度确定的标准低于联合国的标准。

根据印度政府2006年12月的一份报告显示，印度农村居民人均每天的支出不到18卢比（折合40美分）。据印度亚洲通讯社2006年12月28日报道，印度国家抽样调查组织提交的这份最新的调查报告显示，农村居民中有5%的人每天人均支出不到8卢比（17美分），是最贫穷的一部分人。另外还有5%的人每日人均支出在8到9卢比（17到20美分）之间。相比之下，印度城市居民人均每日支出水平远远高于农村居民，为35卢比（77美分），但也有5%的人人均每日支出不到11卢比（24美分）。最富裕的城市居民人均每日的支出则在84卢比（1.88美元）以上，也占总人数的5%。同时，与1972—1973财年相比，印度社会的恩格尔系数有了明显的变化：在农村，食物支出占总支出的比例从73%下降到55%；在城市，这个比例由64%下降到42%。这份报告是国家抽样调查组织根据2004—2005年度印度第7次家庭消费支出调查作出的。[①] 2008年8月，随着世界银行将贫困人口衡量标准从原来的每天消费1美元提高到1.25美元，印度的贫因人口比例大增，从2005年的24.3%提高到41.6%，贫困人口从原来的2.67亿增加到4.56亿，占全球贫困人口总数的三分之一。

印度的贫困状况是通过印度国家抽样调查组织进行的每五年一次的家族消费支出数据和每年进行的小范围抽样调查得出的。1993—1994年度所作的五年一度的抽样调查结果表明，20世纪

① 傅双琪：《印度发布第55次抽样调查报告》，新华网，2006年12月29日。

80年代持续下降的贫困率在改革年代出现了停滞现象。改革派认为其原因是抽样范围太窄。1999—2000年度进行的第55次抽样调查结果却大出许多人的意外。该结果显示，印度的贫困率从1993—1994年度的36%下降到1999—2000年度的26%，5年中整整下降了10个百分点。难道5年中政府的改革真的使印度的贫困率减少了10个百分点吗？“媒体报道的农民自杀人数、饿死人数、社区暴乱的受害者人数、被高种姓杀害的贱民的数量以及被警察无辜杀害的部落民众的数量如此惊人，已经对一个文明社会敲响了警钟。”① 最明显的是农民自杀问题。印度的农村占了全国三分之二的劳动力，这些底层庶民的生活就是印度的主流生活面貌，而每年农村总有数千人选择自杀，原因通常是经济问题。许多印度人“生于债，活于债，死于债”。庄稼人看天吃饭，日子本来就苦，偶尔再来个歉收灾害，往往就无米下锅。银行不肯放款给这些穷光蛋，他们只好找乡间的私人钱庄借钱。钱庄利息甚至高达20%，担保品当然就是农民的田地。但因为利息太高，债款迅速膨胀，经常很快就超过债务人的偿还能力。因此，许多人从借钱的第一天开始，就失去了自己的土地，成了钱庄的农奴。庞大的经济压力，无望的未来，沉重的家庭担子，让很多人最后选择自杀。更糟的是，就算借款人死了，钱庄也不允许家人抛弃债务，父债必须子还，债务会继续挂在下一代头上，甚至不乏一出生就负债累累的状况。在债务中出生，在贫穷中长大，再怎么辛苦耕作也是没有摆脱债务的一生，最后还是在债台高筑

① Kuresh Singh: “What Caused the High Suicide Rate?”, *Hindustan Times*, Jun. 26, 2007.

中死去。印度年轻女性的自杀率也高得惊人，居全球第一位。1991 年每 10 万人自杀率是 9.2 人，2004 年一项针对 10 到 19 岁女性自杀率的统计，是每 10 万人有 148 人（英国是 2.1 人），而且女性高于男性，男性自杀率是每 10 万人有 58 人。[①]

二、绝大多数农村贫困人口生活仍然贫困

根据印度政府划定的贫困线，1999—2000 年度印度农村地区每人每月收入 327 卢比，城市地区每人每月收入 545 卢比以下为贫困人口。按卡路里标准计划，在印度农村地区按每人每日摄入低于 2400 大卡，城区每人每日摄入低于 2100 大卡为贫困人口。根据全国抽样调查组织所进行的第 55 次抽样调查数据显示，1999—2000 年度农村的 327 卢比、2400 大卡的贫困线实际仅获得 1868 大卡。符合 2400 大卡的农村贫困线为 567 卢比，与之相应的贫困率则为 74.9%。因此，在 1999—2000 年度，农村人口中的 74%都无法获得 2400 大卡的卡路里。照此计划，印度农村绝大多数人口的生活仍然属于贫困生活。

① Kuresh Singh: "What Caused the High Suicide Rate?", *Hindustan Times*, Jun. 26, 2007.

表 1—1：各支出等级的卡路里摄入

（1999—2000）

农村			城市		
支出等级	卡路里摄入	用于食品的支出％	支出等级	卡路里摄入	用于食品的支出％
0—225	1383	67％	0—300	1398	64％
225—255	1609	67％	300—350	1654	64％
255—300	1733	66％	350—425	1729	62％
300—340	1868	65％	425—500	1912	60％
340—380	1957	65％	500—575	1968	58％
380—420	2054	64％	575—665	2091	56％
420—470	2173	63％	665—775	2187	54％
470—525	2289	62％	775—915	2297	52％
525—615	2403	60％	915—1120	2467	49％
615—775	2581	58％	1120—1500	2536	45％
775—950	2735	55％	1500—1925	2736	41％
950—	3778	46％	1925—	2938	32％

资料来源：印度第 55 次抽样调查中的营养摄入量，第 471 号报告。

下表为根据国家计划委员会关于 2400 大卡和 2100 大卡标准摄入量的定义得出的贫困线和贫困率情况。

表 1—2：印度城乡贫困状况比较

邦	农村				城市			
	官方估计		本文估计		官方估计		本文估计	
	贫困线	贫困率	贫困线	贫困率	贫困线	贫困率	贫困线	贫困率
安得拉	262.94	10.5	565	89.4	457.40	27.2	775	62.8
阿萨姆	365.43	40.3	675	92.9	343.99	7.5	775	60.0
比哈尔	333.07	44.0	470	79.8	379.78	33.5	535	60.2
古吉拉特	318.94	12.4	775	86.5	474.41	14.8	775	53.6
哈里亚纳	362.81	7.4	615	47.5	420.20	10.0	847	54.7
喜马偕尔	367.45	7.5	560	44.75	420.20	4.6	575	11.3
卡纳塔克	309.59	16.8	681	84.6	511.44	24.6	838	58.5
喀拉拉	374.79	9.4	950	79.6	477.06	19.8	1014	68.6
中央邦	311.34	37.3	497	79.25	481.65	38.5	665	62.1
马哈拉斯特拉	318.63	23.2	950	94.9	593.71	26.7	915	62.2
奥里萨	323.92	47.8	498	82.9	473.12	43.5	425	34.3
旁遮普	362.68	6.0	775	66.6	388.15	5.5	717	46.2
拉贾斯坦	344.03	13.5	525	55.8	465.92	19.4	620	46.8
泰米尔纳杜	307.64	20.0	950	94.5	475.60	22.5	840	58.8
北方邦	336.88	31.1	496	68.5	416.29	30.8	616	59.7
西孟加拉	350.17	31.7	615	85.6	409.22	14.7	621	45.3
德里					505.45	9.2	1120	53.6
全印度	327.56	27.0	567	74.95	454.11	23.5	718	54.9

资料来源：1. Household Consumer Expenditure in India 1999—2000Key Results NSS 55th Round，Report No. 454. 2. Nutritional Intake in India 1999—2000. NSS 55th Round，Report No. 471.

表 1—3：印度农村消费模式

项目	消费群体	
	300—340	525—615
谷类	99.25	117.77
豆类	0.35	0.79
谷类替代品	0.17	0.41
豆类产品	14.18	22.12
牛奶及牛奶制品	16.29	57.68
食用油	13.48	21.93
肉、鱼及蛋	9.54	20.14
蔬菜	23.12	35.43
水果（鲜）	2.75	8.32
水果（干）	0.67	1.65
食糖	7.33	14.52
盐	0.93	1.19
香料	9.86	15.28
饮料、点心	10.02	24.55
全部食物	207.94	341.79
锅	1.57	3.47
烟草	5.57	9.01
兴奋剂	2.65	4.23
燃料及照明	26.23	43.65
衣物	23.92	39.22

续　表

项目	消费群体	
	300—340	525—615
鞋类	2.97	6.3
综合消费品	15.71	30.03
综合消费服务	12.69	31.66
房租	0.24	1.58
税	0.29	0.91
教育	3.69	10.74
医疗（制度性）	1.65	7.35
医疗（非制度性）	11.07	25.76
耐用物品	4.61	10.83
全部非食物	112.85	224.74

资料来源：1999—2000 年度印度家用消费用支出统计，第 55 次全国抽样调查，第 454 号报告。

三、农村贫困人口面临越来越贫困的趋势

印度现有人口的约三分之二居住在农村。尽管许多农村人口在向城市移民，但印度四分之三的穷人生活在农村地区。贫困人口主要为农村的表列种姓和部落。印度的最贫困人口包括 50％的表列部落和 40％的表列种姓。在印度的贫困地图上，印度的最贫困地区主要位于拉贾斯坦、中央邦、北方邦、比哈尔、贾坎、查蒂加尔、奥里萨和西孟加拉邦。大量的最贫困人口居住在

印度的半干旱热带地区。这些地区缺水及周期性干旱使其无法开展绿色革命，无法获得其他地区取得的成绩。在遭受洪灾影响的地区也有大量的贫困人口，这些地区从北方邦东部到阿萨姆平原，特别是比哈尔北部地区。森林地区的部落人群也面临贫困问题，由于没有权利开采森林资源，使他们更加贫困。由于环境的恶化、库存的减少以及对自然灾害抵御能力的减弱，沿海地区的渔民的生存状况也变得越来越差。印度储备银行在 1951 年至 1971 年进行了 3 次农村债务调查，全国抽样调查组织 1981 年进行的全国第 37 次抽样调查也表明，在 1961 年到 1981 年的 20 年间，印度农村债务已从 195.4 亿卢比上升到 619.3 亿卢比，其中，农村债务在 1961—1971 的 10 年间增长了 97%，1971—1981 年也增长了 60%。耕种者的债务增长比例比非耕种者的债务增长更快。值得说明的是，在 1961—1981 年的 20 年中，“非耕种者的债务是负增长，似乎与现实不符。根据这个事实就只能解释：抽样调查没有考虑高利贷者和地主提供的大量现金和实物贷款，这些是作为债务劳役被迫劳动”。[①] 但耕种者债务比例 20 年中从 85%上升到 93%，而同期非耕种者的债务比例从 15%下降到 7%的数据，至少反映了印度农业劳动的主体部分长期得不到其劳动成果反哺，以至使劳动难以为继的现实。印度农村贫困人口正面临越来越贫困的状况。

---

① 印度政府：《第 37 次全国抽样调查报告》，1981 年。

第二章　印度农村贫困的基本原因

1950 年 1 月 26 日生效的宪法规定印度为联邦制国家，是主权的、社会主义的、世俗的民主共和国，采取英国式的议会民主制。公民不分种族、性别、出身、宗教信仰和出生地点，在法律面前一律平等。[①] 然而，尽管宪法规定了印度是世俗的国家，但是，印度的宗教对社会生活的影响却无处不在；尽管宪法规定印度“公民不分种族、性别、出身、宗教信仰和出生地点，在法律面前一律平等”，但是，印度政治制度、种族、性别、出身、宗教信仰甚至出生地点都对印度大多数人产生着巨大的影响，尤其是种族、种姓和性别等对人的影响，这些因素都是导致印度大多数贫困人口越来越贫困的直接原因。

① 郭登皞等译：《印度宪法》，世界知识出版社，1951 年，第 7 页。

第一节　制度原因

一、土地制度是导致印度农村贫困的最直接原因

独立前，印度沿袭独立前英国殖民时期的以柴明达尔制为主的封建土地制度。柴明达尔就是包税人或中间人地主阶级。包税人向政府交完固定不变的税款后，就可自由向土地耕种者征收地租。他们和土邦王公一道，构成英殖民者在印度广大农村地区的社会支柱和经济基础，严重阻碍了印度经济和社会的发展。柴明达尔制度具有极端的落后性：(1) 柴明达尔交给政府的田赋固定，因此影响政府财政收入的增加；(2) 柴明达尔可以任意向农民征收高额地租，加重对农民的剥削；(3) 柴明达尔拥有大量的土地，又不直接参与耕种。独立后，为了保障中产阶级的利益，并在一定程度上争取广大农民群众的支持，尼赫鲁政府决定废除柴明达尔制度，其方法是赎买，价格相当于被征土地的 10—25 年的租金，然后转卖给自耕农。这些举措构成独立初期尼赫鲁政府土地改革的主要内容。但是，土地改革不彻底，是导致印度农村贫困的直接原因。印度土地改革实际上是一场排除殖民经济代理人后，印度富人之间的财富再分配，而印度广大农民并未成为这场革命受益的主体。除了柴明达尔中间人被废除外，其余则与英国殖民地时期的社会结构没有本质差别。马克思一语中的：“过去一切阶级在争得统治之后，总是使整个社会服从于它们发

财致富的条件，企图以此来巩固它们已经获得的生活地位。”[①]土地改革后，印度广大农民的贫困化程度不仅没有减轻，反而长期保留下来。中小农民在印度历史上是一个最不稳定，因而是必然要发生两极分化的阶层。土地改革后，农业生产力在缓慢上升的同时，农村家庭债务总额也在逐年上升。进入 21 世纪以来，印度继续执行过去的土地制度，印度农村仍然存在大量的无地农民或少地农民，他们构成了印度农村贫困人口的绝大部分。因此，土地制度是导致印度农村贫困的最直接原因。

二、政治制度严格束缚农村发展

印度经历了两百多年的英国殖民统治后，于 1947 年 8 月 15 日获得独立。印度独立后，坚持实行西方民主政治制度，建立了议会民主制，实行成人直选法，形成了一整套与议会民主和选举规则相适应的政治制度。[②] 恰恰是这套民主制度，对印度的经济和社会发展造成了巨大的影响，从而使印度政府的扶贫措施难以产生效果。1950 年创制的宪法确定了印度的议会民主和联邦共和政体，从此印度成为西方民主在发展中国家展示的一个“橱窗”。但是，印度“民主政治”具有很大的特殊性。印度“民主政治”形式上与西方民主制基本上一致，但它不是像西方国家那样建立在资本主义工业化及其发展的基础上，而是建立在农业占主导地位，传统阶级、社会结构没有根本改变的基础之上。议会

① 马克思：《马克思恩格斯全集》第二卷，人民出版社，1978 年，第 45 页。

② 曹小冰：《印度特色的政党和政党政治》，当代世界出版社，2006 年，第 376 页。

民主制之所以能够在印度推行，很大程度上可以说是因为印度社会的“分裂”。印度社会分裂为各种各样的种姓、宗教、地方势力集团，社会矛盾很多。为了平衡各个集团间的力量，就必须要有相应的体制安排，议会民主制正好适应了这一需要。但是，印度“民主政治”在运行中存在一些问题和不足：（1）印度的民主制度很不完善，总体质量不高，广大下层民众还没有真正从这个制度中得到多少好处。经济发展的好处大多为富人所享有，而穷人却被发展进程所抛弃。（2）印度议会民主制度的运转也存在不少问题。实际上，印度民主政治在实质上并没有给广大人民以充分实行的民主权利，不符合现代民主的理念。例如，从立法上，虽然规定每个成年人都有选举权，但由于印度社会根深蒂固的等级制度，仍然存在许多歧视。金钱的作用对民主政治有重要影响。选举期间贿选现象十分普遍。所有这些，都使印度民主实际效应大打折扣。实际上，至今印度的封建意识和势力依然强大，尤其是在偏远落后的农村。这种传统的保守势力和封建意识为家族式统治提供了土壤。①

独立以来，印度政治制度对社会的影响主要表现在以下几个方面：

第一，由于政治制度的原因，印度的土地改革不彻底，导致农村贫富悬殊加大。在获得政治独立后，印度政府随即实行了以废除柴明达尔，改革租佃制度，限制土地占有量等为主要内容的土地改革，这些土改措施使许多无地或只有少量耕地的农民获得

① Gutumakh Ram Madan: *Indian Social Problems*, *Social Disorganization and Reconstruction*, Allied Publishers Privated Litmited, 1987, p. 217.

了土地。但是，由于印度独特的政治制度的原因，印度的土地改革并不彻底，虽然一部分无地农民成了有地农民，但更多的农民仍然属于无地或少地农民，因而农村的贫富悬殊进一步加大。据估计，通过废除柴明达尔中间人，约2000万佃农和国家建立了直接联系，约580万公顷的耕地在佃农和分成佃农中进行了分配。[①] 在实施土地最高限额法的过程中，许多大农因害怕土地被政府没收，便把超出最高限额的土地或卖了出去，或转让给了他人。不少在外地主，尤其是持有的土地在干旱地区的在外地主，则把土地都出卖了。在地主出卖土地的过程中，最有可能购买的是有购买能力的中下层农民。但是，由于有了土地最高限额法，有相当数量耕地的农民已不会或者说不敢买土地了。

第二，由于政治制度的缺陷，计划生育的政策无法实施，导致人口增长过快，贫困人口增多。独立后，印度的人口增长十分迅速，对印度的经济和社会发展构成巨大的负担。鉴于这种情况，英·甘地政府于1971年开始在全国强制实行计划生育政策，结果引起印度社会的强烈不满，致使其在1973年的选择中惨败，计划生育政策被迫中止。1950—1951年，印度的人口为3.61亿，1994年达9.19亿，到2007年底，印度人口已接近11亿。在人口增长的同时，耕地面积的增加很有限。1949—1950年度到1964—1965年度，印度全部农作物的栽种面积年均增长1.6%，1968—1969年度到1990—1991年度年均增长降为0.3%，总耕种面积从1.22亿公顷增为1.67亿公顷。[②] 而在现

---

① 〔印〕M. L. 金刚：《发展经济学和计划》，德里，1992年英文版，第700页。

② 〔印〕鲁·达特等：《印度经济》，新德里，1992年英文版，第399页。

代社会中，人口的大量增长意味着家庭数的大量增多。因为在现代社会中，家庭模式变化的方向是联合家庭日益分解、减少，核心家庭成为主要家庭模式。这就决定了印度农民的户数越来越多，农户户均占有的耕地量减少。印度农村的财产继承法进一步强化了这种趋势。印度农村流行的财产继承法不是长子继承制，而是由全部子女共同分享父辈财产。这样，当发生分家事件，联合家庭分解时，原属一个家庭占有的耕地就会被分割成几份，由几个家庭继承和占有，导致户均单位耕地面积减少，地权分散。这种情况如发生于大农家庭，出现的情况可能是一个大农家庭消失，几个中农或小农家庭产生。同理，若发生于中农家庭，就会在一个中农家庭消失的基础上，产生几个小农家庭或边际农家庭；若发生于小农家庭，会产生几个边际农家庭，甚至几个无地农家庭。由于人口增长过快，导致许多无地农民的产生，从而构成贫困人口。①

第三，过分的民主使印度农村发展受到不良影响。英国的丘吉尔曾说过，民主不是最好的制度，但至少不是最坏的制度。这句话用到印度人头上倒也贴切。民主本身自然是好的，民主制度也是相对比较好的一种政治制度，但在印度这块土壤上却发生了变异。这跟印度的历史文化，种姓制度、民族习性、封建传统以及人口素质太低等有很大关系，尽管印度政府在独立后废除了种姓制度，也照顾到了少数民族利益。西方多数国家是相对单一的民族和社会，大家相对平等，都能享受到信息资源，所以西方的选举是相对公平的。但在印度这样的国家，种姓观念深重，人分

---

① 〔印〕鲁·达特等：《印度经济》，新德里，1992年英文版，第227页。

三六九等，低种姓的人连跟高种姓的人握手都不配，那里还有资格去平起平坐地竞争？如果从根本上说就不存在平等基础上的竞争，那又如何体现公平、公正等民主的精髓？生存成了许多人的追求，民主成了奢侈品。当这个国家还很贫困的时候，穷人需要的显然不是奢侈品，而是救命粮。此外，印度70%以上的人是穷人，没有受过良好的教育，不知道如何去参选，也没有能力去参与社会的公平竞争，对社会状况、经济发展和政治制度都不甚了解，如何能在选举时作出正确的判断和决定呢？好的制度也需要一定的条件和好的土壤才能发挥出它的优势。当很多选民无法判定候选人优劣也无法参与选举时，这样贫瘠的土壤上当然无法开出绚丽的民主之花。

三、经济体制使农村贫困人口难以脱贫

独立前的印度是一个殖民地、半封建社会，同样面临着社会发展停滞的问题。独立后，为了促进经济发展，在允许私营经济存在和发展的同时，印度又利用国有的力量，建立并不断扩大国营经济，从而在印度实行公私并存的混合经济体制。造成印度落后的原因很多，就经济体制而言，过去是尼赫鲁社会主义，实行混合经济体制，既学习苏联社会主义计划经济，又吸收资本主义管理方法。这种体制，国有企业占50%，早期有一定的积极作用，但到20世纪80年代后处于停滞状态，90年代印度开始改革，有一定成效，但是还有很多包袱。此外，印度在解决问题的同时又使问题不断加剧，每年人口增长1700万，贫困问题、失

业问题、教育问题，几大难题恶性循环。①

第一，公营经济体制使农村贫困加剧。为了保证公营部门的发展，印度不仅利用工业政策为公营部门保留了许多经济领域，而且利用财政投资在这些领域中大力发展公营经济。这些领域一方面关系国计民生，在经济发展中具有十分重要的战略地位，另一方面又是需要投资多，建设周期长，投资风险大而私人无力投资或不愿投资的领域。虽然采用的是混合经济体制，规定由政府来担负起建立这些工业部门的责任，可以保证这些部门的建立与发展，从而真正落实优先发展重工业和基础工业的经济发展战略，但使印度农村的投资和发展受到巨大影响，导致农村投资严重不足，使得印度农村贫困问题得不到解决，甚至不断加剧。印度从 20 世纪 50 年代起，虽然也进行了“温和的土地改革”，例如废除了柴明达尔中间人制度；允许小农佃农购买土地并拥有土地所有权；通过立法规定地主持有土地的最高限额等，而实际上，许多土改法令并没有被真正实施，一些地主为抵制土改，不断夺佃，使更多农民失去土地而成为无地农户。②

第二，私营经济体制导致农村失业人数不断增加。由于实行优先发展重工业的政策，导致印度经济出现诸多问题。首先，国民经济比例严重失调，主要是工农业的比例严重失调。1950—1951 年度到 1964—1965 年度期间，农业年增长率仅为 3.2%，而工业的增长率为 7%。其次，印度粮食危机日益加深。由于强调重工业，农业生产增长缓慢，为解决人们的吃饭问题，印度不

① 陈峰君：《印度经济制度与社会发展》，《世界经济》，2001 年第 3 期。

② Amartya Sen: Famine Is Rooted in the Failure of the Right: Evaluation on Amartya Sen Welfare Ethic Theory.

得不进口粮食，仅“三五”计划期间，印度就进口粮食达 2900 万吨。再次，导致农村失业人数不断增加。由于强调资本密集型的重工业而忽视劳动密集型的中小型工业，特别是农村企业，尽管随着经济的发展就业人数有所增加，但远远满足不了由于人口增长而涌入劳动力市场的新增劳动力的需要，失业人数不可避免地增多。

第三，混合经济并未让贫困人口受益。20 世纪 90 年代以来，随着经济全球化趋势的加速，国际竞争更趋激烈，国际政治经济格局又发生了急剧变化，这些促使印度的经济改革开始了一个新的阶段；印度社会的各个层面也因此发生了新的变化：半管制混合经济模式向政府主导下的自由市场经济模式转型；政治体制则由事实上国大党一党独大向多党制过渡；同时，印度教民族主义兴起，其对印度政治、文化的影响不断扩大。1991 年，拉奥政府上台后，打出了自由化、市场化、私有化和全球化的旗帜，大力引进竞争机制，充分发挥市场调节作用，改革外贸体制，扩大对外开放，促进印度经济向国际化转轨。1998 年开始执政的人民党的瓦杰帕伊政府又提出了“五项优先政策”，即：10 年内使粮食产量翻番；加速社会基础设施的发展；加速扩展物质基础设施；施行国家水政策；使印度成为世界级信息技术强国。20 世纪 90 年代的改革，使印度经济以年均 6%以上的较快速度增长，从而使其经济发展水平和世界地位都迈上了新台阶。然而，印度经济的发展并未让大多数贫困人口受益。

四、教育机会不均等，穷人始终无机会接受教育

印度独立后，即承诺普及免费的基础教育，对公民普及知识和鼓励思想自由等。然而，在印度，教育完全没有免费的迹象，家庭在教育上的支出仍然很大。为了接受教育，包括本应由邦政府提供的免费特殊教育，即便是那些来自低社会经济背景的表列种族/部落、低收入群体都要付出数额巨大的费用。印度国内的有识之士已经指出，应该从教育体系入手，培养儿童的平等观念，彻底解决高种姓人对低种姓人的歧视。虽然印度国民教育水平已经有了飞速的提高，但是随着私立学校和公立学校之间的差距越来越大，种姓之间的不平等又开始体现出来。[①] 1976 年以前，印度的基础教育主要由各邦政府负责，中央政府只负责协调和制定高等教育标准。印度宪法允许地方政府和执政党制定各自的教育政策和教学内容，这使印度中央同地区的教育体制存在较大的差异。1976 年通过一项宪法修改案，明确规定了中央政府在教育方面的责任包括加强教育的民族性和统一性，提高教育质量、制定教育政策和教学标准等。1993 年的宪法修正案规定，教育实行三级管理体制，各级地方政府都负责办教育。在中央，国家教育主管部门是人力资源开发部，下有两个部门，学校教育与扫盲教育部和高等教育部。学校教育与扫盲教育部主要负责小学阶段一年级至八年级的基础教育、九年级至十二年级的中等教

① 联合国开发计划署 http://www.undp.org.in/index.php?option=com_content&task=view&id=168&Itemid=231.

育和成人识字扫盲，高等教育部负责高等教育、职业技术教育等。2002 年 2 月通过的第 86 次宪法修正案在“基本权利”部分加入了一个新的条款，即第 21—A 条款。该条款宣布，国家向所有 6—14 岁儿童提供免费义务教育。此后，又出台了《免费义务教育法案》(2004)，草案征求意见。该草案规定，九年级及以上教育阶段不实行免费教育，各邦政府自行规定收费标准。目前各邦之间收取的学费差距较大，最高的邦如梅加拉亚，在十一和十二年级每学年收取学费 360 卢比，最低的如阿萨姆邦，学费为 48 卢比。[①]

由于有大量的人口生活在贫困线以下，无力支付高额的教育费用，很难想象义务教育会达到普及的程度，毕竟教育的实施需要基本的保障条件。因此，政府不断推迟义务教育的普及日期，教育政策价值目标难以实现，最明显的例证就是有大量的儿童辍学，沦为童工。导致儿童辍学问题的主要因素涉及家庭和社会环境等诸方面，家庭的社会经济地位低下必然对送子女入学产生直接或间接影响。辍学问题的首要原因是家庭经济困难，教育的不免费使得许多学生家庭负担不起学习所需要的费用，有的家庭甚至还需要孩子在家或外出工作以增加家庭的收入。印度 1—5 年级儿童的辍学率在 1980 年男孩为 56.2%，女孩为 62.5%，总计为 58.7%。《国家教育政策》公布以后的努力，虽有显著效果，但是人口基数大，这仍是一个巨大的教育和社会问题，在很大程度上影响到社会的稳定和国家的未来，因此，要真正实现全民教育目标，应使每一个儿童都能完成基础教育阶段的学习，政府的

① 王晓丹：《印度社会观察》，世界知识出版社，2007 年，第 32 页。

保障机制尤为重要。

自从印度六十多年前摆脱英国的殖民统治以来，印度已经在教育方面有了很大的进步。比如1971年，当时只有29％的人口不是文盲。如今，根据印度政府的报告，估计有65％的人识字。女孩识字的比例已经从1951年的9％上升到2001年的54％。[①]

表2—1：不同层次教育和不同类型学校每生每年家庭教育支出情况（单位：卢比）

教育层次	学校类型			
	公办学校	政府资助学校	私立学校	总体
基础教育	322.22	390.24	881.62	386.66
小学	271.93	338.82	844.78	340.93
高小	419.71	469.96	971.04	473.51
初中	741.65	731.15	1280.67	787.81
高中	1440.97	1323.14	2031.28	1488.57
所有层次	480.62	593.95	1100.44	563.69

印度政府官员承认，在印度还存在着广泛的教育不平等现象，尤其是对“贱民”的孩子。学校教室里确实存在种姓歧视的问题。2005年，印度学校所有学科的教学课程都修正过一遍。社会学教科书也进行了重新修订，新增加了有关历史上歧视低种姓人的内容。印度官员说，过去他们关注的焦点是让孩子上学；现在他们要提高孩子在学校接受教育的质量。“我们现在关心的是，学校里学习的经历应该在学生的一生当中富有意义，”印度

① 许建美：《论影响印度基础教育政策的因素》，《比较教育研究》，2005年第10期。

国家教育研究与训练委员会主席克里士纳·库马尔说，“尊严和正义是没有商量余地的，教育是印度活力的一个主要来源，这一点是毫无疑问的。世界上没有一个国家能在没有国家援助的条件下实现平等教育”。①

第二节　经济原因

独立以来印度长期实行混合经济体制，既学习苏联社会主义计划经济，又吸收资本主义管理方法。这种体制，国有企业占50%，早期有一定的积极作用，但到20世纪80年代后处于停滞状态。20世纪90年代印度开始改革，有一定成效，但是还有很多包袱。进入21世纪以来，印度农村经济仍然面临诸多问题，特别是近年来，由于印度经济制度本身的原因，尤其是近年的通货膨胀使印度农村人口的购买力下降，导致印度农村人口的贫困状况加剧。因此，印度要解决贫困问题，必须解决制度的问题，特别是经济制度的问题。

一、经济改革几乎未涉及农村

印度是除了社会主义国家之外，在世界上是计划性最强、对私营经济限制最多的一个国家。1991年的经济改革被认为是一

① Krishna Kumar："On Equality in Eduation", *Hindustan Times*, Jul. 21, 2006.

次大规模的改革，也是一次大胆的改革。印度实行混合经济，国营经营和私营经济一起发展，不消灭私营经营。由于国营经济关系到国计民生的经济命脉，所以，政府对私营经济采取了非常多的限制性的政策。优先发展重工业，发展基础工业。

1991年，印度拉奥政府实行了大胆的、大刀阔斧的经济改革，几乎是完全背离了尼赫鲁当时制定的经济发展模式。改革放宽了对私营企业的管制，实行“四化”：即自由化、市场化、全球化、私有化。1991年以后，经济增长明显的上升，但是改革步子不是特别大，只是把以前的政策变化了，经济政策进一步放宽。经济的很多方面，它还没有涉及，由于更深入的改革将涉及较大一部分人的利益，特别是在印度这样实行议会民主制的国家，从1989年到1999年的十年间，印度政治动荡，十年里换了八届政府，只要涉及老百姓的利益、大多数人的利益，执政党将会失去选票，因此，改革无法深入。2001年，印度提出了第二步改革，对外资进一步开放，放宽控股率，允许外资进入消费品工业，进入保险业、进入印度的通信业。此次改革减少了对小工业的保护。小工业属于劳动密集型的工业，因为资本比较少，但是雇佣工人很多，能够解决印度面临非常严重的就业问题。所以，过去政府对小工业一直持非常保护的政策，对小工业规定了八百多种产品，这个只能由小工业来生产，就是为了保证这个小工业的发展。但是要提高效率，就要增加竞争，所以小工业保留的项目在逐渐减少，这个会产生一些影响，特别是一些社会影响，如失业的问题，可能会导致一些社会动荡。

另一方面，印度也看到了全球化的趋势不可阻挡，因此，政府有意识加强对农业的保护。由于印度农业基本上现在还是小农农业，效益和生产率都非常低下，在市场准入的情况下，那么，印度农业可能大大受到冲击。而且，印度近年来实行的经济改革几乎未涉及到农业领域。1991 年印度启动的经济改革至今没有直接波及到农业，主要原因是怕影响农业生产。但现在农业已经到了非改革不可的地步，而摆在政府面前的一个个难题却不是那么容易解决的。第一，印度的农用土地是 20 世纪 50 到 60 年代末划定的，后来虽经过几次调整，但变化不大。四十多年后的今天，随着人口的大幅度增加，当时得到土地的农民绝大多数已丧失劳动能力或已过世，他们把土地分给了后代，而他们的后代绝不止一两个儿子。这样，许多农民光靠土地已不能养活一家老小，因此，出现了“农业是农民的副业”的现象。第二个难题是税收。印度法律条文中并没有务农不纳税的规定，但政府从农业实际上得不到任何税收，几乎所有达到或超过起征线的人都逃税。方法非常简单：不管一个农民耕种多少土地，申报的都不超过 48 亩，年收入也绝不会超过 10 万卢比。第三个难题是种植结构的调整。印度农业虽然不能说是掠夺性开发，但大自然已经开始报复了，最明显的是地下水位大幅下降。旁遮普邦农业产区的地下水 30 年中平均下降了 15 米，部分地方钻到二三百米也见不到水。同时，土地肥力下降，有些地方已到了不施化肥不长庄稼的地步，而化肥的大量使用又导致土地板结，从而形成恶性循环。实际上，粮食单位面积产量已没有多少增加的余地。第四个难题是基础设施薄弱。加工能力不够、仓储设施不足、流通渠道不畅、交通设施滞后是印度农业面临的主要问题。

二、经济结构限制了农村的发展

近年来，印度经济获得了高速增长，但经济的增长并未惠及广大贫苦人民，主要原因是印度经济存在着一些结构性的制约因素，例如，经济结构不合理造成的失业问题。印度人口众多，特别是青壮年劳动力充裕，但现有的工业产业并不需要太多的工人。在 1993 年至 1994 年以及 1999 年至 2000 年间，印度经济年增长率达到 6.5%，但就业岗位增加仅为 1%。印度软件业相当发达，近年外包业务也得到了长足发展，但这些高科技信息产业产值占 GDP 的比重只有 5%，提供的就业机会也只有 200 万人。印度绝大多数的劳动力都在务农，在印度的国民生产总值中，农业占据了 25%，农业是否丰收在很大程度上会影响到印度经济的整体表现。此外，较为死板的用工制度也对印度吸引更多外资产生了制约作用；由于对众多家庭手工作坊以及小规模制造业过于保护，致使规模经济效益低下等因素也拖了经济增长的后腿。相对滞后的铁路、公路、港口等基础设施建设，在短期内很难满足经济高速增长的需要，而越拉越大的贫富差距，更使得印度国内消费乏力，这方面不论在投资还是在需求方面都有待加强。[①]

在印度的 GDP 中其服务业所占的比重接近 50%，而且近些年来印度经济能够较快增长也主要归功于服务业的持续快速增长，这在发展中国家中是个特例。就印度这样一种经济结构，有很多褒贬不一的分析和评论；首先，有人认为印度经济的发展模

---

① 徐长文：《印度经济结构存在的问题》，新华网，2005 年 5 月 11 日

式比较符合可持续性发展，因为印度的经济增长不是建立在大量实物投资和国内自然资源环境的过度消耗的基础上，而是依靠印度大量优秀的知识分子和专业管理人才、技术人员的聪明智慧，生产和出口大量高附加值的服务产品是印度经济近年来经济增长较快的主要原因。印度这样的经济结构跟一些发达国家相似，而不太像普通的发展中国家的发展模式，再加上印度有大量优秀且成本低廉的技术人才，因此，有人预言印度将在未来成为“世界的办公室”。针对上述观点，也有不少学者提出了不同的看法，他们认为印度不可能仅仅依靠发展高科技服务业就能实现其现代化的梦想，因为印度的劳动人口实在太多了，而且文盲率又很高，高科技为主的服务业仅能吸纳很少一部分劳动人口就业。印度劳动力极为丰富，劳动成本很低，这才是印度最大的比较优势，印度应该着重发展其制造加工业，因为它无法逾越建设工业现代化的阶段而直接进入发达国家的行列，这也是导致农村贫困的主要原因。

三、通货膨胀使农民的实际生活水平下降

近年来，由于通货膨胀，印度农村贫困人口的生活水平在不断下降。印度的资料清楚地表明，农业生产的加速增长和稳定的价格水平是20世纪50年代贫困水平下降的主要原因。20世纪60年代前半期，由于土地改革效应的逐渐衰退和耕地面积扩张速度的下降，造成农业生产增长速度下降，再加上物价陡涨，印度乡村贫困人口急剧上升。直到那个时候，还没有发生扩大或缓解贫困的绿色革命。事实上，在1965—1967年发生大旱的同时，

以引进矮秆小麦品种为主要内容的绿色革命开始传播到印度。在1967—1968到1971—1972年期间，尽管贫困水平的最低点没有超过1960/61年时的水平，但贫困水平仍大大地下降了。在绿色革命完成其第一次迸发之后，贫困水平又持续上升了三年时间。在1975/76—1977/78年期间，贫困水平再一次跌了下来。因而，对穷人而言，问题不在于绿色革命的兴起，而在于它的沉没。

在印度乡村贫困发生率的两个上升时期，食物价格也急剧上升；相反，在贫困发生率的三个下降时期，食物价格没有上升。这三个下降时期都是在价格上涨得到控制时开始的，并且在整个期间价格相对稳定。如果印度在20世纪60年代中期不引进高产品种，即使能阻止不平等的扩大，绝对贫困的发生率也可能上升。由于乡村贫困人口普遍依靠购买以满足其全部或部分消费需要，贫困人口在可供市场销售的剩余农产品中所占份额较小，以及乡村部门的工资日益货币化和僵硬，因而食物名义价格的上涨能很快地扩大贫困面。无地阶层在乡村贫困人口中所占比重较高，名义价格与乡村贫困发生率之间的因果关联就越强。印度的经验数据表明，即使在没有发生饥荒的时候，价格对贫困的作用也是很大的。因此，可以认为，食品价格的陡涨是乡村贫困水平短期扩张的重要因素。较高食物价格与较高乡村贫困发生率之间的因果关联并非仅在短期存在。就是对贫困水平的长期下降而言，降低食物价格（实际的）也是很重要的。因为，较低的食物价格对总增长过程和非农部门就业增长都是有利的。食物价格在贫困决定中起关键作用的事实再一次导出这一结论，即扩大耕地面积的技术进步对农业生产至关重要。[①]

四、其他经济因素对农村贫困的影响

据联合国经济合作与发展组织 2007 年初发表的一份报告称，近几年印度农业生产经过大力发展后已经进入了一个稳定时期，土地质量恶化以及水源供应短缺，对印度农业产量的增长造成严重的影响。报告称，水源及土地资源的持续管理是印度最重要的农业环境问题之一。印度水源状况尤其令人担忧，因为印度只占全球水源资源的 4%，但是人口占到了 16%。非农及农业的水源需求均大幅增长，各邦因农业水源经常引发严重的冲突和矛盾。土地质量下降也是一个很普遍的问题，原因是洪涝和地面径流的直接腐蚀以及水源应用过量。政策制订者面临的另外一个主要问题是，现行的政策措施导致国内食品价格上涨，损害了城市居民的利益。印度政府通过最低支持价格以及偏高的农业关税来提高农业收入，来解决农村贫困问题，但是这也导致了食品价格高涨。2006 年底至 2007 年初，印度通货膨胀率一直徘徊在 6%以上，主要原因是食品价格上涨。经合组织称，印度政府提供的农业补贴略低于经合组织的平均水平，但是要远远高于经合组织评估的其他发展中国家。[②] 在强调农业生产对缓解贫困的重要性的同时，还必须注意到，印度耕地面积增长速度下降了的事实。这意味着加速农业生产的重担日益落在单位面积产量上，而这又要

① 王晓丹：《印度的农村建设》，《南亚研究》，2006 年第 2 期。
② 见《经济合作与发展组织 2006 年度报告》，2007 年 4 月 7 日。

求进行技术革新。印度的经验清楚地揭示了这一点。在20世纪60年代前半期，由于耕地面积增长速度的下降，农业生产增长速度也大大地下降了。到70年代，提高产量的技术进步发展到了一个临界水平，因而贫困水平出现上升趋势。如果没有绿色革命，贫困状况可能会更为严峻。

第三节 社会人口原因

2001年5月11日凌晨5时05分，印度第十亿位公民于印度最大的公立医院新德里的萨弗达江医院降生。在当天下午医院举行的第十亿公民纪念仪式上，印度卫生和家庭福利部的官员们表情严肃，少有笑容。印度卫生和家庭福利部和联合国人口基金会驻印官员都认为，寻找和认定十亿公民只是一个象征性的行动，真正重要的是向人们敲响人口爆炸的警钟。① 印度官员说，第十亿名印度国民出生，这意味着印度的公共设施以及资源进一步紧张。土地面积仅占全球2.4%的印度如今要养活世界16%的人口。更令人忧虑的是，印度人口目前仍以每年1550万的速度增长，相当于世界人口年度增长的五分之一。人口学家预测，如果情况继续的话，不出半个世纪，印度就会取代中国成为全球人口最多的国家。到2045年，印度人口将达15亿左右，控制人口增长成为印度政府当务之急。印度政府官员和人口学家普遍认为，人口问题已成为印度经济、社会发展的沉重负担，控制人口

① 任彦：《印度人口突破十亿》，《人民网》，2006年5月11日。

高速增长已成为政府的当务之急。

20 世纪是印度人口高速增长的世纪。有关统计显示，1901 年印度人口仅为 2.38 亿，1961 年上升到 4.39 亿，几乎翻了一番。随后的三十年里，印度人口再度翻番，1991 年达到了 8.46 亿。目前，印度人口已突破 11 亿。

作为世界上最早提出计划生育并付诸行动的国家，印度早在 1952 年，当人口还是 3.6 亿的时候，已经推行计划生育政策。从 1951 年到 1998 年，印度的婴儿出生率从千分之四十点八降到了千分之二十六点四，降幅不可谓不大。20 世纪 70 年代更是强迫国民节育，但是政策引起了国民强烈反弹，造成永久性的破坏，印度人口反而激增。政府最近的一份报告指出，当全球人口在 20 世纪增加了两倍，由 20 亿增加到 40 亿的时候，印度人口却上升了接近四倍，由 2.38 亿上升到 10 亿。目前印度人口增长率仍高达 1.7%左右，高于 1951 年的 1.58%。

印度卫生和家庭福利部官员认为，印度人口增长率居高不下的原因主要是人口基数太大，育龄人口占总人口的比例太高。同时，还有早婚早育、新生儿死亡率过高、为育龄夫妇提供的避孕服务远远达不到实际需求等诸多原因。

人口的高速增长使得粮食、土地、水资源、住房、教育、就业等都成为政府头疼的问题。由于三分之一的新增人口生活在贫困线以下，因此政府实现尽早消灭普遍贫困的目标困难重重。印度家庭福利联席秘书妲塔·葛素女士说：“现在，人口问题已被放到政府议事日程的首要位置。印度人口突破 10 亿的事实时刻提醒我们未来需要肩负的重大责任。”①

早在2000年，印度政府就制订了历史上第一个人口政策纲领性文件：《国家人口政策2000》。根据这份文件，中央政府成立了一个由总理亲自挂帅的“国家人口委员会”，负责指导监督所有家庭福利和生育健康计划的实施，各邦也将成立由首席部长负责的类似机构。中央政府将在财政上大力支持有关部门推广计划生育、改善全国特别是农村地区的医疗基础设施、培训计划生育及卫生专业人员等方面的工作。葛素还说，印度政府坚持控制人口的工作必须在自愿自觉的基础上进行。因此，一项十分重要和艰巨的任务是使人们，特别是那些处于贫困和低收入阶层的人接受政府提倡的计划生育观念，这主要包括“妇女18岁前不结婚、20岁前不生育”和“小型家庭观念”。②

不少印度官员和专家认为，《国家人口政策2000》的出台和实施将大大改变印度的人口现状。根据这份文件，印度政府控制人口增长的目标是2010年印度的人口增长率降至1.1%到1.2%，预期人口总数为11.07亿，与不实施人口政策相比，少生5530万人。

据《印度教徒报》报道，印度内政部长希夫拉杰·帕蒂尔2008年4月24日在印度第三次人口普查时说，2007年印度总人口已接近11亿，到2011年印度人口预计将达到12亿。到2030年，印度的人口将超过中国，成为世界第一人口大国。③

印度独立后，由于人口政策的失误，导致印度人口迅速增

① 任彦：《印度人口突破十亿》，《人民网》，2006年5月11日。

② Indian Government：《National Population Report，2000》，p. 21.

③ 《印度教徒报》：《印度人口2011年预计达到12亿》，2007年04月25日。

长。印度政府有关部门统计，印度人口在过去十年中增长了1.8亿。不加控制的人口快速增长已经引起了印度各界的高度警惕，也迫使政府为有效控制人口展开一场全国性的群众运动。2003年7月11日，在纪念世界人口日到来之际，印度首都新德里举行了一次呼唤人们自觉实行计划生育、控制人口增长的大型群众集会。印度卫生与家庭福利部长苏施玛在集会上强调了控制人口爆炸性增长的重要性和严峻性。她希望人们改变重男轻女的陈腐观念，树立生男生女都一样的新思想。印度副总统谢卡瓦特在集会上发表讲话说，现在，印度每分钟就有33个孩子出生，其总人口已经达到了10.6亿。仅在过去十年间，就增加了1.8亿人，而1951年印度只有3.6亿多的人口。目前已经到了不得不控制人口增长的时候了。因此，有必要在全国范围内开展一场大规模的群众性运动，广泛宣传计划生育、控制人口爆炸性增长的迫切性，提高人们实行计划生育的自觉性，让全国人民充分认识到小型家庭是走上富裕之路的有效途径。为此，他再次提出了“小型家庭，富裕家庭”、“无论生男生女，都要保持小型家庭”的口号。当时的印度总理瓦杰帕伊也在世界人口日前夕发表讲话说，无控制的人口增长妨碍了印度社会和经济的快速增长。印度的10亿多人口占全世界总人口的17%，印度每年都有近1550万的孩子出生。要保证这么多的孩子都能健康成长和接受良好的教育，就必须贯彻政府2000年制定的全国人口政策，稳定印度的人口增长率。他再次强调，无控制的人口快速增长不符合国家和个人的利益。

一、人口增长给农村减贫工作带来巨大压力

印度人口问题给经济及社会发展带来了沉重压力。在 20 世纪最后十年中，印度人口净增 1.8 亿，到目前总数已经超过 10.7 亿。有关数据显示，如果按照现在的人口增长速度，印度很可能会在 2030 年前后超过中国，成为世界第一人口大国。

人口的急剧增加已经给印度经济发展带来了沉重的负担，同时也让政府致力于摆脱贫困的各项计划变得举步维艰。目前印度政府在住房、就业以及医疗卫生等公共基础设施领域不断大幅增加投入，但依然无法满足因人口增长而产生的迫切需求。2006 年夏，印度境内大部分地区出现严重的用水短缺和能源危机，过度开发也使西北部的沙漠地区正以每年一公里的速度扩展。可以想象，在越来越大的人口总数面前，印度未来的生态环境保护以及社会保障体系都将面临严峻挑战。

首先，人均收入增长缓慢。按人口平均计算的国民收入或国民生产总值是衡量一个国家经济发展水平最重要的指标之一。如 1965—1989 年，印度国民生产总值增长 1.6 倍，但人口也增多了 69%，因此人均国民生产总值只增加了 53%。印度迄今仍是世界上最穷的国家之一，人口增长过快是其中的一个重要原因。经验表明，在印度这样每年人口增长 2.1%的发展中国家里，新投入资本的 2/3 要用来供养新出生的人口，以便维持原来的人均收入水平，只有剩下的 1/3 才能用于提高收入；而在每年人口增长不到 1%的国家里，后一部分可多达 3/4。由于人均收入增长缓慢，多年来印度广大人民的实际生活水平改善不大，按其本国

的统计，20 世纪 60 年代初生活在贫困线以下的人口占总数 39%，70 年代初占 45%，80 年代初又增至 50%。按照目前的人口增长率和经济发展速度，下个世纪初上述比重将升至 80%。①

其次，消费多，积累少，致使生产力发展不快。印度人均消费水平虽然很低，但由于人多，消费总量在国民收入中所占的比重是很高的，这就必然减少积累，影响了扩大再生产的规模。如 80 年代印度平均每年新增 1530 万人，仅仅为满足其最低需求，每年就要增加 300 万吨粮食和 2 亿米纺织品的消费量，还要增加大量的学校和教师，在住房、医疗、交通、娱乐等方面也需要大量投资。结果政府每年预算的大部分都只能用于非生产性开支，用于发展生产的只占一小部分。印度学者指出，过去的 30 年内人口增长速度若降低一半，国家仅在住房和教育这两个方面节省的开支就可以建设近 30 座年产百万吨的大型钢铁厂。

人口增长过快在食品供应上压力尤其显著。1960—1990 年间印度食品产量增长 1.39 倍，但人均占有量只增加了不到四分之一，加上生产的波动和分配上的不均，粮食问题的严重性始终没有得到明显的减缓。虽然累计进口了 1 亿多吨粮食，消费水平仍然很低。近 20 年来每人每天平均摄入的热量始终比生理需求量低 4%—6%，始终有 40%左右的人口处于半饥饿状态。随着今后人口的继续膨胀，解决粮食问题的前景确是不容乐观的。

最后，人口的经济结构一直没有明显变化，失业问题十分严重。自本世纪初期以来，印度的经济活动人口中从事农业的始终占 70%左右，迄今没有出现明显的下降趋势，这在世界上还是

① 杨敏：《印度扶贫考察报告》，载《中国农村经济》，1998 年第 9 期

少见的。究其原因很重要的就是人口增长过快，超过了工业发展对劳动力的需求，致使农业部门的剩余劳动力无法向其他经济部门转移。由于劳动力的大量过剩，结果造成严重的失业问题，1951—1980 年间官方统计的失业人数就猛增了 46 倍，此外还有更多的人经常处于半失业状态。目前，过去二三十年生育高峰期出生的儿童已经或即将大批进入劳动市场，问题看来还要进一步趋于严重化。

二、种姓制度成为农村减贫工作的巨大障碍

种姓制度代表印度教的基本教义，原来是雅利安人征服南亚次大陆后维持统治地位的需要。但是几千年下来，成为根深蒂固的社会陋习，使得几乎一半印度人口无法逃脱世袭的不平等命运。印度教原教旨主义的上升，更制造了革除这一陋习的新障碍。早期种姓制在梵文中称为“瓦尔那”（Varna），意为“颜色”。早在雅利安人征服印度的过程中，瓦尔那制即开始萌芽。最初只有两个瓦尔那，即雅利安（白色人种）和“达萨”（即被征服的达罗毗荼人，黑色人种）。可见，种姓制度的产生是两个肤色不同的种族对立的结果。大约在公元前 11 世纪，印度社会阶层被划为 4 个等级——婆罗门（僧侣贵族）、刹帝利（军事和行政贵族）、吠舍（商人）和首陀罗（被征服的奴隶）；至此种姓制度初步形成。婆罗门（Brahman）是祭司贵族，它主要掌握神权，占卜祸福，垄断文化和报道农时季节，在社会中地位是最高的。刹帝利（Kshatriya）是雅利安人的军事贵族，包括国王以下的各级官吏，掌握国家的除神权之外的一切权力。波罗门和刹

帝利这两个高级种姓，占有了古代印度社会中的大部分财富，依靠剥削为生，是社会中的统治阶级。吠舍是古代印度社会中的普通劳动者，也就是雅利安人的中下阶层，包括农民、手工业者和商人，他们必须向国家缴纳赋税。上述三个种姓都是由雅利安瓦尔那分离出来的，而达萨瓦尔那则演变为首陀罗。首陀罗是指那些失去土地的自由民和被征服的人，实际上处于奴隶的地位。在首陀罗之下，印度一直还存在着一个没有种姓的群体——贱民，由于其地位远在前四种种姓之下，因此又被俗称为“第五种姓”。按照婆罗门教教义，贱民被称为达利特人，意为“不可接触之人”，其他种姓不仅不能与他们交往，连喝水都不能共用一口井。印度的各个种姓职业世袭，互不通婚，以保持严格的界限。这样，贱民的后代永远都是贱民，从出生的那一刻起，就已经注定了低人一等的地位，想想都是很可怕很残酷的。不同种姓的男女私奔后所生的子女也被看成是贱民，最受鄙视。为了维护种姓制度，婆罗门僧侣宣扬，把人分为四个种姓完全是神的意志，是天经地义的。[①] 奴隶主阶级还制定了许多法律，其中最典型的是《摩奴法典》。正如其中所言，“世界上的任何东西都是婆罗门的财产；由于地位优越和出身高贵，婆罗门的确有资格享有一切，婆罗门可以毫不犹豫地去拿首陀罗的东西；因为他不存在任何财产；因为他的钱财本来就是应该被主人拿的”。不仅这样而且每个种姓都有自己的机构，处理有关种姓内部的事务，并监督本种姓的人严格遵守《摩奴法典》及传统习惯。倘有触犯者，轻则由婆罗门祭司给予处罚，重则被开除出种姓之外，这意味着只能居

---

① 尚会鹏《种姓与印度教社会》，北京大学出版社，2001 年，第 74 页。

住村外，不可与婆罗门接触，只能从事被认为是最低贱的职业，如抬死尸、清除粪便、打扫房间等。

早在独立前，国大党元老莫提拉尔·尼赫鲁就说过："只要制度仍然存在，印度就不能在世界文明国家中占据应有的地位。"尽管印度独立已六十多年来，种姓制度在印度社会中的作用和影响仍是强大的，仍在阻碍印度现代化的步伐，这是印度社会的不幸。首先，种姓制度影响印度政治民主化的进程。传统的种姓因素在今日的印度仍起举足轻重的作用。临近大选时，由于印度绝大多数人口是农民，农村的选票对每个政党来说都是至关重要的，而农民在投票时往往取决于他们的种姓意识，往往投向代表自己种姓利益的候选人。因此每个党在大选前必须仔细研究各地区的种姓势力，选择在当地占优势种姓中有威信的人当候选人。这样做的结果，一方面导致被推为候选的人不一定是党内精英；另一方面，这些人一旦进入政界，今后的所作所为必然多方考虑支持他当选的种姓社团的利益，从而使印度政治带上浓厚的种姓色彩。①

种姓制度把经济分成不同的社会集团，彼此接触受到影响，有些人"种姓主义"思想严重，他们大多考虑本种姓的利益。想问题，办事情从本种姓的利益出发，只对本种姓忠诚，缺乏民族同胞间的互助精神，这对整个经济的发展是不利的。加之，每个人的职业生来决定，代代相传，不易更改，不管一个人对某种职业有无兴趣或特长，工作是否合适，都得被迫去做。这样一来，

① 刘红军：《试析种姓制度对当今印度社会的影响》，《中国论文下载中心》，http：//www. studa. net.

有些人用不着努力则会得到好的职业，从事好的工作，享受优厚的待遇。这样产生或助长了一些人的懒惰思想，缺乏奋斗精神；而另一些人，即低级种姓的人，只能受苦，逆来顺受，认为命里注定，不可改变。这样限制和束缚了他们的创造精神和积极性的发挥。

印度各地不仅有各种种姓文化协会，还有许多种姓大学，甚至有的大学中各系分别由不同的种姓把持。而种姓制度实行的种姓内婚制使印度青年择偶范围十分狭小，导致农村中近亲结婚十分盛行，产生出大批畸形儿，极大影响了印度人口的素质。童婚的流行，影响了儿童的正常发育，因此不少人过早夭折，这也是印度人平均寿命较短和儿童寡妇较多的原因之一。

三、民族与部族问题成为阻碍农村发展的根源

印度中央政府为了加强对地方政府的控制，力图把权力集中于联邦政府，而地方政府则反其道而行之，不断地采取各种斗争措施向中央争自治权。如旁遮普邦是锡克族的故乡，有广阔的平原、肥沃的土地，被称为“印度的谷仓”，也是印度“绿色革命”最为成功的地区，其水稻和小麦的产量占全印度的60%左右。印度中央政府为了削弱锡克族的力量，一直不愿意在该邦投资发展工业，只把它视作农业邦。而旁遮普邦政府认为，旁遮普不但要发展农业，也要发展工业，中央政府抑制邦工业的发展是歧视行为。于是旁遮普邦与中央政府之间矛盾不断，再加上印度斯坦族与锡克族之间的宿仇，旁遮普成为印度最不安定地区，有印度“火药桶”之称。这种带民族性的中央与地方的矛盾从未停止过，

只不过各民族采取的方式有所不同而已。所以，有的印度学者感慨地说“印度政坛上中央与地方不合拍的政治格局造成了中央集权不足而地方主义泛滥的局面，长期影响了印度政治的稳定和经济的发展”。印度独立至今的六十多年来，有许多民族都曾要求独立。如锡克这个宗教、政治、民族三位一体的民族，曾于1981年在阿卡利党的领导下，不断举行斗争要求自治，其中激进分子则竭力主张脱离印度建立“卡利斯坦国”，还制定了国旗，发行纸币和邮票，在国外还成立了流亡政府。印度的泰米尔族也曾三番五次地联合起来要求分治，还于1961年提出建立独立的“德拉维达纳德共和国”。而廓尔喀族也对自己的现状不满，以吉辛为首的“廓尔喀民族解放阵线”于1980年上书联合国要求从政治上根本解决“苦难的”廓尔喀人问题。虽然以上这些民族在印度联邦政府的镇压与妥协的双重政策下，表面上放弃了分治、建立独立国家的要求，但这并不说明印度中央政府与这些民族之间的矛盾已得到了妥善的解决。最近几年印度民族问题的表现形式有所变化，主要集中在邦与邦之间经济上的地方保护主义，这也是印度为解决民族问题而采取以语言建邦所带来的后果之一。这种经济上的地方保护主义也影响了今天印度中央政府改革措施的推行和资源财力的统一分配。有些邦还为河水分配问题闹得不可开交，以至影响了农业生产的发展。[①]

印度也是亚洲部族人口最多的国家，总人口在3000多万以上。据印度官方统计，印度共有414个部族，人口在100万以上的有6个，它们是比尔族、奥朗族、贡德族、桑塔尔族、米纳族

① 王晓丹：《印度社会观察》，世界知道出版社，2007年，第258页。

和蒙达族。部族主要分布在印度东北部阿萨姆山脉地区、喜马拉雅山脉地区、中部的丘陵地区、南部地区和海洋群岛地区。一般来说部落民所处的地理环境和生活环境都比较恶劣，他们几乎与世隔绝，生产方式落后，有的还处在刀耕火种时期，生活极端贫困，只有少数部落民居住在平原地带。长期以来部落民遭受地方官、税吏、警察和高利贷者惨重的欺诈和剥削，负债累累，终日在饥饿和死亡线上挣扎。

印度独立以前，部落民被视为奴隶和不可接触者，英国殖民者往往对他们采取残酷的镇压手段，同时还把不少部落从世代的居住地赶进所谓的“保护区”内，对他们肆意掠夺和残杀，其目的是在这种封闭式的高压政策的统治下，扼杀部落民的独立运动。

印度独立后，印度政府为了缓和部落民的反抗和不满情绪，采取安抚与同化的政策。在政治上宪法明文规定对部落民予以保护，还在政府和立法机关保留一定的职位和席位给部落民。在经济上印度政府还拨款帮助部落民发展工业、兴修水利和改善居住环境。在文化教育和医疗卫生方面，也给予一定的照顾和优惠，如提供奖学金、减免食宿费和建立医疗机构等。笔者在印度尼赫鲁大学期间也碰到不少部落民的子女在印度政府的帮助下攻读学位，这些人学成后一般在所属地区政府内担任一定的职务。[①]

经过印度历届政府的努力，部落民的生活较独立前有所好转，其生活水平也有所提高。但是，部落民与印度其他居民之间

① 朱明忠：《印度教民族主义的兴起与印度政治》，《当代亚太》，1999 年第 8 期。

的差距仍然很大，有些地方甚至进一步扩大了。究其原因，印度政府在执行安抚同化政策的时候，并不是所有的政策都得到很好的贯彻落实。更有甚者，印度政府为了加强对这些部落民的控制，对部落民的宗教不是尊重而是贬抑，其目的是要用印度教取而代之。同时，对一部分部落中的上层分子采取优惠政策进行分化瓦解，以达到控制整个部落民的目的。但是事与愿违，大多数失去土地、负债累累的部落民不得不四处流浪和出卖自己的劳动力，他们对印度政府非常不满。据调查，部落民中 2%的富裕农民占了 20%以上的土地，他们这些人又多是部落中的大小头领，而绝大部分的部落民不是做苦工就是外出打工，还难以养活一家老小。为了生活他们不得不举债度日，天长日久其负债连儿孙辈终日做牛做马也难以还清。印度政府在投资办厂时，只注重对资源的索取，忽视了对环境的保护，污染了原本洁净的山林、土地和河流，这又激起了部落民的强烈不满。另外，印度政府对于部落民的一些正当的自治要求不予重视，有时还采取严厉的镇压措施。如 1966 年印度政府拒不履行前总理夏斯特里曾答应米佐族建立大米佐拉姆邦的承诺，导致了米佐族人民的武装起义。对此，印度政府则采取镇压措施，直到 1986 年 8 月印度政府答应将米佐拉姆建为印度的一个邦才平息了米佐族人民的武装斗争。这 20 年里印度政府和米佐族人经历了一场不应该发生的矛盾冲突，在政治和经济上对印度造成的损失不可估量。目前虽然米佐族、印加族、比尔族、奥朗族和桑塔尔族等部落与中央政府的公开的武装斗争基本上平息了，但这并不意味着印度中央政府与部落民之间的矛盾得到了较好的解决，只不过斗争形式有所不同罢了。与此同时，越来越多的受过教育的部落民不甘任人摆布，他们要自己决定自己的命运。近年来不少主张本部落利益的政党相继出现，它们的纲领与主张，得到众多部落民的支持与拥护。在广大部落民的支持下，它们向印度政府提出了新的挑战，拒绝与中央政府合作。如果印度政府在处理部落民问题上再次失误，那么两者间的矛盾就有可能再度白热化。[①]

第四节　宗教文化等原因

印度是一个产生和吸纳多种宗教的国度，它的宗教历史之长、名类之多、影响之大属世界少见。印度很早就在本土创立了宗教。远古时代，印度土著人信奉原始宗教。公元前 15 世纪进入的雅利安人大约在公元前 10 世纪创立了婆罗门教，并编造了古老的文字梵文，进而开创了种姓等级制度。公元 8 世纪，经过大哲学家商羯罗改革，形成了新婆罗门教，即印度教。印度现有印度教徒超过 8 亿。公元前 6 世纪，马罕维拉倡导精神解脱，主张宗教改革，创立了耆那教。印度现有耆那教徒 400 余万。公元前 6—前 5 世纪，释迦牟尼力主宗教改革，和婆罗门教提出挑战，创立了佛教。公元 16 世纪初，拿纳克祖创建锡克教，它是对印度教反叛的派生物，又是对伊斯兰教一种折中的宗教。印度现有锡克教徒 2000 余万。此外，印度还有几种重要的外来宗教，如基督教、伊斯兰教、波斯袄教（又称拜火教）等。

① 朱明忠：《印度教民族主义的兴起与印度政治》，《当代亚太》，1999 年第 8 期。

一、宗教制度是农村发展的社会疾瘤

印度宪法规定国家实行世俗主义，政教分离，但国内各种宗教根深蒂固，社会宗教气氛浓烈，宗教仇杀，特别是印度教徒与穆斯林之间的仇杀是导致印度社会动荡和经济不稳定的重要原因。印巴分治后，仍有近一半的穆斯林留在了印度，两教的矛盾依然存在，长期困扰印度的仍是印度教和伊斯兰教两教的教派冲突。除 20 世纪 50 年代相对平静外，从 60 年代起，教派骚乱事件不断增长。从 80 年代末开始，印、伊教派冲突逐渐加剧，1992 年发生的印度教徒捣毁阿约迪亚巴布里清真寺事件，引起大规模的教派仇杀，使两教冲突达到顶峰。①

印度不仅是一个民族众多的国家，而且也是世界上民族冲突最为严重的国家之一。印度的民族问题以多种形式表现出来，既有经济文化发展水平较高的民族间的矛盾，又有经济文化发展水平较低的民族之间的矛盾，更有落后民族与先进民族之间的矛盾。这些矛盾有的直接以民族问题的形式表现出来，有的则以宗教问题、种姓问题、语言问题甚至正常竞争方式表现出来。② 印度的各宗教派别中，印度教徒、穆斯林和锡克教徒既是人口多的又是宗教热情很高的宗教团体，在漫长的历史发展过程中，又有过长期的矛盾冲突乃至相互屠杀。印度的政治稳定和经济发展状况对印度教徒和穆斯林能否和睦相处有很大影响。在印巴分治后

① 曹小冰：《印度特色的政党和政党政治》，当代世界出版社，2005 年，第 127 页。

② 雷启淮主编：《当代印度》，四川人民出版社，2000 年，第 440 页。

的15年间，印度未发生大的宗教冲突。从20世纪60年代开始，教派冲突呈曲线上升。1962年中印边境冲突发生，由于国防开支增加，经济负担加重，教派动乱急剧上升。20世纪80年代因经济形势恶化，政治稳定受到威胁，教派动乱事件又有新的高涨。

印度教与伊斯兰教两大教派的矛盾和冲突，一直是影响印度社会发展的重要问题。20世纪50年代末至60年代，由于尼赫鲁政府所采取的宗教政策比较得当，教派之间的和解气氛增长，而冲突在某种程度上得以缓和。据不完全统计，1960年印度教与穆斯林之间的教派冲突只有26起，1961年为92起，1966年为132起。但是，到了80年代，印度教与伊斯兰教之间的暴力冲突事件急剧增长，冲突的规模越来越大，涉及的地区越来越广，造成的伤亡也越来越多。据统计，1980年印度教徒与穆斯林之间的流血冲突有427起，1985年增至500起，仅1980年因冲突而造成的死亡人数就有278人。①

教派冲突的加剧，与印度教和伊斯兰教派组织的增长和教派主义思想的宣传是分不开的，其中也包括印度教民族主义的思想。独立以后，印度教的教派组织不断产生。1951年，由S. P. 慕克吉在加尔各答创立了印度人民同盟。这是一个全国性的印度教教派政党，它与教派组织印度教大斋会有密切联系，慕克吉曾担任过印度教大斋会的副主席。1964年，国民志愿服务团的领袖戈尔瓦卡尔，在孟买发起并创立了世界印度教徒大会（Vishva

① 朱明忠：《印度教民族主义的兴起与印度政治》，《当代亚太》，1999年第8期。

Hindu Parishad，简称 VHP)。这是一个以印度为核心的联系世界各地印度教徒的组织。1966 年，巴尔·沙哈布·塔格瑞建立了湿婆军，它是马哈拉施特拉邦的一个地区性教派组织。1980 年，瓦杰帕伊建立印度人民党，这是一个带有教派主义色彩的政党。以上这些组织或多或少都与印度教大斋会和国民志愿服务团有联系，甚至有些领导成员就是从这两个组织分化出来的。我们知道，印度教大斋会和国民志愿服务团是印度教民族主义思想的发源地和积极鼓吹者，因此这些组织都不可避免地受到印度教民族主义的强烈影响。

20 世纪 80 年代中期，在印度北方邦阿约迪亚市开始的“寺庙之争”，后来导致出一场震惊世界的宗教冲突。1984 年 8 月，为了排斥伊斯兰教、恢复印度教的传统文化，世界印度教大会成立了“罗摩出生地解放牺牲委员会”，发起了在阿约迪亚重建罗摩庙的运动。1988 年，世界印度教大会与穆斯林组织的“巴布里清真寺行动委员会”在阿约迪亚发生了对抗。1990 年 5 月 15 日，印度人民党领袖阿德瓦尼在印度北方发起了“战车游行”活动，号召印度教徒到阿约迪亚去“为神服务”，实际上是为重建罗摩庙制造声势。1992 年 5 月，世界印度教大会联合印度人民党、国民志愿服务团等组织，召集大批信徒再次到阿约迪亚“为神服务”，政府不得不派军队维持秩序。1992 年 12 月 6 日，十多万印度教徒从印度各地聚集到阿约迪亚，一些狂热分子冲破军队的警戒线，爬上巴布里清真寺的寺顶，将三个大圆顶捣毁。这一举动严重地损伤了穆斯林的宗教感情，由此引发出一场全国性的教派流血冲突。在以后的一个星期内，至少有 1200 人丧生，4000 人受伤。印度教徒捣毁清真寺的事件，立即引起巴基斯坦、孟加拉国、阿富汗等国穆斯林的强烈反响和报复。据报道，在巴基斯坦，穆斯林点燃了125座印度教庙，在暴力冲突中还有几十人被杀；在阿富汗，穆斯林破坏了三座印度教神庙和一座锡克教圣殿；甚至在英国，也有一些印度教庙宇被毁。此次“庙寺之争”，是印度独立后影响最大、波及最广的一次教派冲突。①

二、文化因素对农村发展形成约束

印度作为四大文明古国之一，有着自己悠久的思想文化。印度文化不仅源远流长，而且经过几千年来的传播，形成了自己的独特性和丰富的内涵、底蕴并辐射到南亚地区以外的东亚以及东南亚等亚洲地区。这种文化辐射使印度人产生了巨大的自豪感和骄傲情绪。这种骄傲、自负的情绪一直蔓延在当今印度各个阶层，在知识界更是如此。

印度作为一个文明古国和文化大国，其文化对社会的影响体现在各个方面。印度文化在印度社会进步以及增加印度民族荣誉感和凝聚力方面发挥着不可替代的作用。但与此同时，作为一个多元化和传统性很强的国家，印度的种族、宗教、种姓等固有矛盾十分尖锐。种姓的差异性、宗教的排他性和种姓的等级性把社会分裂成一个个相互排斥、彼此对立的集团，各集团摩擦和冲突的形式多种多样，其中对政局和社会稳定影响最大的是教派冲突、民族矛盾和地区分离主义。因宗教和民族等问题引发的冲突

---

① 朱明忠：《印度教民族主义的兴起与印度政治》，《当代亚太》，1999年第8期。

不仅对印度国内社会安全、政局稳定造成了非常负面的影响，而且这种冲突在一定程度上掩盖了社会发展亟待解决的问题，使诸如贫困问题、失业问题、经济、社会发展不均衡、改革缺乏连贯性等问题都未得到行之有效的解决。

三、地理因素成为农村发展的桎梏

人生于天地之间，无可避免的天然气候和地理环境两者，是形成一个民族文化的重要因素。印度位居南亚半岛，地理气候，有南北东西及中央地区的明显差别。南印接近热带，北印靠近喜马拉雅山，气候稍冷，中印为温带气候。古代印度人的年节，为适应气候，一年只分三季，每季四个月。因地理上接近温、热带，人们的身心动态，大率思想多于行动，尤其接近南印度地带的，更富于神奇的幻想。自古至今，他们的文化和语言，一直没有统一，古代印度文字，约有五十至六十之多，我们以前笼统叫它梵文，其实梵文只是所有印度文中的一种。现在印度通行的语文，也还有几十种。中国因为有了秦、汉以来的大统一，所以能够做到“车同轨，书同文”。而印度却不然，虽其自古至今都号称为一国，其实，还是部族分领，各据一方，它的文化，并未真正统一。当我国周秦之际，它也像我们的春秋列国，据地称王者，约有两三百个小邦。当时学派林立，思想学说，各自言之成理、统率一方的，约有百家之多。人文生活，有一特点，就是阶级区分，非常严格，因此贵贱帝国异等，苦乐悬殊，虽受 20 世纪自由平等的新思潮冲击，但观念的根深蒂固，可谓自古已然，如今不改。

印度作为一个文明古国和文化大国，其文化对社会的影响体现 在各个方面。印度前外交官辛哈曾说过，在软实力方面，印度拥有伟大的文化、宗教和哲学，从古代起印度的影响既广泛又深远。印度最大的优势是其世俗及多元文化的信仰。但与此同时，作为一个多元化和传统性很强的国家，印度的种族、宗教、种群等固有矛盾十分尖锐。在印度推进现代化、实行改革开放的进程中，现代因素与印度文化传统因素发生激烈碰撞。①

种姓的差异、宗教的排他性和种姓的等级性把社会分裂成一个个相互排斥、彼此对立的集团，各集团摩擦和冲突的形式多种多样，其中对于政局和社会稳定影响最大的教派冲突、民族矛盾和地区分离主义，因而对印度的经济和社会发展都产生巨大的制约，在相对落后的农村地区情况更是如此。

① 郑瑞祥主编：《印度的崛起与中印关系》，当代世界出版社，2006 年，第 178 页。

第三章　农村贫困对印度政治、经济和社会的影响

进入 21 世纪后，印度农村仍然面临严重的贫困问题，具体体现在两个方面：一是贫困人口的队伍庞大。据统计，印度全国的贫困人口超过了 3 亿多，而农村的情况甚至更为严重；二是贫富差距有进一步拉大的趋势。印度农村贫困人口多为无地农民和缺地农民，印度城市贫困人口都多为无业游民和从事低收入职业的人群，这些贫困人口往往受到社会的歧视和排斥，他们游离于主流社会之外，难以享受到经济增长带来的成果。独立六十多年来，尽管印度的经济发展取得了巨大的成就，但其发展却面临着这样一种尴尬局面：一方面经济发展使富者越来越富，另一方面，贫困人口却在原地踏步。这个问题不解决，不但会对其政治稳定产生影响，而且会制约其经济的发展和社会进步。

第一节　农村贫困对印度经济的影响

印度是一个农业国，但是自独立以来，各届政府都不太重视农业和农村发展，而是一贯重视工业特别是重工业的发展。在历次五年计划中，印度政府都不仅把大量资金投入工业，而且把工业投资中70%—80%又集中于基础工业，尤其是钢铁及机械工业，仅第二个五年计划期间（1956—1961）就开工兴建了三座大型钢铁联合企业。实行这样的发展战略，对于建立本国相对独立完整的工业体系和国民经济体系，显然是必要的；对印度这样的大国来说，这样做更为重要，它从根本上扭转了以往经济上的殖民地性。但是，印度这种片面追求工业发展的急功近利的做法，忽视了农业的发展，使其国民经济不能稳定而健康地发展，从而使农村的贫困状况进一步加剧。①

一、农村贫困影响农业和农村经济的发展

独立以来，印度农村贫困问题严重制约了印度农村经济和农业的发展，主要表现在：

第一，印度农村中始终有一大批无地农民存在，且随着人口的增长，他们的绝对数在增大。据统计，1950—1951年度，印度农村的非耕种家庭（基本上是无地家庭）占农村家庭总数的

① 文富德：《印度经济：改革、发展与前景》，巴蜀书社，2005年，第35页。

28%，1960—1961 年度占 26.3%，1970—1971 年度占 27.4%。无地农民和只有极少耕地的农民构成了农业工人队伍。1951 年，印度的农业工人为 2750 万，1961 年为 3150 万，1971 年为 4750 万，1981 年为 5540 万，占全部劳动力的 22.4%，到 2005 年底，已经达到 29.8%。[①] 农村大量无地农民的存在，严重影响和制约农村经济和农业的发展，从而形成恶性循环。

第二，绿色革命大中小农之间的贫富差距在不断拉大。20 世纪 70 年代实行的"绿色革命"是以使用优良高产品种为主，同时辅之以灌溉设施、化肥、农药等投入，再以必要的信贷制度和机构相配合来发展农业生产的一种农业发展战略。在"绿色革命"中，由于大中农、尤其是大农的经济实力较强，能够买得起足够的化肥农药，修建水利设施，改良土地，而且，由于他们在农村中社会政治地位高，他们可优先获得贷款、良种、化肥、农药等。小农由于资金少，地位低，在使用良种后，无力作足够的投入。这样，大农就可以高投入换来高产出，出售更多的农产品，赚取更多的钱。于是，不同阶层农民间的收入差距就拉大了。据对古吉拉特邦多拉吉税区作的抽样调查，在采用新农业生产技术的农民中，小农的产出和投入比为 2311.59∶892.39（单位为卢比），即 2.5∶1；中农的为 4076.27∶1002.93，即 4.06∶1；大农的为 5 824.11∶1 435.93，即 4.05∶1。而没有采用新生产技术的农民，小农的产出和投入比为 2.36∶1，中农的为 2.28∶1，

---

① 〔印〕尤玛·卡皮拉编：《独立以来的印度经济》第 2 卷，德里 2006 年英文版，第 79—80 页。

大农的为 2.90：1。[①]

第三，在大中农中，随着商品经济的不断发展和农业生产技术的进步，一些人开始脱离传统的农业经营方式，转向资本主义性质的农业经营，成为农业资本家。这些人购买农业生产资料，对土地进行投入，雇工耕作，生产的农产品主要拿到市场上出售，以获取利润。印度《经济政治周刊》1973 年 6 月 30 日的文章认为，在 20 世纪 70 年代初，规模在 25 英亩以上的农场占农场总数的 3.22%，占全部耕地面积的 23.25%，其中大多数是资本主义农场。[②]

二、农村贫困导致国民经济政策缺乏连续性

作为农业国，农业本是国民经济的基础，在印度这样的国家尤其是这样，但印度政府对此问题的认识却经历了一番曲折。在独立之初，国内饿殍遍野，政府对农业高度重视。当粮食形势稍有缓和，政府即热衷于工业化而忽略了农业，结果导致饥荒重现，这才对农业重新加以重视。但这种重视是以基本上不触动农村原有的生产关系为前提的，主要着眼于某些技术环节上的改良，总的看来，农业虽有发展，但并没有取得实质性的突破。而农业的落后，又拖了工业的后腿，大大影响了工业化战略的成效。从某种程度上说，从 1991 年被迫进行的经济自由化计划开始，印度经济改革的主张就是在没有政治共识的条件下由少数派

① H.K. 特里瓦迪等：《绿色革命对印度农民的影响》，新德里英文版，第 97 页。

② 司马军等：《印度市场经济体制》，兰州大学出版社，1994 年，版第 50 页。

政府推出的。就像印度学者迪潘克·纳亚尔指出的那样，关于经济自由化和全球化的共识，只存在于一部分大工业家、中小业主和知识界，“即富人、文化人和有权有势的人当中”，“但并没有为穷人、无声无息的人们所接受”。而无论是最先倡导改革的拉奥政府，还是其后继承了经济改革路线的其他历任印度政府，在制定经济政策时都没有逃脱短期目标的束缚。一方面，政府的经济政策关注收支平衡、通货膨胀和财政赤字等政府经济问题和提高工业化效率的问题，并在这些方面取得成就；另一方面，大多数普通国民的就业、教育、贫困等切身问题，却没有得到政府的足够关注。在印度，每天生活开支不到1美元的贫困人口是世界上最多的。虽然印度贫困人口占总人口中的比例在过去十多年里一直在下降，15年来，印度城市贫困人口比率从39%下降到24%，农村贫困人口比率从39%下降到26%，但是由于人口增长，贫困人口的绝对总数仍然没有太大变化。[①] 由于贫困现象严重，为了解决贫困问题，印度政府的不得不经常对政策进行调整，因而缺乏连续性。

三、农村贫困致使经济产生恶性循环

贫困问题使印度的经济出现严重的恶性循环，其中巨额财政赤字就是困扰印度经济的难题。由于农村贫困，经济发展所需要的资金难以积累；同时，为了消除贫困，还需要花费大量资金。这就难免造成政府财政赤字不断增加，形成恶性循环。经济改革

---

① 殷永林：《当代印度农民经济的分化》，《南亚研究季刊》，1999年第8期。

使中产阶级以上的人更加富有了。而穷人没有得到相应的改善，就业增长缓慢，失业人数大量增加。据2001年人口普查，全国有10.27亿人，其中劳动力有4.234亿人，就业人数为4.164亿，失业率为7%。而1983年的失业率为5.9%。这说明就业跟不上劳动力的增加。1997年至1999年，有组织部门的就业人数分别为2824.5万、2816.6万和2811.3万，呈下降趋势。由此推论，总体上这3年大中企业改革没有创造就业机会。1999年城市登记求职的人达4037.1万人，但农村失业和半失业人口更难精确统计。根据1999年7月至2000年6月进行的全国第五十五次抽样调查，在20世纪90年代，印度的失业状况已经进一步恶化。按日失业率计算，在调查的四类人中最严重的是农村男性，失业率增加29%，农村女性增加21%，城市男性增加7%，只有城市妇女是例外。①由于农村贫困造成国民经济发展失衡，而国民经济发展失衡又将引起诸多危机，危及国家社会特别是在农村地区。正如印度总理曼莫汉·辛格曾多次警告说，城乡经济发展失衡可能危及政治与社会稳定。他敦促加大对农业领域的投资，以缓解即将到来的农业危机，这种危机与该国工业的高速增长形成了鲜明对比。“我们无法否认国内很多地区存在农业危机这一事实。在很多地方，农民似乎处于严重困境。”②

① 印度政府第55次全国抽样调查报告（2001年）。
② 英国《金融时报》艾米·叶（Amy Yee）新德里报道2006年10月19日。

第二节　农村贫困对印度社会的影响

印度虽然在法律上废除了不可接触制度和种姓制度，但这种传统至今仍然影响着印度社会的方方面面，尤其在农村社会。总的来说，印度农村贫困对印度社会以影响主要体现在以下四个方面。

一、种姓歧视难消除，使一些扶贫政策难以落实

印度政府对低种姓及贱民进行了立法保护，规定国家公职人员中，要保证 20%的岗位给低种姓和贱民，有的邦的规定甚至达到 40%—50%。但印度社会种姓歧视的陋习并没有因这种规定而消除，规定是规定，实际上却不是那么回事，低种姓的人可能成为公职人员，大多数是扫地、倒水等比较低贱的岗位，他们的职务升迁就更加困难了。由于种姓歧视，许多针对低种姓的扶持性政策根本无法实施，使得贫穷的低种姓人群仍然处于社会底层。

二、性别歧视难消除，妇女的贫困状况未得到改善

性别歧视在印度的农村也严重地存在。男人虐待女人的现象并未随民主选举的推进而改变。印度宪法有妇女参政的保障条款，但许多地方并未真正落实，而且，参政妇女的实际作用难以

真正发挥，许多地方只是摆设而已。与性别歧视相联系的是，印度还有这样一种传统：青年男女结婚时，嫁妆是由女方出的，而且，女方所嫁之男越是富有，嫁妆则应越多。印度的农村，许多农民还比较穷，无钱为女儿办嫁妆，但又不能回避传统风俗，于是就想办法贷款。在印度，农民买农机贷款有优惠，所以，许多农民嫁女儿时先贷款买拖拉机，然后卖掉换成卢比来为女儿陪嫁。印度每年有 4000—5000 左右的农民因为还不起贷款而自杀，这其中，许多是与农民贷款办嫁妆有关。由于性别歧视，妇女的弱势地位没有根本改变，妇女成为农村贫困人群的主体。

三、宗教纷争起祸端，影响农民正常的生活和农业生产

印度宗教的纷争主要发生在印度教与伊斯兰教、锡克教之间，尤其是印度教与伊斯兰教之间。印度教徒敬“神牛”忌食牛肉，而穆斯林偏食牛肉；穆斯林忌食猪肉而印度教徒偏食猪肉。印度独立至今，两教派曾发生过多次波及全国的宗教冲突，如 2002 年两教之间的冲突就导致过成千上万人的死亡和众多穆斯林村庄被焚毁。[①] 宗教纷争严重影响农村经济的发展，成为社会稳定的隐患。近年来，印度农村地区经常发生宗教冲突，农民不得不背井离乡，严重影响了农民的日常生活和正常的农业生产。

---

① 朱明忠：《印度教民族主义的兴起与印度政治》，《当代亚太》，1999 年第 8 期。

四、农村贫困使人口恶性增长并导致贫困加剧

在印度农村的贫困人群中，受教育程度低的贫困家庭一般有7至8个孩子，在贫民区12至15岁的早婚母亲占生育妇女的59%。近年来，印度人口像脱了缰的野马一路闯关，从50年前的3.6亿到目前突破10亿大关，接近11亿，重男轻女和靠生育改变生活状况的观念是造成人口问题的主要根源，也是导致农村贫困日益加剧的重要原因。[①] 无控制的人口增长已成为印度努力争取社会经济持续高增长的巨大障碍，使得印度政府忧心忡忡。印度人口盲目增长已严重阻碍经济发展和社会进步。人口的高速增长使得粮食、土地、水资源、环境、住房、教育、就业等都成为政府面临的难题。另外，由于农村人口高速增长，大量农村人口涌入城市，这些人口主要集中在城市郊区和城市贫民区，缺水、缺电，卫生条件极其落后，给城市的发展和环境带来了一系列问题。[②]

第三节　农村贫困对印度政治的影响

印度是一个典型的多党制国家，印度政党数量之多，规模之异，构成之复杂在世界上实属少见。由于历史及现实的原因，贫

① 钱峰：《印度人口问题根源何在》，《世界新闻报》，2003年10月30日。
② 任彦：《印度人口恶性增长导致贫困加剧》，人民网，2005年11月7日。

困对印度的政治影响巨大。印度领土面积较大，但自独立以来，由于多种原因，各地经济发展严重不平衡。经济落后引起一些地区的少数民族对政府不满，并导致民族矛盾不断加剧和武装冲突时常发生。仅在印度东北部地区，各类反政府武装组织就超过三十个，有的在印度独立时就建立了，有的建立至今才十多年。这些组织经常从事暴力活动，有的想使自己所在的地区获得更大自治权，有的想使自己所在的地区实现独立。据印度报纸统计，仅在阿萨姆邦，二十年来就有一万多人在暴力活动中丧生，农村贫困对印度的政治造成了严重的影响。

一、贫困导致社会动荡

在印度农村，由于失业导致的贫困加剧，使印度社会长期动荡不安。虽然历届政府都把增加就业和消除贫困作为执政的重要目标，但一直收效不大。印度的10亿人口中有三分之一属于文盲，年人均收入目前还不足480美元，其中有3亿人日均收入不足1美元。赤贫的城市新移民在印度各大城市随处可见，在农村地区则更为严重。

独立以来，印度人口增长十分迅速，目前其人口超过10亿，比独立初期翻了近两番，而且还在以较快的年增长率增加，每年新增人口及新增劳动力都在1500万人以上，而印度经济难以吸收不断增加的劳动力，导致印度的失业问题日趋严重。在“一五”计划结束时，印度积存的失业人数仅为530万，1980年增加到2070万，到2007年底已增加到6754万，约占劳动力总数的8%。[①] 由于印度制造业增长速度远低于服务业，因此能够提供的就业机会非常少。失业一方面将扩大数以亿计的贫困人口队伍，另一方面又增加了解决就业问题的难度，从而继续阻碍印度经济发展，特别是印度农村经济的发展。

农村贫困和贫富分化已给印度政治埋下了动荡的种子。2004年5月份议会选举中执政的人民党失利就是人们愤怒情绪的宣泄。由于在执政期间良好的表现和高速的经济增长而志在必得的印度人民党由于未能处理好农村贫困的与贫富分化的问题，结果在选举中惨败。在印度中部农村地区控制着一个“国中之国”的纳萨尔派武装分子趁机利用日渐上升的社会不满情绪进行冒险。该组织的首领在一份声明中宣称：“只要穷人愤恨压迫性的政府，我们的战斗就会继续下去。”[②] 穷人正在觉醒，农村中的不满情绪和年轻人的期望值危机正在加剧。展露的财富让他们看到他们想要的那种生活，但他们旋即意识到，这种荣华富贵的梦想对他们来说无异于痴人说梦。各种类型的爆发和社会动荡的条件都已成熟。

长期以来，有三个问题一直困扰着印度的国内安全。按其严重程度排列分别是：克什米尔的武装动乱，东北地区若干少数民族的武装分裂活动以及纳萨尔主义（印度共产党——马列）农村武装斗争。近几年来，由于农村地区的武装斗争快速蔓延和印度共产党（马列）各派的整合统一行动取得成功，纳萨尔分子的农村武装斗争已上升为印度国内安全的头号威胁。

---

① Jijayan Kumar：Unemployment and Delopment of India since Independence，Year Book of Indian Economy，2007，p. 45.

② 任彦：《印度加大力度平息武装叛乱》，《印度时报》，2006年6月14日。

1967 年 4 月，印度西孟加拉邦大吉岭县纳萨尔巴里警管区爆发农村武装斗争。印度官方和媒体一直把这种农村武装斗争的组织和派别称为纳萨尔主义（Naxalism）、纳萨尔分子（Naxalite）或左翼极端主义分子。四十多年来，这一运动经历了种种曲折和消长，目前已发展成为一支不可忽视的农村武装力量，其产生的影响已成为威胁印度国内安全的头号问题。2006 年 4 月 13 日，在印度总理官邸举行的一次重要会议上，曼莫汗·辛格向与会的六位首席部长和一些高级官员宣称："可以毫不夸张地说，纳萨尔主义已成为我国迄今为止国内安全面临的最大的挑战。"① 其实，早在 2004 年 12 月 15 日，联邦院议员、前军方首脑 S. R. 乔杜里将军就已经在国会中声称："纳萨尔主义运动是危害国家的主要威胁。它要比查谟-克什米尔或东北地区的局势更为危险。"

纳萨尔主义农村武装斗争最初是在 1967 年 3 月由以马宗达为首的印度共产党（马）左派力量发动的。运动很快得到各地的响应，并进入了高潮。当时，印度的农村武装斗争是在各地印度共产党（马）左派领导下分散进行的，缺乏统一的领导。为了互相配合，各地农村武装斗争力量于 1967 年 11 月组成了印度共产党革命派全国协调委员会。20 世纪 60 年代末，印度农村武装斗争进入高潮。但是，这种局面没有维持多久，印度共产党（马列）很快又分裂成许多派系，一些地区的农村武装斗争销声匿迹了。只有比哈尔邦和安得拉邦的农村武装斗争仍维持了相当的规

① 任彦：《印度加大力度平息武装叛乱》，《印度时报》，2006 年 6 月 14 日。

模。整个70年代纳萨尔主义运动处于低潮。[①] 进入新世纪后，纳萨尔主义运动呈现出快速发展的态势。印度共产党（马列）各个武装派别从安得拉和比哈尔两个邦向邻近各邦覆盖森林的处女地渗透，并很快蔓延到中部、北部、东部和西部的一些邦。据官方资料，到2003年4月，已有9个邦的53个县出现了纳萨尔主义农村武装活动。而在一年半以后的2004年9月，这个数字已骤增至12个邦的125个县。2006年4月2日，内政部秘书杜加尔对13个受纳萨尔主义侵扰的政府官员说，在全国602个县中，出现纳萨尔主义武装斗争的已达到125个县，相当于四分之一。这13个邦从东部和北部向西、向南延伸，形成了东西和南北两条“红色”走廊，即从北方的印度尼泊尔边界向南伸展到安得拉邦，从东边的西孟加拉邦向西延伸到马哈拉施特拉邦，并以中部查蒂斯加邦的巴斯塔地区为两条走廊的交叉点和印度共产党（毛主义）领导核心的所在地。[②]

印度农村武装斗争剧烈的程度可以从近几年警察、地主武装与农民武装交火的情况得到部分说明。下面是由媒体披露的有关官方统计：

表3—1：警察、地主武装与纳萨尔主义农民武装交火情况及死亡人数

年份	农民武装攻击次数	死亡人数			
		平民	警察	农民武装	合计
2002	1465	382	100	141	623

① Shyama Venkateswar：Resources of Rural Poverty in India，Chicago Sun-Times，Mar. 14，2001.

② 任彦：《印度加大力度平息武装叛乱》，《印度时报》，2006年6月14日。

续表

年份	农民武装攻击次数	死亡人数			
		平民	警察	农民武装	合计
2003	1597	410	105	216	831
2004	1533	466	100	87	781
2005	2005	510	157	223	886

资料来源：孟买《先锋报》，2006 年 3 月 26 日。

据印度警方估计，纳萨尔主义武装人员约两万人，还有数十万名民兵和支持者。他们常常发动对小城镇、警察局、巡警以及地主武装的攻击。其中规模最大的一次是比哈尔邦南部贾纳巴德县的劫狱行动。2005 年 11 月 13 日，印度共产党（毛主义）一支近千人的部队会同大批民兵和地下工作人员，袭击了贾纳巴德监狱，救出了 341 名囚犯，其中包括该党领导人 A. 卡努。此外，还抢走了几百条枪支和大量弹药，并抓走了一批阶级或种姓敌人。据说这次行动“惊醒了一些邦政府和中央政府”。更为严重的是，在有些邦的农村、森林和高山地带已成立了不少解放区或平行政权，它们拥有自己的法庭和征税机构。其中最大的解放区处于印度中部，从马哈拉施特拉邦的加德西卢里（Gadchhiroli）到查蒂斯加邦的阿布杰马（Abujmarh），它所控制的地区达到 92000 平方公里，面积相当于比哈尔邦或我国的浙江省。德里冲突管理研究所的 A. 沙尼就此惊呼说：“在失去了一大片土地之后，如果政府还醒不过来，将会有失去更多土地的危险。”他指出：“在查蒂加尔、奥里萨和西孟加拉等邦，有大片土地处于毛主义分子的影响之下，而且已接近于完全被控制的状况。”①

二、贫困加剧教派冲突

亨廷顿在《变化社会中的政治秩序》中写道：“现代化是暴力事件发生的原因，因为纯正的传统社会虽然贫穷愚昧，但却稳定。贫穷的国家出现动乱，并非因为他们贫穷，而是因为他们想致富。”② 北京大学国际关系学院的张敏秋教授认为，印度独立后的前30年经济增长率仅为3.5%，被人戏称为“印度教的增长”。20世纪90年代以后，印度经济才进入高速增长期，但一边是现代化，一边是传统的社会结构，贫富两极分化的局面没有得到很好控制，目前按印度官方的说法有26%的人处于贫困线以下，然而按世界银行的统计标准，这一数字仍为44%左右。社会群体之间的冲突急剧增加的深层次原因何在？“印度传统社会被普遍认为是比较宽容的社会，但在传统向现代转变过程中，各种社会集团的利益冲突更加突出，对经济政治权力的竞争也更加激烈，不同社会集团之间越来越不宽容。”③

自20世纪70年代以来，印度教徒与伊斯兰教徒之间的冲突的总趋势是越来越频繁，规模越来越大，涉及地区也越来越广。据统计，印度教徒和伊斯兰教徒之间的暴力冲突1975年为238起，1980年为427起，到1985年时增加到500起，死亡人数也由1975年的110人增加到1980年的278人。而且，教派冲突过去多发生

---

① 印度孟买《先锋报》，2005年12月6日。
② 亨廷顿：《变化社会中的政治秩序》，时代出版社，1998年，第3页。
③ 孙士海：《印度社会动荡原因分析》，《当代亚太》，2005年第5期。

在北印度，现在已经扩大到南印度，而且有蔓延趋势。与此同时，种姓冲突也在增加。真正参与教派暴乱的很多人都是失业状态的贫穷的城市青年，很多人来自贫民窟。所以这和整个社会的生存状况关系很密切。在这个有着众多种族、语言、宗教、种姓构成的多元社会中，不同的社会集团在争取和维护自己利益的过程中不断积聚并形成了各自的政治势力。长期以来，政治宗教化、种姓化和地方化已经成为印度政治发展的显著特点。种姓进入了民主政治下的政党和选举体制，使本来是一种身份和等级集团的种姓，发展成为利益集团。各党派利用种姓集团的利益拉帮结派和拉选票，使种姓成了印度目前政治体制的基础。由于种姓进入党派之争和选举政治，这几年里，每次选举前后都有种姓暴力发生。这种现象违背了尼赫鲁等政治家们主张的世俗民族主义的愿望。“尼赫鲁的理想不仅没有实现，各种传统社会势力的集团意识、组织性和内聚力反而得到惊人的加强。在当今印度的政治舞台上，代表不同宗教、种姓和地方——种族的政治势力正在崛起，并使印度的政治力量不可避免地走向了多元化的发展趋势。”①

三、贫困问题影响印度政局稳定

近年来，由于贫困的影响，印度政治生活中出现更为动荡的局面。主要表现在政党增多、贱民进入政治和政局持续动荡等方面。从 20 世纪 80 年代末开始，由于没有很好地解决农村贫困的问题，印度政局进入了或是少数派执政，或是多党联合执政的动

① 王晓丹：《印度社会观察》，世界知识出版社，2007 年，第 125 页。

荡时期。不同党派代表不同的社会团体和利益阶层，结果导致政局动荡不定，政府更迭频繁。

第一，印度政局出现政党增多的局面。2004 年 4 月 20 日，印度第 14 届议会选举正式拉开帷幕。国际媒体在关注花落谁家的同时，对此次大选的“四多”现象感触颇深。这次选举也折射出印度民主政治独特的复杂性和多样性。一是竞争白热化，参选党派多。受英国直接影响，印度自独立至今，一直在政治上实行议会民主政体，但印度独特的宗教、民族、语言、部族以及种姓的多样性，为形形色色党派的成长提供了肥沃的土壤。印度党派数量之多，让世界各国望尘莫及。据统计，此次大选虽说主要是在以印度人民党为首的全国民主联盟和号称“百年老店”的国大党（英）阵营之间展开，但参选的大小党派数量高达 750 多个。二是前后耗时长，选举阶段多。根据印度选举委员会安排，此次大选投票分 5 个阶段进行，第一阶段投票 20 日在全国 13 个邦及 3 个中央直辖区展开，后 4 个阶段将持续到 5 月 10 日结束，最终结果到 5 月 13 日才能揭晓，前后竟耗时 21 天。究其原因，因为印度选民数量多、分布广泛、准备工作复杂，加上警方和安全部队力量有限，为确保选举公正，防止大选期间暴力事件发生，选举委员会必须要在各选区不停调配充足人手，也使大选的时间进一步拉大。三是全家齐上阵，政治家族多。“夫唱妇随”堪称此次印度大选又一大特色。《今日印度》周刊调查发现，除了国大党（英）主席索尼娅及其子拉胡尔·甘地共同在北方邦竞选外，印度全国还有近 100 多政治家庭“举贤不避亲”。财政部长辛格，拉贾斯坦邦等几个邦的首席部长，除本人参选外，其子女亲属都在同台竞选。而比哈尔邦女首席部长德维与其丈夫、民族人民党主席拉鲁·亚达夫风头更是抢眼，两人在公众场合形影不离，堪称“夫唱妇随”典范。四是艺人抢眼球，明星从政多。影视明星携“万人空巷”的高涨人气，参选从政直至拜官，在印度向来不算新闻，可像此次这样如此大规模参与政治的势头，在印度政坛当属少见，让即便是已出过里根和施瓦辛格等政坛人物的美国好莱坞也相形见绌。从笑星、舞星、歌星甚至艳星，印度报纸上，几乎每天都有某明星加入党派或者宣布参选的消息。①

第二，贱民开始进入印度政治生活。种姓制度已经在印度延续几千年，最低种姓、贱民阶层曾经处在社会的最底层。但在印度社会经济发展的背景下，印度政府对最低阶层有意扶助，这一阶层通过自主自救，正促使印度古老的种姓等级发生大反转。2007 年 5 月 11 日，印度人口最为众多的北方邦地方选举尘埃落地，代表印度世袭阶层中贱民阶层的印度社会民主党获得胜利，将组建该邦 16 年来首个一党政府。北方邦被认为是一个种姓和宗教政治的熔炉。令人吃惊的是，此次社会民主党的胜利背后是最低种姓达利特与高等种姓婆罗门结成的“彩虹”联盟。正是在这两股力量的支持下，社会民主党才取得了有史以来最为辉煌的政治胜利。在这个“彩虹”联盟中，贱民种姓达利特处于领导地位，而高等种姓婆罗门则充当了较为次要的伙伴，这在印度政治史上是一次大反转。数十年来的印度政治中，高等种姓的政党往往只是象征性地对达利特阶层的领导人表示支持。分析人士认为，此次北方邦下层种姓政党取得胜利，在某种程度上反映了印度种姓制度随着经济发展而出现的一些新变化。虽然在种姓制度

① 任彦：《印度大选有“四多”》，《人民日报》，2004 年 4 月 27 日。

经历了三千多年的发展以后，人们的偏见还很难一时改变，但是今天的高等种姓未必还如过去那样风光无限，而下等种姓的力量也开始逐渐壮大，并通过自己的政党发出了越来越有力的声音。一方面，贱民达利特阶层的地位近年来呈不断提高趋势，印度政府也很重视歧视贱民阶层的问题。目前，印度政府在公务员职位以及法律、医疗等现代职业方面采取了对低等种姓倾斜的“种姓配额”政策。比如规定给低种姓的“贱民”保留 23%的公职岗位，在升学录取时对贱民学生给予优惠等。不久前印度政府就出台政策，要求大学为最低阶层预留入学名额，虽然这一政策曾遭到强烈反对。除了政府有意的扶助，下层种姓自主意识也日益增强，逐渐开始努力为自身争取权益，以改变过去默默受压迫的面貌，他们建立并壮大自己的政党，在政治舞台上日益活跃，社会民主党便是典型的一例。另一方面，在印度的一些农村，达利特这一过去的贱民阶层也都建立起联合组织，保护本种姓人的利益，争取工作机会。①

第三，1989 印度政治进入动荡时期。在 1989 年 12 月至 1999 年 4 月的十年中，印度一共组织了 8 届中央政府，其中 6 届只执政了一年左右便倒台了，最短的只执政了 13 天。1989 年大选上台的 V. P. 辛格的新人民党政府只执政了 11 个月；继任的钱得拉·谢卡尔政府只执政了 7 个月。1991 年大选上台的拉奥的国大党政府也是少数派政府，仅靠着小党的支持才得以勉强执政，1993 年在人民院的信任案表决中仅以 14 席的微弱多数逃过了垮台的命运。1996 年大选后，瓦杰帕伊的印度人民党政府

① 马晶：《印度贱民阶层的翻身做主之路》，《新京报》，2007 年 05 月 20 日。

只执政了13天。随后，高达的联合阵线政府仅执政了10个多月；继任的古吉拉尔政府执政了不到一年。在1988年大选，中印度人民党靠着十几个小党的支持组织了联合政府，但执政仅11个月便由于全印德拉维达进步联盟退出联合政府而倒台。在1999年举行的第十三次大选中，印度人民党与13个小党组成全国民主联盟联合竞选才得以获得多数议席。组阁后，该党为防止重蹈覆辙，将联合政府的盟党扩大到24个，这样即使有个别政党撤销对它的支持，联合政府也不至于垮台。在印度的多数邦内，也同中央一样出现了政治动荡和政府不稳的情况。例如在果阿，1990年至1998年之间共更换了4届政府，7个首席部长，而1961年至1990年的30年中只换过3个首席部长。另一方面，由于贫困，印度一些地方反政府武装趁势而起，对印度政局稳定造成很大影响。自1967年起，印度"左"翼反政府游击队就开始在中部和东部地区发动武装斗争。印度一直都是南亚地区遭受恐怖袭击最多、死亡人数最多的国家。印度境内各武装组织活动猖獗，从制造各种恐怖袭击的宗教武装，到活跃在东北部的分裂组织。但这些组织的影响力和战斗力都比不上左派游击队。游击队阻碍了政府扶持贫穷地区发展，而这实际上形成了一个有利于游击队的恶性循环。据报道，在印度28个邦中，有13个邦活跃着左派游击队。而1996年，该游击队仅活跃在4个邦。该游击队声称，发动武装斗争是为了利益被忽视的部落居民以及无地农民，最终目标是占领城市，推翻议会，并"建立共产主义社会"。[①] 印度中部和东部地区有着全国最丰富的矿产和木材资源，

---

① *Hindustan Times*, April 15, 2004.

但当地老百姓却没有从中受惠，贫富差距非常大。尽管孟买、新德里等大城市已经可以和西方相媲美，但中、东部地区民生凋敝，且政府倾斜力度不大，当地农民怨言非常大，这都给了声称“为穷人而战”的“左”翼反政府游击队发展壮大的契机。2004年7月1日，该游击队在比哈尔邦西萨尼村召开“人民审判大会”，对该村3名农民进行“公审”，其罪名是6月12日这3人向警方报告了该游击队在该村集结的消息。经过两个小时的审讯，这3人均被判处“死刑”，并立即处决。在一顿暴打之后，其中两人当场死亡，另外一人重伤。①

与此同时，印度媒体在批评反政府武装造成社会动荡、阻碍印度崛起的同时，也反思为什么印度独立六十年以来，地区发展却越来越不平衡了。不少媒体希望政府能够调整国内政策，从根本上解决贫困地区的发展问题。②

四、贫困引发暴力冲突

在过去的几十年中，印度教徒与伊斯兰教徒、锡克教徒、佛教徒和基督教徒之间都发生过规模不同的暴力冲突，但最为严重的是与伊斯兰教之间的冲突。印度独立后实行了世俗主义的建国原则。国大党政府对分治后留在印度的穆斯林采取了比较优待的政策，这一方面是为了安抚穆斯林防止再度发生分裂；另一方面也是为了获得穆斯林的选票。但是由于种种原因，穆斯林在经

① 《环球时报》，2004年7月14日。

② 《星岛环球网》，2007年8月25日，http://www.stnn.cc/news/sa/ind070825.htm.

济、文化、教育和社会地位等方面仍然处于落后的境况，在政府机构和军队就职的人数以及在国会和邦议会的议员比例都低于其人口比例。穆斯林对政府的不满日益增加和要求政治权利平等和经济公平的呼声也在不断高涨。这反过来又在印度教徒中引起强烈的反应并进一步刺激了印度教教派主义情绪的高涨。

自 20 世纪 70 年代以来，印度教徒与穆斯林之间的冲突总的趋势是越来越频繁，规模越来越大，涉及的地区也越来越广。据统计，印穆之间的暴力冲突事件 1975 年为 238 起，1980 年为 427 起，到 1985 年时又增至 500 起。教派冲突中的死亡人数也从 1978 年的 110 人增加到 1980 年 278 人。早先，教派主义和教派冲突大多发生在北印度，但现在已经扩大到了南印度，而且越来越有继续蔓延的趋势。过去，教派冲突一般仅限于城市，但现在已经扩散到了广大的农村地区。据印度政府统计，1988 年在全国 452 个县中，发生教派冲突或教派关系紧张的县有 88 个，到 1989 年时，这样的县已增加到 110 个。暴力活动的烈度也在升级，比如，1992 年在阿约迪亚寺庙被毁后爆发的全国性教派冲突中约有 2000 人死亡，5500 人受伤，其中三分之二是穆斯林。[①]

印度的传统社会被普遍认为是一个比较宽容的社会，但是在由传统向现代转变的过程中，各种社会集团的利益冲突更加突出，对政治、经济权力的竞争也更加激烈，不同社会集团之间已经变得越来越不宽容。有的印度学者指出，“南亚政治和市民社会的一个极其明显的现实是暴力正在与日俱增。在殖民主义统治结束后的六十多年中，政治和社会的凝聚力不断减弱并逐步走向

① 任彦：《印度教派冲突引发社会动荡》，人民网：2000 年 6 月 19 日。

暴力的社会—政治秩序。国家与市民社会之间的关系常常表现为暴力，种族集团和社会阶级越来越诉诸暴力的手段向国家表达它们的要求。”

印度社会—政治暴力冲突不断加剧的主要根源之一是其社会、经济的不平等性。在传统社会中，这种不平等是自然形成的生活格局的一部分，老一代人将其看做是神灵的旨意和命运的安排。但是随着教育的日益普及和社会政治民主化的发展，特别是选举政治下的广泛社会动员，民众的权利意识和平等意识不断增强，政治需求也大为增加，传统分配方式的合法性受到了越来越大的挑战。当政府不能满足民众日益提高的期待和要求时，社会中集聚的各种不满情绪便有可能爆发成宗教、种族、部族、种姓等不同集团社会之间的冲突，在缺乏强有力政府的情况下，这些冲突便意味着社会—政治暴力。

在过去的几十年中，印度虽然为消除贫困尽了很大的努力，也取得了一定的成果，但至1998年仍有43%的人口生活在贫困线下。从1973年到1997年，贫困人口的绝对数字几乎始终保持在3亿以上。自20世纪90年代初印度实行自由化的经济改革以来，贫困线以下的人口呈现出增加趋势。据印度计划委员会一位成员的估计，1997年和1998年的贫困人口分别达到了3.49亿和4.06亿。虽然贫困本身不是直接导致社会暴力的根源，但是如果贫困与经济剥削和经济的不平等直接有关，那么则易于导致暴力冲突的发生。

第四章　印度政府的农村反贫困措施

印度是一个农业人口众多的发展中国家。根据印度政府2001年的人口普查数据，截至2001年底，印度的人口总数为10.27亿，其中农村人口为7.41亿，占人口总数的近70%。总劳动力人口4.02亿，从事农业生产的劳动力人口为2.34亿，占总劳动力人口的58%，其中男性劳动力为1.4273亿，占男性劳动力总数的51.9%，女性劳动力为0.9133亿，占女性劳动力总数的71.8%。上述数据显示，印度劳动力人口的一半以上从事农业生产，但其农业产值只占国民生产总值约四分之一。有近3亿人口即人口总数的四分之一生活在贫困线以下，如果按照1美元的国际贫困标准计算，则贫困人口约为3.9亿。由于城乡之间、地区之间的经济社会发展差距显著，四分之三的贫困人口集中在农村地区，其中近一半集中在社会发展指标最差的北方邦、比哈尔邦和中央邦。与此相关的是，农村的各项基础设施、生存环境、教育和医疗等社会保障程度都大大落后于城市。①

---

① 王晓丹：《印度社会观察》，世界知识出版社，2007年，第32页。

由于在独立初期实行重视工业、忽视农业的政策，导致印度农村发展滞后，农村贫困加剧。为了平衡发展，印度政府从20世纪80年代起制定了一系列有关农村发展的计划，同时加大了对农村基础设施建设的资金投入，因而农村的建设取得了一定的成效，农村的贫困状况有所缓解。目前，印度政府的农村发展战略指导思想强调的是，通过自治机构动员民众积极参与政府设立的各项工程，改变过去的项目和工程都是自上而下地由政府设立和执行，没有群众参与而效果不佳的状况。具体办法是，政府将权力下放给自治机构，通过自治机构协调政府政策和民众的愿望与需求。[①] 1992年印度议会通过了宪法第73、74修正案，修正条例于1993年4月24日正式实施。该法案催生了完整的自治机构体系的建立。中央政府将权力下放给自治机构成为加速农村建设的转折点。政府有关农村发展的各项工程自此由自治机构负责实施。修正条例赋予原有的自治机构以更大的权力，使之成为正式的地方自治组织。在将权力下放的同时，印度政府还加大财政投入，连续数年"农村发展工程"项目下的预算都有较大增加。印度政府的农村建设工程主要表现在两方面，一是就业，二是农村基础设施建设。其中基础设施建设的重点主要包括：饮用水、环境卫生、住房、教育和道路建设等。2005年，印度政府提出"建设印度"计划。这是一个为期四年的基础设施建设尤其是农村基础设施建设计划。该计划的主要目标为：为新增加的1000万公顷土地提供灌溉设施，为自然村修建农村公路，为贫困群体再建600万座住房，为7.4万个聚居点建造饮用水设施，为尚未

① SAARC Secretariat: Anti-Poverty Report of South Asian Countries, 2005.

通电的12.5万个村庄的2300万个家庭送电，为6.6822万个村庄连通电话。

第一节　大力发展农村经济

印度政府《2005—2006年度联邦财政预算》中有关农村的指导思想是以减轻贫困、增加就业为具体目标，来加速如教育、医疗保健诸方面的社会发展。该预算在相当程度上反映了当前政府努力实现“最低共同纲领”的愿望，即“坚决消除贫困，使贫困人口脱贫”。[①] 在从事农业生产的两亿多劳动力人口中，有近一半的人被政府称为农业工人，实质上指的是无地或少地农户家庭中的主要劳动力。由于无地或所拥有的土地不足以满足家庭生存最低需求，这些农户主要以出卖劳动力，为其他农户耕种或帮工维持生计。

印度目前共有7.2亿农村人口，仍然是一个以农业为主的发展中国家。印度20世纪60年代推行的“绿色革命”虽然取得了较大成效，使当时的农业技术水平得以提高，但农业生产发展仍然缓慢、生产率水平仍然不高、农业结构未得到根本改善。随着经济的发展，农村问题愈显突出，因此从20世纪70年代后期起，印度经济的重点转向缓解农村贫困，并实施了一系列政策计划。主要有：农村综合发展计划，全国农村就业计划，农村无地者就业保证计划，农村青年自营职业培训计划，农村妇女和儿童

① 印度政府《2005—2006年度联邦财政预算》，2005年2月28日。

发展计划和干旱地区发展计划等。这些计划在全国范围内产生了广泛的影响，好取得了一定的成绩。

首先是从政府相关部门做起。印度的中央政府设有农村发展部，负责扶贫计划、乡村卫生计划、社会扶助事业、就业保证、农村基础设施建设等各方面涉农事务。其下分设农村发展局、土地资源局和饮水供应局三个部门，分别负责扶贫和项目建设、荒地开发与土地改革、乡村饮水和卫生项目。农村发展部的预算在中央政府各部门中居第二位，仅次于外交部。另外，印度环境与林业部，负责管理全部国有林木，与农村和森林部落社区的发展也有较为密切的关系。①

其次是出台了很多支农惠农措施。在农村发展方面，近年来印度政府主要持以下观点：一是农民需要持续发展的就业机会；二是要把农民自身组织起来，项目实施才会更有意义；三是农民问题最终依然要通过开发农村地区来解决，而不是鼓励农村人口涌入城市。近年来，印度支农措施也体现出如下特点：一是注重支持就业。政府努力为农民提供务农、手工业生产经营项目等就业机会，并采取直接支付工资的方式。二是调动农民开展自我管理。印度的项目管理级次为：中央政府——邦政府——地区——村民自治组织。政府主要承担行政管理职责，并提供相应的技术指导；项目实施主要依靠村民自治组织。根据法律规定，印度的村民自治组织每5年改选一次，其中妇女、残疾人和贫困者有专门的名额保障。村民自治组织从中央和邦一级得到项目发展资

① 黄力颖：《印度立法决定年斥资4000亿解决贫困问题》，《东方早报》，2005年8月25日。

金，可以自主地选择实施方式和参与者，并监督项目资金的使用。①

再次是推出了许多积极实施扶贫计划。作为世界第二大人口国，印度拥有世界上超过三分之一的贫困人口。自 1947 年独立至今，印度的公共部门为消除贫困采取了大量扶贫措施，使贫困发生率由 1980 年的 44.5％、1990 年的 36.0％降到 2000 年的 26.1％。印度政府当年已启动了一项名为“保障农村就业”的全国性脱贫计划，计划规定：农民工最低日工资标准 1.5 美元，力争保障每年每个农村家庭拥有 100 个工作日，这一计划于 2006 年 2 月以法案的形式正式颁布。具体措施包括：当地政府将对每个家庭登记并发放就业卡，凭卡向农户提供包括水利工作、植树、休耕地再利用、乡村基础设施建设等纯体力劳动机会；未获工作则可得到失业补贴。由此，一个农村家庭每年至少能够获得 150 美元收入。这一计划将首先在全印三分之一地区试行，并在 4 年内扩大至全国共计 600 个地区。对于这项具有“历史意义”的举措，印度政府希望“确保在 2020 年前缓和国内的贫穷状况”，并承诺保证妇女获得政府补助的优先权。有人认为此举是该国迈向福利国家的第一步，但面对赤字困境的政府，也有不少人对未来效果表示质疑。如何确保所需的巨额资金，以及如何创造大量就业机会，这的确是政府面前的两大难题。据悉，一方面，印度政府每年将增加 4000 亿卢比（约合 800 亿元人民币）开支，其中各邦政府需负担 10％，而农村人口集中的贫困邦财

① 熊坤新、陶晓辉：《印度帮助落后地区的措施、成就和经验》，《科技评论》，2001 年第 9 期。

政根本无力负担；另一方面，近年印度的失业率一直徘徊在7.8%左右，要创造至少6000万个就业机会难度非常大。目前，社会各界人士对该计划的最终效果都在拭目以待。作为发展中国家，在改善贫困状况和扶贫工作经验方面，印度对于我们一直是很好的借鉴；印度政府的这一崭新举措，同样值得我们进一步予以关注。

最后是大力推行农村社会保障制度。印度的农村社保制度主要包括：丧失劳动能力的老年农民可获得政府津贴；无房贫困农民可获得政府建房补助；印度的小学教育实行免费政策，在条件好的邦及地区，中学教育也实行免费；贫困子女的教育由中央和邦政府给予额外补贴，并提供免费书本和免费午餐；对贫困人口购粮实行低价政策，以保障其基本生存需求。这些社会保障措施的实施，对印度农民生活质量的改善、农村社会发展和农村地区的全面稳定，都起到了非常重要的作用。

一、独立初期尼赫鲁政府的农村经济发展战略

印度在经历长期殖民奴役后，到1947年刚刚独立时，只是一个经济停滞的、只有很少一点工业的农业国家。“在本世纪的前50年，农业年平均增长率仅为0.3%，文盲高达84%。所以，印度政府在独立后做的第一件工作就是通过加速经济发展、改革社会制度、促进高速增长以改善物质条件和人民生活条件。印度发展的战略目标是建立一个自力更生、发展经济、社会正义和减

少贫困的社会主义的社会模式。”①

独立初期，为了摆脱长期殖民统治造成的恶果，医治印巴分治所造成的创伤，控制通货膨胀，从 1951 年起执行的“一五”计划明确提出，“农业、包括灌溉和电力，必须给予最优先的考虑”。“一五”期间，印度农业获得重要发展，粮食增长，从而使物价回落，国民经济恢复发展。②

印度独立时共有人口 3.3 亿多，居世界第二位，其中 80% 以上生活在农村，属于典型的人多地少型农业国家。加上殖民者对土地资源的掠夺式开发，以及农业受季风气候左右，印度的粮食生产长期停滞不前，粮荒十分严重。因此，印度农村贫困问题实质上就是粮食问题，印度政府解决农村贫困问题的主要措施在相当长一段时间是围绕“增加粮食产量，实现粮食自给”这一目标来制定的。所有这些政策的最大特点，或者说有别于其他资本主义国家之处在于，印度解决农村贫困问题是在国家的高度控制之下通过严格的计划来逐步推进的，而不是按市场经济法则、利用经济杠杆来完成的。③

第一，扩大增加耕种面积。统计表明，在 1901 年至 1946 年之间，印度人口增长了 38%，而土地耕地面积只增加了 13%。在技术落后的情况下，要根本改善印度粮食总产不足的状况就必须提高土地利用率，增加种植面积。从 1949—1950 年度至 1964—1965 年度，印度主要作物耕种面积由 12200 万公顷增加

---

① 文富德：《印度经济：改革、发展与前景》，巴蜀书社，2005 年，第 172 页。

② 雷启淮主编：《当代印度》，四川人民出版社，2000 年，第 179 页。

③ 邓常青：《印度政府对农业的支持及其成效》，《南亚研究季刊》，2005 年第 4 期。

到 19100 万公顷，将耕种土地扩大到边际土地和休耕地，有的地方甚至还扩大到荒地和林地。耕种面积增加，使印度的粮食总产量由 1950 年的 5500 万吨增加至 1965 年的 8900 万吨。虽然这一时期印度人口也增至近 5 亿，但总体说印度农业向前发展了，农村的贫困状况特别是饥荒问题得到一定程度改善。

第二，实行土地改革。贯穿这一过程的另一项政策是实行上地改革。农村的关键问题是土地问题，在英国殖民统治时期，印度形成了“柴明达尔”等土地制度，土地集中在少数大地主手中，广大农民缺少起码的生活来源，对地主的人身依附关系十分突出，任由地主盘剥。独立后，印度政府认识到，这种土地制度直接导致了印度农村的贫困与社会不平等，必须改变原有的土地占有关系。1948 年，印度各邦开始执行早已制定的废除中间人（柴明达尔）制度。政府以补偿金的形式接管柴明达尔等大地主的荒地、森林和部分耕地，有条件地重新分配给无地农民。到 1959 年，在全国 38%的土地面积上取消了大地主特权，将 620 万英亩耕地分给了大约 300 万佃户和分成农。后来进一步实行土地持有最高限额法，对每户家庭占有土地的面积进行限制。政府又以补偿的方式接管大地主多占的土地，以把印度农村最缺乏也是最基本的资源——土地分配给实际耕种者。据估计，如果严格按照限额法来执行，政府应该接管剩余土地 3000 万英亩，而实际只获得了 734.8 万英亩，而其中又只有 449 万英亩分配给了约 415 万人。尽管如此，土地改革使许多无地佃农有了基本的生活来源，改变了这些人对地主的人身依附关系，进而也改善了他们的贫困面貌和贫困性质。[①]

第三，对粮食采取定量配给制。这是对1943年孟加拉饥荒造成数百万人饿死后所采取措施的延续，由于粮食处于全面匮乏状态，根本无法保障所有人都可得到充足的粮食。独立初期，印度政府在增加进口粮食的同时，对粮食进行管制和实行配额，以尽可能公平分配短缺的粮食，尽量预防因饥荒的出现而造成大量的死亡。这虽然是一种暂时措施，但无疑缓解了分配不公、囤积居奇等可能造成的进一步贫困，在一定程度上缓解了因粮荒而可能出现的更为恶劣的种种后果。

第四，大力发展技术农业。耕种面积不可能持续增加下去，而人口和人民的消费需求却在双增长。在1965—1966年度，印度进口粮食达到了1033万吨的历史最高记录。印度政府认识到，建立在依赖进口（特别是美国）基础上的粮食政策必须检讨，必须实行以技术革命为中心的农业发展新方针，开始实施“绿色革命”。即在一些自然条件好的地区，建立“农业精耕县计划”和“农业精耕地区计划”，通过提高粮食生产率来增加粮食产量，通过这一计划的实施，转变了印度粮食产量的增长形态，即由通过增加耕种面积来提高粮食产量转变为通过提高农业生产增长率来提高粮食产量。广泛推广复种技术、使用化肥、开发高产品种、提高和普及灌溉技术，印度的粮食生产有了大大增长，1978年粮食产量达到1.319亿吨，基本停止了粮食进口，实现了梦寐以求的粮食自给。

---

① 任大鹏：《印度的农业和农村发展政策》，《世界农业》，2002年第11期。

二、英·甘地时期重视农业的经济发展战略

英·甘地执政后，实行重视农业发展的经济战略。面对危机四伏的印度社会经济，1966 年上台的英·甘地政府放弃本来从1966 年 4 月开始执行的“四五”计划，转而实行较为灵活的年度计划。同时，英·甘地政府强调，“要使经济继续发展，一定要有比较稳定的条件。在印度目前的条件下，农业商品特别是粮食供应和粮食价格对达到稳定起着决定性的作用。因此，不断增加生产，不断增加粮食供应，精细的管理和有效的供应，必须在印度计划发展中占有十分重要的地位”。① 为此，英·甘地政府继续夏斯特里政府已经开始的“绿色革命”，扩大灌溉面积，增加化肥施用量，扩大良种播种面积，提高农业模式化水平等，使印度经济发展战略从重点发展重工业和基础工业转移到重视发展的战略轨道上来。

为了实施重视农业发展的经济发展战略，印度政府实行了一系列政策措施。

第一，增加对农业的投资。由于发展重工业和基础工业，在“二五”和“三五”计划期间，农业在计划投资中的比重由“一五”计划期间的 37%降为 20%。为促进农业发展，三个年度计划期间，这个比例又提高到 23.4%，“四五”计划进一步上升为 24.4%。同时，印度政府还调整农业投资方向，使现代农业在农业投资中的比重从 1955—1956 年度的 9.66%上升为 1965—1966

① 印度政府：《第四个五年计划：1969—1974》，第 12 页。

年度的28.89%，1976—1977年度更上升为61.98%。[①]

第二，扩大农业信贷支持。首先是增加农业信贷机构，要求国有化银行向农村发展，同时还加强农村信贷合作社的发展。其次是增加农业贷款。要求各国有化银行增加对农业的分支机构占其分支机构总数的比例从1970年的19.8%上升到1979年的45.7%。[②]

第三，利用外资发展农业。过去，印度接受国外农业贷款主要用于进口粮食。20世纪60年代中期后，印度逐渐把接受的国外援助用于发展集约化农业。如到1979年，印度接受世界银行的贷款达90亿美元，其中农业贷款所占比重从1948年到1960年间的6%提高到1979年的25%以上。同时印度还注意把这些贷款用于发展集约化农业的基础设施，如增加化肥生产，扩大灌溉能力，加强农业科研教育等。

第四，利用价格刺激农业发展。1965年，印度成立了专门的农产品价格委员会，研究各种农作物生产成本的变化，向政府提出有关价格建议。政府根据粮食生产成本，工农产品比价、自然条件等因素，制订粮食等农产品的最低支持价格，并在播种前公布。即使当年农业获得大丰收，政府仍采用最低支持价格收购各种农产品，从而调动了农民的生产积极性。

第五，坚持农用物资的财政补贴。发展集约化农业要求增加现代农业投入，但这又导致农业生产成本急剧上升。为此，长期以来，印度对化肥、农药、电力、农机等现代农业投入实行价格

---

① 印度：《经济时报》，1981年9月2日。

② 印度：《经济时报》，1981年12月6日。

补贴政策，从而保证农资生产部门的生产积极性，又保护农民使用现代农资增加农业生产的积极。在印度，农民浇地用水的收费还抵不上供水成本。

第六，重视农业科研教育。为培养各类农业人才，印度仅在1960年至1981年间，就建立了22所农业大学。各主要邦至少有1所，有的甚至多达4所。同时，印度农业大学及农业研究会的各研究所的科研人员还努力从事农业科研，培育出许多农作物新品种，研究出各种农业新技术。此外，印度还在各级设立农业技术培训中心和农民科学中心，发起人民科学运动，在全国范围内推广农业技术。

重视农业发展的战略实施，使印度的粮食产量从1965—1966年度的7200万吨增加为1975—1976年度的1.21亿吨，1978—1979年度更增为1.319亿吨，使印度基本结束了吃粮靠进口的日子，做到粮食基本自给并略有出口。但是，即使在印度农业发展中，也存在许多问题。首先，各种农作物增长不平衡。尽管绝色革命促进了粮食增产，然而却主要限于小麦，直到20世纪80年代初，其他粮食作物并未出现小麦那样的高速增长，棉花等经济作物甚至没有增长。因此导致小麦过剩，豆类、油料作物等不能满足需求而只好进口局面。其次，各地区之间发展不平衡。绿色革命主要集中在旁遮普邦、哈里亚纳邦和北方邦西部等少数地区。印度其他地区基本上处于绿色革命之外。这就使各地区之间经济发展的差距扩大化。此外，绿色革命也加剧了农村的两极分化。因为只有大农及富农才有能力采用农业新技术，大多数小农则无力使用农业新技术。从而使农村穷人和富人之间在收入方面的差距更加扩大。①

三、拉奥政府的农业新政策

从20世纪90年代初的国大党拉奥政府，到90年代中期的联合阵线高达政府和古杰拉尔政府以及印度人民党瓦杰帕伊政府，都对印度传统的农业政策有所调整，从而构成了印度农业新政策的主要内容。

第一，取消对农产品贸易的限制。过去，在农产品短缺的情况下，印度曾对农产品的国内贸易实行诸多限制。首先是规定某些农产品如稻谷、甘蔗等只能由国家收购。其次规定某些农产品只能由邦政府收购。如马哈拉施特拉邦规定棉花只能由邦政府收购。再次是规定某些农产品的收购价格，如小麦、大米等。最后是禁止粮食区际贸易，规定只能由国家经营。此外还对私商倒卖粮食予以严惩等。同时印度还对农产品进出口有所限制。首先，出口农产品必须获得许可证并予以登记。其次，对某些农产品出口价格予以限制，如特级大米巴斯马蒂必须执行最低出口价格规定。为适应新形势，农业新政策取消了所有这些限制。如1994年取消了阻碍农产品出口的许可证制度，允许自由出口特级大米巴斯马蒂，并放松对其最低出口价格的限制。②

第二，利用价格机制刺激农业生产。过去，为鼓励农业生产，印度不仅对主要农产品实行最低支持价格，而且还不断提高

① 文富德：《印度经济：改革、发展与前景》，巴蜀书社，2005年，第87页。
② 印度驻华使馆：《今日印度》1994年9月，第13页。

这种价格。但是为减轻国家财政负担，并维护城镇消费者的利益，其提价幅度并不大。如1983—1984年度至1988—1989年度的5年间，小麦的收购价格从每100公斤151卢比提高到173卢比，提高14.5%；稻谷的收价格从每100公斤132卢比提高到160卢比，提高21%。这对刺激农业生产的作用十分有限。而对油料作物，上述期间提价幅度则较大，花生从每100公斤315卢比提高到430卢比，提高36%。[①] 这使20世纪90年代以来印度油料作物大幅度增产，终于达到食油基本自治。

第三，逐渐取消各种农业投入物的补贴。随着化肥、农药、农用电力等现代农业投入物的使用，农业生产成本大幅度上升。为使其不致过多推动农产品价格上涨而给城镇居民生活造成影响，长期以来，印度对化肥、农药、农业用电等现代农业投入物给予补贴。如1988—1989年度，仅对化肥的补贴就高达350亿卢比，其中对国产化肥补贴为275亿卢比。化肥补贴的一半给予化肥工业，一半给予农民。这一方面使化肥工业适当降低出厂价，但同时保证其利益；另一方面又降低化肥销售价以刺激农民使用化肥的积极性。但这却给印度政府财政造成了巨大压力。为此印度政府打算逐渐减少乃至最终取消这种补贴，并同时逐渐提高化肥、农药等的收费标准。

第四，逐渐取消对农业的优惠贷款。1969年14家大商业银行国有化后，印度实行了领导银行计划，要求各商业银行增加农村分支机构，并扩大对包括农业在内的优先部门发放的优惠贷款，使优先部门的优惠贷款在国营银行贷款总额中的比重接近

---

① 印度政府：《1988—1989年度经济调查》，第63页。

45%，其中农业部门约占 17%。政府还规定，对优先部门的贷款按优惠利率提供。但是长期以来的执行结果是，大量农业优惠贷款主要为大农所获得，小农所得甚少，且农业贷款拖欠十分严重，极大地影响了各银行正常业务的顺利开展。1991 年以来面向市场的经济改革也影响到农业部门，根据纳拉辛哈委员会的建议，印度政府打算在 10 年内把对包括农业在内的优惠部门的贷款占国营银行贷款总额的比重降为 10%，并最终取消，同时取消对优先部门贷款的利率优惠。①

第五，调整食物保障政策。长期以来，为保证食物安全，印度通过印度粮食公司，按最低收购价格收购粮食，然后通过公共分配系统的平价商店分配基本消费品，从而保证广大人民群众以合理价格获得粮食等基本消费品，但是印度政府为此必须建立起数千万吨的粮食储备，并付出高昂的粮食补贴，从而给政府财政造成巨大压力。为此印度政府认真检查过去的粮食保障体系，考虑调整公共分配政策，认为传统的封闭方式无法长期保持粮食自给，粮食保障体系也并不意味着把大批粮食储存在仓库之中招致大量经费浪费和粮食损耗。为此印度政府调整食物保障政策，打算出口大量优质粮食，赚取足够的外汇以进口更多的粮食，从而使粮食保障体系得以长期维持。

第六，促进农村产业结构调整。长期以来，为解决人民的吃饭问题，印度农业从根本上讲依然是以粮食种植为主，虽然粮食产品在逐年增加，但由于人口众，广大农民依然贫困。这是印度社会经济发展面临的严峻挑战，不仅阻碍印度农业进一步发展和

① 鲁达尔·达特和 K. P. M. 孙达拉姆：《印度经济》，1994 年版，第 725 页。

大量农村剩余劳动力的转移，而且不利于工业品市场的扩大，从而阻碍印度工业进一步发展。因此印度政府农业新政策的目的在于促进包括园艺、养鱼和蚕茧等的全面发展，保持农林牧渔发展的协调；同时努力促进农产品加工业的发展，为其提供税收减免优惠。印度政府认为，发展农产品加工业，是印度农业发展的关键，通过农产品加工，增加农产品附加值，增加农民收入，扩大农村就业，从而使“务农是最好的职业”现为现实。①

第七，加速农业新科技的推广。过去，农业技术进步在促进印度粮食增产方面起到了突出作用。为使农业新政策得以顺利实施，印度政府强调进一步发挥农业新技术的作用。但是印度政府认为，化肥及种子技术在促进粮食增产方面的潜力有一定限度，为此决定首先加强农业科研，对其给予优先支持，在全印建立一批生物技术研究中心，争取能在生物技术方面有所突破，在印度农业中进行第二次绿色革命。其次是加强农业新技术的推广，注意完善从研究所、农业大学到农民这样一种农业技术转让系统，教育农民科学使用化肥，提高灌溉效率等，如向农民传播滴灌等先进灌溉方法，促进旱地农业大发展。

为保证农业新政策顺利实施，联合阵线政府及印度人民党政府决定执行加速农业发展的一系列措施。一是增加对农业的投入，决定调整农村信贷系统，使对农业和以农业为基础的工业的贷款，特别是对小农及边际农的贷款在5年内增加1倍；二是增加农民收入，决定审查并废除所有阻碍农民收入增加的控制，废除农产品交易及农产品加工方面的一切限制，切实保证农民在出

① 〔印度〕《主流周刊》1995年1月14日，第7页。

售农产品时获得合理的价格；三是强调扩大农村基础设施，决定在全国100个最落后的县实施发展基础设施的特别计划；四是加速水利建设，制定国家关于水资源分配与管理的政策，使农民免受旱涝之苦；五是加强对农业投入物的管理，要求由农业合作社这样的专门机构向农民供应农业投入物；六是加强农业科技推广，决定彻底检查农业研究及推广机构，把最先进的技术，如提高农业产量的生物技术及农产品加工方面的冷藏技术等传给农民；最后是继续推行土地改革，保证农业工人的待遇等。①

第二节　努力增加农村就业

独立后较长一段时期，印度农村面临着严重的就业不足的问题，就业不充分是印度贫困的重要因素。因此，从一开始起，印度的经济发展计划就把实现充分就业列为经济计划的重要目标。"三五"计划明确规定经济计划的长远目标："最大限度地增加生产，充分就业，实现经济平等和社会公正，这些都是目前条件为人们所接受的计划目标。它们实际上并不是不同的概念，而是国家须致力实现的一系列相互联系的目标，这些目标没有哪一个能在排除其他目标的情况下实现，发展计划必须对所有目标给予均等的重视。"② 印度经济计划的制订者认为，增加投资就会带来国民收入和就业的增加，因为当国民收入随着投资的扩大而

① 〔印度〕《经济时报》1998年3月20日。
② 印度政府，计划委员会：《第一个五年计划》第28页。

增加时，对劳动力的需求就会自动提高，就业便会扩大。因此，在印度的第1个五年计划至第5个五年计划中，虽然增加就业一直是这些五年计划的目标之一，但在每一个计划里却找不到为每个经济部门和地区所专门拟定的就业计划，以便一方面促进就业，另一方面增加国民收入。出现这一弱点的原因在于计划的制订者未认识到只有在选择了适当技术的情况下，投资和国民总收入的增加才能相应创造出更大的就业。其结果就是五年计划关于实现充分就业的目标落空了，失业率随着一个计划接着一个计划持续增加。例如，“一五”计划结束时，失业率仅2.9%，失业人数为530万人；“二五”计划结束时失业率上升为3.6%，失业人数增加为710万；“三五”计划结束时失业率进一步上升为4.5%，失业人数达960万。①

“六五”计划在就业政策的序言里承认：“在就业方面，情况远远不令人满意。过去十多年来，失业和就业不充分的人数大大增加。因此，我们的就业政策应当包括两个主要目标：通过提高有偿就业的增长率来减少就业不充分和减少通称为公开性失业的经常性失业。”“六五”计划开始时的失业总人数为1200万，“六五”计划预计在1980—1985年间将新增劳力3430万，计划新增就业3430万个，到该计划结束时的失业总人数仍为1200万。“六五”计划的就业目标总体上得到实现，到1985年3月第7个五年计划开始时，失业总人数为920万。②

“七五”计划改进了计划方法，在计划方案中列出了各部门

---

① 鲁达尔·达特：《印度经济》1996年英文版，第350页。

② 但印度经济学家对此有不同看法，认为失业总人数为1390万。见鲁达尔·达特：《印度经济》1996年英文版，第352页。

设想的就业增长指标，并预计在该计划期内的每年4756万个就业总需求中，有4036万个可望得到满足，即就业年均增长率为3.99%，那么，到“七五”计划结束时的失业率将仅为2.1%，失业总人数为722万。但鉴于20世纪80年代期间，劳动力一直在以年均2.2%的速度增长，而就业的年均增长率仅为1.55%，因此，失业人数增加就成为不可避免的事。

“八五”计划开始时印度的失业总人数为2800万左右。“八五”计划估计在1990—1995年间将新增劳动力3700万。因此，“八五”计划文件把该计划期间的就业增长率定为3%，以保证就业目标的实现。“八五”计划的前三年，就业人数增加了1878万人，这使1992—1995年的就业年增长达2%，但仍低于计划的年均增长率。“九五”计划把在增长过程中创造充分就业机会列为计划的一个基本目标，强调在高失业率和就业不足地区集中发展更多劳动密集型项目、部门和技术。同时，鉴于失业率很高和临时工不断增加，“九五”计划决定实施一个国家就业保障计划来增加穷人的就业机会。①

2007年2月2日，印度正式实施《全国农村就业保障法案》。法案规定，政府每年要为农村每个家庭提供100天的就业机会，工作是非技术性的手工劳动，如修路、架桥、平整土地、开凿运河、兴修水利等。工资每天不低于60卢比（1美元约合45卢比）。印度农村发展部长拉古万什·辛格对记者说，该法案首次赋予农民就业的权利，为农民增收提供了法律保障。就业工

① 印度政府，计划委员会：《第九个五年计划建设报告》（1997—2002），转引自鲁达尔·达特：《印度经济》1998年英文版，第868—874页。

程分阶段分地区逐步实施。首先要在全国200个经济最落后的地区展开，5年内，覆盖全国。分析人士称，印度有70%的人口居住在农村，该工程是印度向福利社会迈进的第一步，将有力缓解农村人口大量向人口拥挤的城市过度迁移的紧张趋势。安南塔普尔村位于安得拉邦，是印度数一数二的贫困村。近年来，随着农田干裂，许多村民背井离乡外出打工，更有一些人因为贫困潦倒而选择了自杀。该村目前成为首批实施《全国农村就业保障法案》的地区之一。印度总理辛格在该村启动就业工程仪式上表示，“我们必须付出不懈的努力，确保那些需要帮助的人们切实得到利益”。安南塔普尔村村委会负责人钦塔帕利日前向记者介绍了这一法案在该村实施的情况。他说，每个家庭的每一名成年人都有权获得政府提供的工作。每个家庭可以向村委会提交申请表，表上写明家庭成员的姓名、性别、年龄等信息。村委会根据登记情况，向申请工作的家庭发放一张工作证，工作证上贴着该家庭所有成年人的照片，并且印有一个登记号。在5年内，该家庭任何一名成人都可以持这张工作证申请工作，但一个家庭一年只有100天的工作机会。村民有了工作证以后，申请的工作一次必须不低于连续干14天。村委会在接到申请后发给申请人一张写着申请日期的收据。按照法案规定，村民从申请之日起15天内就应该得到工作。如果村委会没有按时提供就业机会，则要向申请人支付相当于原工资一半的失业补贴。如果村民得到工作机会却没有上岗，村委会不向其支付任何费用。工资必须在工作结束两周之内结清。印度农村发展部新闻办公室主任罗伊介绍，为防止村委会在工作安排上操作不当，该法案还给出一些具体的操作规范。如优先照顾妇女就业，在安排工作时妇女要占到1/3的比例。工作地点距离申请人住所不超过5公里，一旦超过，申请人有权获得10%的交通和生活补贴。工作地点还应该有干净的饮水、供孩子乘凉的地方和急救药箱等。如果被带到工地的小孩达到5个以上，村委会必须指定一人专门看护这些孩子，其工资和其他农民工一样。如果农民在工地上因工作受伤，有权接受当地政府提供的免费医疗。据《印度时报》报道，安得拉邦已有270万人申请登记，拉贾斯坦邦和中央邦各有60万人登记，泰米尔纳德邦有50万人登记，北方邦也有50万人登记。也有人对该计划的可行性提出质疑。首先是资金落实问题，其次是资金管理问题。法案规定，该计划所需大约1.4万亿卢比，其中90%由中央财政支付，10%由地方财政负担。有人担心政府很难在本来就很拮据的财政支出中拨出这笔巨款。即使资金没有问题，但由于管理不力，最后所谓“农民的工资”也会掉进各级政府官员的腰包。对此，印度财政部一名官员说，农村发展是我们制定预算优先考虑的方面。至于资金管理问题，法案规定成立监督委员会进行督察。国大党（英）主席索尼娅·甘地明确要求，在实施该计划的同时要增强透明度和公开性。①

农村劳动力就业问题是政府重点考虑的问题之一，也是减轻农村贫困的重要途径。为此，印度实施了一系列相关计划。这些工程主要有：

① 程凯：《印度新预算提高对农村地区投入，誓向贫困宣战》，《中国工商时报》，2004年7月14日。

一、乡村自我就业计划

该计划是目前正在进行中的农村贫困人口自我就业工程。由开始于1999年的农村综合发展工程（IRDP）及其附属工程如农村青年自我就业培训、农村地区妇女儿童发展计划以及水井计划等合并重组而成。该工程通过商业信贷和政府资助的组合贷款方式向贫困线以下家庭提供小额资金扶持，用于帮助他们形成可以产生收入的资产。政府希望通过这种方式依靠贫困人口自身的能力在农村地区形成大量的微型企业，主要为手工加工业，以此创造大量的就业机会，使贫困人口脱贫。采取的方式主要是动员贫困人口自我组织起来，形成自我帮助小组。在非政府组织的帮助下，目前已经建立了114万个自我帮助小组，大约有1/10的小组已经开始了经济活动。除此之外，自我帮助小组的成员主要是妇女，通过勤俭持家，将节省下来的零用钱放在小组的集体账户中，用于解决日常生活中的不时之需和生产资金周转，这一形式使得自我帮助小组同时发挥着微型民间信贷组织的作用。可以获得该工程贷款的受益群体主要为贫困线以下群体，尤其是表列种性、表列部族和妇女等人群。受助名额的50%保留给表列种姓和表列部族，40%保留给妇女，3%保留给残障群体。[①] 自我就业计划重点开发和扶助的是贫困群体的经济自立能力。具体做法是由社区自我就业委员会和村自治委员会共同挑选或开发出具有

---

① 杨东群、李先德：《印度农业和农村发展的现状与问题》，载《世界农业》，2007年第6期。

市场潜力和资源优势的劳动密集型产业，如当地的传统手工加工业等，经过与银行、工商业组织和政府相关部门的协商后确定。所确定的优势经济活动不得超过10项。

二、普遍农村就业计划

该计划又被称作“普遍以工代赈工程”。这一工程宣布于2001年8月15日，在全国所有的邦和地区实施，促进或创造各种形式的就业机会。在这一计划下，每年有500万吨粮食免费拨给各邦政府，涉及资金为500亿卢比。这个工程的设计思想是，通过在农村地区修建持久耐用的社区基础设施，加强政府对农村的投入，一方面可以使农民获得额外就业机会，获得工资性收入，保证贫困人口的最低粮食需求，同时也可以改变农村落后的经济、社会基础设施面貌。该工程的受益人群主要为表列种姓和部族、妇女及领回从事有害工种童工的家长。基层自治委员会根据当地需要制定具体计划同时上报获得批准。纳入该工程的土木工程必须是劳动密集型的，建设的重点是持久耐用的基础设施，如水土保持、小流域开发治理、水源保护、造林、村庄道路、村小学校校舍、卫生站或集贸市场等。其原则是除了增加就业之外，还要能够对当地的经济社会发展起到促进作用。严格禁止修建宗教性建筑、纪念性标志性建筑、大型建筑物或桥梁以及政府办公用建筑物。该工程每年大约产生10亿人的就业机会。每人每日可获得最低5公斤的粮食（实物），各邦同时可根据各自情况自行制定给付额外现金报酬，报酬必须直接支付给劳动者本人。该工程严格禁止任何承包商或中间人介入。出于尽可能多增加就业机会的目的，该工程同时禁止使用机械作业，以防机械代替人力劳动。

三、国家以工代赈工程

该工程于 2004 年 10 月 13 日开始在全国 150 个最落后的县实施，其中大部分县为部落民聚居地。这个工程的目标是，向符合标准的受益家庭中最少一人获得一年 100 天的就业机会，保证其获得最低标准工资。所提供的工作种类主要是能够增加社区资产的劳务。作为世界人口第二的发展中大国印度，自 1947 年摆脱英国殖民统治之后，经过三十多年的不懈努力，终于在 20 世纪 80 年代初实现了粮食基本自给。但印度广大农民依然贫困，农业始终制约着印度社会经济发展。东山再起的英·甘地对以往计划经济体制下的半管制经济进行了反思，决意开始一轮经济调整。其主要内容是：

第一，整顿国有企业，重视企业经济效益，增强企业自主权和市场引导机制；

第二，放宽对私营企业的限制，鼓励发展能够大量解决就业问题的中小企业；

第三，鼓励出口，将过去的进口替代战略修改为“进口替代与促进出口相结合的战略”；

第四，调整产业结构，强调发展能源生产；

第五，放松对外资的限制，对外资开放一系列新的投资领域；

第六，扩大绿色革命范围，加强农业投资。[①]

四、农村扶贫计划

该计划又称为农村综合发展计划，其主要内容是农村扶贫计划和农村综合发展计划，目的是扩大农村就业，解决农村贫困问题。

农村贫困是困扰广大人民的严重问题，但长期以来并未引起政府的足够重视，经济发展计划和政策主要向发展重工业和基础工业倾斜，注意农村发展和农业生产发展中的一般问题，没有从根本上解决农村的贫困问题。随着经济的发展，农村贫困问题愈显突出，印度政府和各界人士也逐渐认识到，农村贫民的大量存在，不仅是影响农村经济发展的制约因素，也是影响社会稳定的主要因素。因此，从 20 世纪 70 年代后期起，印度经济计划和政策的重点转向缓解农村贫困，并实施了一系列扶贫计划。主要有：农村综合发展计划，全国农村就业计划，农村无地者就业保证计划，农村青年自营职业培训计划，农村妇女和儿童发展计划和干旱地区发展计划。这些计划在全国范围内产生了广泛的影响，取得了相当大的成绩。

农村综合发展计划始于 1979 年，随后在全国范围内迅速扩大，并成为印度政府“六五”计划直至“八五”计划中扶贫部分中的中心内容。这个计划的目的是改善农村贫民的生产条件，提高农业生产率，主要通过发展种植业、畜牧业、农村工业、商业

---

① 余建华：《印度的大国化进程论析》，《社会科学》，2007 年第 5 期。

和服务业，为农村贫民提供更多的就业机会，扩大收入来源，使他们的生活水平提高到贫困线以上。农村综合发展计划所需要的资金，分别由财政和贷款两方面解决。①

印度“八五”计划中的扶贫计划，强调要因地制宜地注重基础设施的建设，要在干旱地区发展小型灌溉工程，要通过村民委员会、合作社和其他民间组织促使广大人民参加扶贫计划，要进一步提高受益人的偿还能力，注意培养受益人的技术能力，注重“在册种姓”和“在册部落民”的受益比重。

农村综合发展计划取得了较大成绩。据印度国家银行关于评估农村综合发展计划扶贫效果的抽样调查（在10个县抽样调查1000户）得出的结论是：创造了就业机会，增加了收入，缩小了贫困差距。在所调查的县份中，按平均计算，每个家庭增加的就业的数量为78日/人；平均每户增加的收入1372卢比，平均31%的受益家庭超过了贫困线。

由于印度的土地分配不合理，农业生产水平低，广大农民特别是小农、边际农和无地农民仍未摆脱贫困。据政府的全国抽样调查资料，农村低于贫困线的人口在总人口中所占的比重，1956—1957年度54%，1967—1968年度56.5%，1977—1978年度50.8%，1988—1989年度28.4%。虽然农村贫民的比例在不断下降，但其绝对数字并未减少，均为两亿多人。

经济发展计划是印度政府解决就业问题的一个主要工具，在每个计划的文件中都把实现充分就业列为基本目标。由于认识上的偏差和政策上的问题，前5个五年计划未对各部门、行业的就

① 杨敏：《印度扶贫考察报告》，载《中国农村经济》，1998年第9期。

业增长作具体规划，而依赖于经济增长自动增加就业机会，其结果是导致失业问题越来越严重。从第 6 个五年计划开始，计划文件对总的扩大就业目标进行了按部门的分割性规划，并注意发展劳动密集型项目来增加就业，收到了一定效果，有助于减缓失业压力。但是“七五”计划和“八五”计划中都存在就业平均增长率高估的问题，实际就业年均增长率不仅低于计划指标，同时也低于新增劳动力的年增长率。这样，印度失业的总人数仍在不断扩大。尽管有这种问题，但总的失业率并未出现明显上升，还略有下降，应该说经济计划对扩大就业所做的安排和相应的努力是有成效的。总的看来，解决就业问题仍将是印度经济发展计划的一个长期目标。

印度政府还通过实施各种乡村发展计划来增加就业，因为印度最主要的失业者分布在广大的农村。而要促进广大乡村的发展和消除贫困，给农村广大无业者或就业不充分者提供有偿就业机会是必不可少的措施之一。因此，印度从第 4 个五年计划开始，就陆续在不同地区，不同范围内实施了多种乡村发展计划，以促进增加就业。需要指出的是，乡村发展计划是一种综合性计划，它包括乡村和安全饮用水、道路设施建设等项目，还包括在乡村开展扫除文盲和进行技术培训、扩大医疗卫生保健网络等内容，而不仅仅是安排有偿就业。在此我们主要对乡村发展计划中关于扩大就业的安排进行分析。

20 世纪 70 年代初，印度政府设立了一个专门委员会来制定解决失业问题的措施。该委员会提出了农村电气化、修建公路和农舍及小型灌溉工程等方案，以缓解农村的失业和就业不充分。该委员会还建议，应当最优先实施农村服务中心的计划，因为该计划有助于向工科大学生和技术人员提供就业或自我就业的机会。在 1973 年该委员会的报告发表以后，印度政府为提供就业和缓解就业不充分而实施了以下措施：

第一，农村工程计划。该计划以修筑永久性民用工程为重点，以此来缓解实施该计划地区的落后状况。

第二，边际农和农村劳动力计划。该计划是对农村的边际农等贫困家庭发放专项贷款，使之用于饲养家禽、养鱼、养猪和从事园艺之类的辅助性行业，扩大自我就业。

第三，小农发展机构计划。该计划通过相应机构向小农提供专项贷款，帮助他们采用最新技术开发农业的精耕细作和多种经营活动，以此减少季节性就业不充分。

第四，综合旱地农业开发计划。该计划开展土壤保护、土地开发和水利等永久性工程。这些计划项目是劳动密集型的，据估算，每投资 1000 万卢比，就可为大约 1.5 万人提供就业，因此可为计划项目实施地区提供大量就业机会。

第五，农村服务中心计划。该计划是向失业的大学毕业生和文凭持有者自谋就业提供援助，帮助他们在农村建立车间，从事农业机械的安装、维修、设备和零部件供应等等技术服务工作。援助对象主要是机械、农业、电机工程及其相关专业的大学毕业生。

第六，地区发展计划。该计划带有缓解地区发展不平衡性质，它涉及在 10 个大型灌溉工程地区建设足够的公路、综合市场等基础设施，促进这些地区的发展，也相应增加就业。

第七，为农村就业的现金计划。该计划对包括治理水土流失、小水利、土壤保护、造林、防洪、垦荒、养鱼、饮用水和道路建设等各种劳动密集型和生产性的农村发展项目提供资金，以创造新的就业机会。该计划规定，在每个区设立的一个项目要向100人提供在一年里平均持续工作10个月的就业，同时，与当地发展计划相一致，每个项目要生产具有耐用性的商品或建立永久性的资产。上述各种农村就业计划在20世纪70年代中期（即“四五”计划期间），仅中央政府就耗资17亿卢比，但效果并不显著，因为这些计划的缺点是“应急”性的和地区性的，缺乏总体规划和持久性。它们可以暂时性提供一些就业机会，项目完后失业或就业不充分又恢复了。①

第三节　实施农村综合发展计划

印度是一个人口众多、幅员辽阔的国家，属于人口和农业大国。印度现有总人口接近11亿，其中农村人口7.5亿，城市人口2.5亿。据印度政府1996年资料，印度低于贫困线的人口为3.75亿，占总人口的37.5%。其中农村贫民3亿，占农村人口的40%；城市贫民0.75亿，占城市人口的30%。印度独立后，曾在20世纪50年代初进行过土地改革，但没有取得成功，因此，印度农村仍有27%的农民没有土地，50%的农民占有耕地不到1英亩。在3.75亿贫困人口中，农村贫民占80%。印度贫困人口主要集中在比哈尔邦、奥里萨邦、中央邦和北方邦。

印度政府划分贫困线的标准是1993年制定的。其标准有两

① 孙士海：《印度的崛起：潜力与制约因素》《当代亚太》，1999年第8期。

条：一是5口之家年收入11000卢比；二是每人每天摄入的热量不到2525大卡，不能满足生理上的最低需要。印度政府划定的贫困标准中，食品消费部分占50%，非食品消费部分占50%。①

印度政府自20世纪70年代起，开始实施针对农村贫困人口的各种扶贫项目。每年用于扶贫项目的资金为1000亿卢比（25亿美元），并计划在今后二十年内把贫困人口限制在总人口的10%以下。印度政府的扶贫项目在设计、组织、运作等方面各不相同，主要项目包括：

一、农村综合发展项目

全国农村综合发展项目始于1979年，1980年10月扩展到全国所有的居民区。目前，农村综合发展项目是全国减缓贫困战略的主要执行项目。该项目由中央统一规划，所需资金由中央政府和邦政府分摊。其目标是帮助被选中的家庭，为改善生产条件，提高农业生产率，发展农村工业、商业和服务业提供生产性资金和农业投入，为农村贫民创造更多的就业机会。目的是提高农村贫民的经济地位，使他们的生活水平提高到贫困线以上。

这个项目的主要措施是向生活在贫困线以下的小农、边际农和农业劳动者提供补助和贷款；同时向他们供应种子、化肥、农药等生产性物资，提供各种技术性服务；政府投资兴办一些水利

---

① 1998年3月18日至31日，中国社会科学院组团赴印度进行了为期14天的扶贫问题考察，该文是此次考察报告。中国社会科学院印度扶贫考察团：《印度扶贫考察报告》，《中国农村经济》1998年第11期。中国社会科学院印度扶贫考察团团长是刘文璞，团员有杨敏、张红、张巧枝。本文执笔人：杨敏。

设施，免费（或低费）给农村贫民供水，以帮助他们发展生产，提高劳动生产率。

农村综合发展项目的运作首先是确认穷人。为了确保项目能帮助最穷的人，只有年收入低于 11000 卢比的家庭才可以接受项目援助。确认过程由农户调查开始。此调查一般由村民委员会或同其他政府职员如教师共同进行。调查的目的是评估家庭收入。为便于工作人员评估家庭收入，邦政府通常用各种资产来表示收入，如有无土地、按等级划分的土地等。村民委员会根据调查结果将村民按贫困程度排队，在村民大会上宣布谁是最贫困的人，由全村成人参加的村民大会通过后，村民委员会再将受援家庭名单上报居民区发展官员和居民区办公室的推广员加以验证，然后公布出来。[①]

在一些邦，受援家庭的确认按年进行，有的 5 年进行一次，也有的邦逐年确认可受援人群而不是户，因此这个确认过程有很大的弹性。让村民大会通过确认名单，就是为了最大限度地让广大公众参与确认过程。项目规定新受援者的确认应在每年 2 月份前完成，以确保在 4 月开始的新财政年度得到银行贷款。

受援家庭确定后，就要选定适合受援家庭需要和能力及当地资源状况的经营项目。同样地，村民大会也参与确认受益者的选择、意愿和能力，以及必要的技术改进和管理能力。因此，在经济活动确认以前，在受援家庭、银行、居民区官员和村民大会之间要进行对话。经多方协商选定经营项目后，根据项目需求，对

① Savita Sharma: *Poverty Estimates in India: Some Key Issues*, *ERD Working Paper No.* 51, *May* 2004.

受援家庭给予补贴和贷款。补贴与贷款所占比例为 25∶75，补贴一般给实物，例如，对从事农业生产的提供耕牛，对手工艺人提供机器设备，对跑运输的提供交通工具等。受援者用项目贷款购买的资产不能用于非项目活动，也不能随意转让。

地区和居民区级的有关部门为相应的项目活动提供帮助。地区农村发展署和居民区官员参与各项微观活动的规划与实施，有关的区级官员都是地区农村发展署指导委员会和执行委员会的成员。为了帮助开展项目，地区农村发展署被授权可用 10%的资金进行项目活动所需的重要设施基础建设。

受援项目以小组形式开展活动，5 个接受贷款者组成 1 个小组。小组按行业组建，即在同一个村子里，以从事同一行业的，没有血缘、亲情关系的家庭组成。若干小组组成中心，规定借贷次序和规则以及严格的会议制度等。整个小组要共同为每个成员每笔贷款负责，这样便于进行基础设施援助和管理监督，由此保证了极高的还款率。此外，小组活动较易成功，因为这样便于提供支持和市场服务，集体的讨价能力也更强些。

扶贫资金由国家银行贷给小组。贷款的申请通常在村里临时搭起的帐篷里进行。受援者、居民区官员和其他部门的代表，包括税收部门和银行的人，都到这里来。通过这种“帐篷体制”，贷款决定可在当地作出，为受援者节省时间与精力。否则，他们得从一个办公室跑到另一个办公室去办理“无欠款证明”和其他文件。银行必须在 15 天之内对贷款申请作出答复。银行如果拒绝某一贷款申请，必须给出充分的理由。为避免申请者在财政年底大批涌来，银行又把年度指标划分成季度指标和月指标，根据这些指标，可对地区、邦和全国的贷款数量进行控制。

银行提供给小组的贷款利息率为 12%—18%，低于市场利息率。小组提供给成员的贷款利息率为 24%。小组决定该组成员的贷款数额和先后次序。多数贷款是中期的，在 3 到 5 年之间还清。由于以小组信誉向银行贷款，小组内又有联保机制，因此贷款还款率在 96%以上，基本没有大的风险。

从 1980—1981 年度到 1997 年 5 月，该项目共援助 5100 万个贫困家庭，银行共发放贷款 1836.6 亿卢比，政府提供补贴共 966.4 亿卢比。①

二、全国农村就业项目

1989 年，印度农村就业项目在全国开始实施。这个项目包括印度农村 4400 万个家庭，按平均计算，拥有 3000—4000 人的村，每年可获得 10 万卢比的拨款。这个项目的主要目的是通过既能为贫民持续获益，又能扩大农村基础设施的生产性工程来创造新的就业机会。这个项目的费用中央政府负担 80%，邦政府负担 20%。从 1989—1990 年度到 1996—1997 年度，印度政府对该项目共投入资金 2566.17 亿卢比，这期间的实际费用是 2519.45 亿卢比。1997—1998 年度，中央政府的资金投入为 100 亿卢比。②

中央政府的拨款根据各邦、直辖区的农村贫民占全国贫民总

---

① Arvind Virmani: "How poverty in India can be eliminated", *Rediff News*, June 29, 2007.

② 谢代刚:《浅析印度独立以来解决农村贫困的主要措施》,《南亚研究季刊》, 2000 年第 4 期。

数的比例，分配给邦政府。这种拨款从邦分配到县，是根据各县贫困程度指数拨付的。

全国农村就业项目在实施过程中，根据目标的不同特点，又分成两种不同的就业计划。第一种就业计划是为贫民提供雇工就业，着重在农村地区创造持久耐用的固定资产。这个计划的目的有三：在农村地区扩大就业，每年达到3—4亿劳动日；创造永久性的社会资产；改善贫民的营养状况和生活环境。这三个目标是相互促进的。这个计划的发展目标和面向目标组的创造就业项目结合在一起，就业和发展成为相互促进因素。为此，计划规定把费用总数的40%—50%用作原料支出；10%作为能使最贫穷的种姓和部落民直接受益的工程专款，这些工程包括建造饮水井，提供住房等；10%用于营造公共森林，每户开发一英亩农田，种植果树和林木。通过开发农业得到工资，使贫民能够摆脱高利贷和地主的控制，也使他们不必随季节而搬迁。5年间果树和林木等农业很好发展起来，从而使贫民解决温饱问题。该项计划由县农村发展机构负责执行。但是，项目的选择和检查，则是由地方评议会机构进行，在没有评议会机构的地方，村民委员会可以执行这个工作。民办组织也有机会参加这个计划的活动。不允许承包商介入该计划的任何活动。

第二种就业计划是解决农村无地者在农闲期间的就业问题。它的目的有两个：增加农村无地者的就业机会，为每户无地家庭中的两名成员每年至少提供100个劳动日的就业；增加农村基础设施等，以满足农村经济日益增长的需要。在提供就业方面，重点放在：至少每户无地家庭有1名成员得以就业；在无地家庭中，种姓、部落民和妇女优先就业。此外，超过最高限额的剩余土地和荒地的接受者，也给予优先就业机会。与第一种就业计划不同，这个计划的工程是通过有技术专家的机构实施，即道路建筑由公共工程部门、小型灌溉工程由水利部门施工。主要的工程包括：在流域地带开发土地；建立和改建现有住房；建造公共设施。

从 1989 年到 1999 年的 8 年中，该项目共为贫困农民提供了 65.8554 亿个劳动日的就业；在 1997—1998 年度，为贫困农民提供了 41.4443 亿个劳动日的就业。

三、自营职业培训项目

印度政府于 1979 年开始实施农村青年自营职业培训项目。这个项目是农村综合发展项目的有机组成部分。目的是以必要的技能和改良的传统技术武装农村青年，使他们能在农业、工业、商业和服务业方面从事自营职业。这个项目只有属于农村综合发展项目目标组家庭中 18—35 岁的青年才有资格参加，并且 1 户只能参加 1 人。选择的重点是种姓和部落民、退役军人，并规定至少有三分之一的受训人是农村女青年。培训的技术多种多样，培训时间半年到一年不等。每期培训根据技术类别分成若干班，每班 10—25 人，每个受训人每月发给 250 卢比的奖学金，教师的工资由政府负担。

农村青年自营职业培训项目在“六五”计划期间培训了 94 万人，其中 46.4 万人从事了自营职业，种姓和部落青年占受训人员总数的 32%，青年妇女占受训人员总数的 35%。这个项目在“七五”计划期间培训了 100 万人，其中 47%从事了自营职业，12%获得了工资就业，其余41%没找到工作。到1997年6月，该项目共培训青年413.1万人。[①]

四、地区发展项目

这是个长期的发展项目从1972年1月开始实施，这个项目的主要目的是：更好地利用土地、水和畜牧资源，减少干旱的影响；增加人民的收入，尤其是贫民的收入；恢复生态平衡。这个项目主要包括劳动密集型的生产和生活工程，如中小型水利、水土保持、造林、修路和饮水工程的项目等。该项目在13个邦的88个县和615个发展区实行。这个项目需要的资金由中央政府和邦政府均摊。拨款标准是每个发展区150万卢比。这个项目在"六五"期间完成水土保持面积42.6550万公顷，增加灌溉面积32.7667万公顷，造林和种草38.6987万公顷，创造就业17699.7万劳动日，建立牛奶公司3426个，养羊公司622个。

在"七五"计划期间，这个项目的实际支出是46.1859亿卢比，其中30%用于土地开发和土壤改良，25%用于造林和种草，20%用于水资源开发，15%用于其他活动，10%用于管理费用。"八五"计划期间，该项目实际支出为100亿卢比。该项目自1972年开始到1994—1995年度，政府共投入资金174.2亿卢比。

---

① 谢代刚：《浅析印度独立以来解决农村贫困的主要措施》，《南亚研究季刊》，2000年第4期。

五、农村妇女与儿童发展项目

农村妇女和儿童发展项目开始于 1982 年 9 月，它是在试验的基础上，于从各邦选出的 50 个落后县中试行。这个项目是农村综合发展项目的特殊组成部分，它集中为农村妇女就业提供便利，目的是使妇女参与创收活动，提高妇女的收入水平，并使他们能够得到创收活动所必需的支持性服务。因农村妇女与儿童发展项目的对象与农村综合发展项目的相同，因此，它也要求妇女以小组的形式来组织活动、申请贷款。妇女小组每组至少 15 人，多了不限。每组选出两个小组长，负责小组的组织、服务工作，每个小组长每月有 20 卢比的报酬。妇女小组成员的贷款条件是：(1) 每人必须先有存款存在小组，然后才能贷款，存贷比例是 1∶3；(2) 每次贷款，必须同时有两个小组长共同签名，银行才给贷款，这样确保贷款没有风险。银行贷款利率为 12%，存款利率与市场存款利率相同。妇女小组成员采用分期还款形式。每月 1 次，还款额不定，每月能还多少就还多少。但必须是累计将一次贷款额还清之后，才能继续二次贷款。贷款用途多种多样，有的用来做生意，有的用来养牛、养羊，有的从事种植业，有的制作服装等等。每个农村妇女与儿童发展项目下的小组都可一次性得到 1.5 万卢比的循环活动经费。这个项目开始在 50 个县试行，在“七五”计划期间，已扩大到了更多的县，到 1990 年，已在 191 个县实行。据粗略估计，在“七五”计划期间，这个项目组建了 2.8 万个小组，拥有 46 万妇女成员。到 1997 年 3 月，该项目已发展了 18.7495 万个小组，共有 302.6 万妇女受益。①

第四节 解决无地农民的就业问题

近年来，印度政府继续通过开展“国家乡村就业计划”和“农村无地人口就业保证计划”等活动来保障和解决农村无地农民的就业问题。国家乡村就业计划由印度中央政府发起，从 1981 年 4 月起执行。实施这一计划主要是为了在乡村地区创造更多的就业岗位，从而在一定程度上改善穷人的生活状况。农村无地人员就业保证计划开始于 1983 年 8 月，其目的主要是扩大乡村无地人员的就业机会，同时加强乡村基础设施建设，中央政府负责整个项目的费用支出，仅“六五”计划期间，该项计划的总支出就达到了 60 亿卢比。通过开展上述活动，印度乡村居民的就业机会大幅增加，生活水平有了一定程度的提高，同时，乡村基础设施建设也取得了显著进步。②

通过立法来保证和促进农村居民就业。印度是一个有 7 亿农村人口的大国，农村的贫困人口和就业一直是制约印度经济发展的主要问题。为了解决好这一问题，2005 年 9 月，印度议会制定了《国家农村就业保障法（NREGA）》，该法共 6 章，分别对农村地区就业保障、就业保障计划与失业津贴、执行和监督机

① Roger Harris and Rajesh Rajora：Empowering the Poor，Information and Communications Technology for Governance and Poverty Reduction，A Study of Rural Development Projects in India，UNDP _ APDIP Series，2006。

② 李林译：《印度的经济自由化改革和农村贫困的缓解》，《中国贫困地区》，2004 年第 3 期。

构、国家及邦就业保障基金的建立及其审计、法律责任、适用范围等问题作了详细、具体的规定。这是印度独立后最具有历史意义的重要法律之一。该法规定：在本邦农村地区，邦政府应当在每一个财政年度内，为有成年人（18 周岁）家庭成员且自愿做无需特殊技能的体力劳动的居民户，提供不少于 100 天的有薪就业保障，每日工资标准不低于 60 卢比，并按周支付工资，在任何情况下，不得迟于完成工作任务之日起两周内支付。就业申请人的就业申请被接受后，在 15 日内仍未得到工作的，就业申请人有权依照该法的有关规定，享有每日失业津贴。该项目的资金 90％来自中央政府，具体实施主要由各个邦政府负责，并由其选定的机构具体管理和决定用途。为了保障《国家农村就业保障法》的实施，该法还规定，在中央和各邦政府成立“就业保障委员会”，并明确其职责。对邦以下的区级村、中级村、村庄大会以及区项目协调人、项目官员等的职责均作出具体规定。目前，已有 50％的中央政府资金到位，保证在 200 个区范围内提供这样的就业机会。印度政府提出，在未来 3—5 年内，该项计划将逐渐覆盖印度农村的全部 600 个区。同时，该法还规定，中央政府应设立国家就业保障基金，经国会以法律形式拨款，中央政府可以通过赠与或者贷款的方式向国家基金提供其认为该基金所需的资金，邦政府可以设立邦就业保障基金，并予以公告。[①]

① 文富德：《曼莫汗·辛格的经济改革》，《南亚研究季刊》，2002 年第 3 期。

一、加大对农村贫困者自主力的开发扶贫

2001年4月，执政的人民党政府取消了所有的贸易数额限制，使农民直接面对日益萎缩的国际农产品市场的冲击。农民腰包渐瘪，70%的农村家庭没有任何存款，一些地区甚至出现农民自杀的现象。同时，为生活所迫的大批农民工进入城市寻找发展机会，加剧了城市的就业压力。扶贫成了历届印度政府面临的巨大难题。为此，2005年2月月28日，印度财政部长帕拉尼亚潘·奇丹巴拉姆向议会人民院递交了总额为1150亿美元的2005—2006财政年度预算案。其中用于农村地区发展的财政支出比上一年增加了33%，显示出政府加大扶贫力度的决心。在上一财政年度，印度政府拨款1388亿卢比（1美元约合43卢比），用于农村地区的发展，并额外投入800亿卢比加强农村基础设施建设。在新的财政预算案中，政府承诺将再增加33%的财政支出用于农村脱贫，并投入一大部分资金用于提高农村的教育水平。新财政预算案的另一项重要举措是发展农村的基础设施建设。其中包括为600万贫困户提供住房，让7.4万名贫困人口喝上卫生的饮用水。此外，新财政预算案拨款1028亿卢比用于发展农村地区的公共健康事业，并拨款1100亿卢比继续推进国家农村就业保障计划，在乡村地区创造更多的就业机会。

印度非常重视教育、培训和就业服务在提高劳动力的质量和就业能力中的重要作用。早在20世纪50年代，印度首任总理贾瓦哈拉尔·尼赫鲁就将科技和教育列为首要任务。1958年印度国会通过了“科学政策决议案”，在这一政策的指导下，印度建

立了一大批大专院校。印度尤其重视数学和科技技能在教育中的作用，拥有数百所实力不俗的工程院校，如今名闻遐迩的印度科技学院就是由当年从各个大学挑选的精英组建而成的，这些院校培养了一大批质量非常高的学生。正是印度拥有这样一批非常便宜的知识密集型劳动力，成就了印度的软件产业。印度政府还非常重视对劳动力的培训工作。以计算机软件开发的技术培训为例，印度政府对 26 所高等院校的计算机教育培训计划提供了资金支持，确定将有条件的培训机构转为高级软件培训中心，建立了几十个软件技术园区，在信息及相关产业创造了 90 万个就业岗位。针对农村青年的技能培训，印度政府实施了“农村青年自营就业培训计划”和“农村综合发展计划”，1992—1997 年接受培训的农村青年半数实现了自营就业。而印度女企业家协会实施的“促进妇女自我创业计划”，也为 1 万多名妇女提供了创业咨询和培训。

二、加大农村基础设施建设力度

2007 年 10 月 8 日，印度总理曼莫汗·辛格认为印度欲为经济提速、阻止贫困化而下大本钱加强基础设施建设。辛格预计，到 2012 年，印度花在基础设施建设上地开销将达到 3200 亿美元。辛格总理坦言：“印度的增长潜力只有在我们突破了基础设施建设瓶颈后才可能实现。基础设施建设质量同我们每个人都息息相关。”① 辛格表示，在 2007—2012 年间，印度公路、铁路、

① *India Today*：Sept. 15，2005.

航空、水路、电力、电信、供水及灌溉等基础设施建设系统需要3200亿美元的投资。他特别指出，印度经济飞速发展已使电力供应捉襟见肘，其中部分原因是电网破旧，导致传输过程中电能损失高达40%。印度期望经济能达到10%的增长率，这必然对电力供应提出更高要求。辛格要求印度各邦加大对电力等基建设施的投资，并鼓励私人资本多做贡献。印度2005—2006财政年度地经济增长达到8.4%，2007第一季度增长率达8.9%，比预计要好。辛格所属的国大党为首的执政联盟于2004年赢得大选上台。当时许多穷人都投了国大党的票，希望能过上好日子。辛格也承诺将推动经济更快发展，并使更多地人分享到发展的实惠。辛格说："如果我们要取得反贫困斗争的决定性胜利并为我们的年轻人创造更多的就业机会，就必须为经济提速，达到9%的增长率。"① 这与世界银行的预测相同。世界银行预测，如果印度要提高人民生活水平，就必须以更快地速度发展。目前在印度11亿人口中，还有2.9亿人属于贫困人口。②

三、为农村失业人群构筑"安全网"

印度的社会保障体系主要包括公共分配系统、社会保险和一些专门针对农业工人的保障性措施三方面内容。(1) 印度的公共分配系统，也就是遍布印度城乡的平价商店。低收入居民可持政府发放的购物卡在公共这里购买小麦、大米、白糖、食用油、布

---

① Manmohan Singh: "India Must Increase Economic Development Rate by 9%". *India Today*: Mar 15, 2006.

② 2006 *World Bank Anuual Report*: p. 16.

四、煤炭和煤油等生活必需品，每年由政府给予财政补贴。(2)印度在疾病、事故和养老等方面有社会保险，受益者主要是国家雇员和20人以上工厂的工人，不包括小企业的工人和农业工人。自1995年8月15日起，印度还实施了“全社会救助计划”，向65岁以上低收入的老人、主要赡养人去世的家庭和特困怀孕妇女（截止到两胎）分别提供国家养老金、国家家庭抚恤金和国家孕产妇补助金。(3)印度针对农业工人的保障性措施主要有：规定农业工人的最低工资的《最低工资法》，保护佃农和劳动者利益的《租佃法》，鼓励建立向农闲季节的农业工人提供就业的农业合作社组织，等等。①

2008年2月29日，印度政府发表新财年预算案，准备拨款150亿美元为农民提供援助配套，协助他们摆脱经济困境；有3000万个农民所欠的债务将一笔勾销，另有1000万人可获得资助。印度财政部长奇丹巴拉姆说，政府计划增加医药与教育开支，以便能更好地分配国家资源，让乡村选民也能分享到国家经济增长的硕果。②

2008—2009财政年度，印度政府为实施“国家农村就业保障计划”安排了40亿美元资金。在2007—2008财政年度，该计划为3080万印度农民提供了就业机会。印度乡村发展部长拉古万什·普拉萨德·辛格1日表示，印度“农村就业保障计划”已经在全国640个农村地区实施，实现了全覆盖。③

---

① 孙培均：《印度失业问题浅析》，《南亚研究季刊》，2004年第4期。

② Rajesh Kumar: “New Trends in Indian Rural Area”, *Indian Times*, Aug. 17, 2003.

③ 《印度教徒报》：《印度“农村就业保障计划”实现全覆盖》，2008年4月2日。

第五节 建立农村社会保障体系

社会保障体系就是国家利用自己的权力对国民收入进行宏观调控，为普通居民提供基本生活保障，缓解社会分配不公的一个重要手段。在印度市场经济条件下，社会保障体系主要由公共分配系统、社会保险措施、对农业工人的保障措施等三方面内容构成。

一、印度的公共分配系统

印度的公共分配系统是社会保障体系的重要组成部分。它是在政府监督和指导下，由国家给予财政补贴，专门向低收入居民提供基本生活保障的零售商业系统，即平价商店。印度现有 45 万多个平价商店，遍布全国各地城乡，包括边远地区、山区和少数民族地区也都开设有平价商店。按照规定，当局向低收入居民发放购物卡，这些居民持卡可到平价商店购物。目前平价商店主要供应小麦、大米、白糖。食用油、布匹、煤炭和煤油等 7 种生活必需品，有的还供应茶叶、肥皂、火柴、食盐、豆类等重要生活品。为了保证这一系统的正常运转，印度政府每年拨出巨款进行补贴，仅粮食补贴一项，中央政府的支出已从 1991—1992 年度的 285 亿卢比增加为 1997—1998 年度的 750 亿卢比，1998—

1999年度达900亿卢比。[①] 为了对公共分配系统进行监督，还专门成立了消费监督委员会。印度的公共分配系统在实现社会公正方面起到了一定积极作用，深受低收入平民百姓的欢迎。它既有利于低收入的消费者，也有利于生产者。因为通过该系统，一方面使低收入消费者获得平价商品，另一方面使生产者获得政府的支持价格和稳定的国家市场。

二、印度的农村社会保险措施

印度的社会保险措施目前主要包括疾病、事故和养老方面的社会保险制度，其受益者主要是对工厂工人（20人以上的企业）和国家雇员，不包括小企业的工人和农业工人。其具体规定主要体现在以下法令中：《雇员国家保险法》，1948年通过，其目的是向工人提供强制和捐助相结合的健康保险，为病、孕、伤工人提供医疗帮助，现金补贴，为死亡工人的亲属提供抚恤金，为接受保险者在死亡时提供丧葬费。《雇员准备基金和其他专款法》，1952年通过，主要内容是向企业雇员提供准备金、家庭养老金和保证金相联系的保险。《煤矿准备基金和奖金计划法》（1948年），专门解决煤矿工人的保险。《养老金支付条例》，1972年通过，为企业雇员提供养老金。家属抚恤金方面主要有《1971年煤矿家属抚恤金计划》和《1971年雇员家属抚恤金计划》。在生育津贴方面主要有《1961年生育津贴条例》以及各邦的相关立法。此外，印度先后颁布了100多个劳动保护方面的法规，涉及

① 印度政府：《1998—1999年度经济调查》，第67—68页。

工资待遇、工作时间、劳动环境及人格保障等诸多方面，也是社会保险措施的重要组成部分。

三、对农业工人的保障措施

印度的农业工人大部分由经济和社会落后阶层所组成，是农村中最贫弱的一部分人。鉴于印度的社会保险措施并不包括这部分最困难的人群，印度政府采取了一些专门针对农业工人的保障性措施，这些措施也应视为印度社会保障体系的一个组成部分。

自独立以来，印度中央政府和邦政府都采取了一些保障性措施来改良农业工人的经济地位，这些措施主要有：(1) 废除农业奴隶。《印度宪法》明文废除了长期存在于印度农村的农业奴隶和强迫劳动的制度，宣布如实行农奴制则为犯法。(2) 最低工资法。1948 年中央通过最低工资法，并要求各邦政府在 3 年内规定出农业工人的最低工资。(3) 其他法定措施。主要有：废除柴明达尔制；在各邦通过和实施以保护佃农和劳动者利益的《租佃法》；许多邦通过了规定土地占有最高限额的法令，剩余的土地将依该法分配给无地劳动者。(4) 鼓励在农村建立农业合作社组织。由该组织在农闲季节向农业工人提供就业。此外，印度政府的经济政策中通常已包括有改善农业工人的政策及措施。总的来看，对农业工人的保障措施为保护这一社会贫弱阶层提供了法律和政策基础，其积极意义是不容抹杀的。但存在的主要问题是这些保障措施的实际执行情况相当差。

第六节　非政府组织的扶贫措施

多年来，在印度各级政府部门重视扶贫工作，积极开展各种不同的扶贫项目，帮助穷人摆脱贫困的同时，还有不少非政府组织以及联合国和其他国外援助机构，为帮助穷人摆脱贫困，做了大量的工作，并起到了较好的作用。

一、SYEDHASHIM 家族基金会

该家族基金会于 1995 年成立，是以救济穷人、帮助穷人摆脱贫困为目标的慈善机构。基金会自成立以来，每年用于扶贫的资金为 100 万美元。基金会的救困对象有两类。一类是残疾人、孤寡老人和孤儿。对这类人采取无偿救济的方式，每人每月发给一定数额的生活费。其标准是：孤儿每月 200 卢比，残疾人、孤寡老人 100—150 卢比不等。这类人在基金会都有登记记录。目前，该基金会救济对象达 5000 人。另一类是对有技术、有生产能力的穷人提供无息贷款。此种贷款没有抵押，贷款额由 1 万卢比起，最高的达 10 万卢比，贷款期为 2—3 年。还贷采取分期付款的方式，每月一次，还贷数额不定，根据个人经营情况，效益好多还，效益差少还，但到期必须还清。这类贷款的按期还款率达 90%以上。个别人到期未还清，能够延期还清。该基金会对贷款人的贷款程序很简单，即由贷款人提出申请，基金会的工作人员通过实地考察，确认是真正的穷人，而且有从事职业生产的

能力就给予贷款。在贷款期内，基金会对贷款人有跟踪监察，以确保贷款的正当用途和无风险。一般贷款人经过一次贷款后，有了自谋生活的能力，就可摆脱贫困。基金会不给予二次贷款。该基金会现有 35 个工作人员，只有基金会主席是家族成员，其他人都是通过招聘录用的。工作人员的工资每月 2000—3000 卢比不等。基金会招聘考核工作人员有 3 条标准：有文化；有人道精神，明确穷人也有生存的权力，救济、帮助穷人不仅仅是给钱、给物，而是给穷人做人的权力，因此能尊重穷人；心肠好，对穷人有热心、耐心、责任心，工作负责。目前，该基金会已提供了 1500 人的无息贷款，也就是说，已帮助 1500 人脱离了贫困，走上自谋生活之路。①

二、国家发展投资及咨询服务公司（BASIX）

国家发展投资及咨询服务公司是非政府的扶贫组织，在德里登记注册，总部设在海得拉巴。该组织的特点是既向穷人贷款，给予帮助，也给小农、小企业贷款，而且 93％的贷款是提供技术支持。目的是促进贷款人可持续发展。

可持续发展需要资源。资源包括两种：一种是财务资源，一种是人力资源。该组织认为，扶贫工作不能仅仅是给穷人补助和拨款，这只能使穷人解决一时的温饱问题，但不能持续发展。如果使穷人能够摆脱贫困，步入持续发展的轨道，必须向穷人注入

① K. K. Bagchi："Employment and Poverty Alleviation Programmes in India: An Appraisal"，*New Delhi*，Abhijeet，2007

商业资金。当然，在设计这类贷款项目时，必须考虑成本和还贷率。对于人力资源，该组织认为，资金运用的好坏，能否良性循环，关键是人。为了使该组织扶贫工作顺利开展，设计的项目必须注意适合一般人操作和管理。在实施过程中，还要注意对项目人的培训、监察和管理，否则，得不到节约的人力资源。

因此，该组织并不仅仅是提供贷款。它的工作有两方面，即提供金融服务和技术服务。将钱和知识一齐散发下去，这是十分关键的。只有这样，项目才有成效。技术服务的内容包括：设计经营项目；提供中介服务；激励穷人摆脱贫困、树立信心；改进技术；提供商业援助。金融服务内容除贷款外，还包括储蓄、保险和商品交换。该组织的贷款利率与银行的商业利率相同。

此外，该组织不但给穷人、小农提供贷款帮助，还创造条件，使农民除了种地以外，还能有从事其他行业、进行自我经营的机遇。而且，该组织通过与不是穷人的小企业合作，扩大企业经营规模，从而产生吸收穷人就业的条件。

BASIX 的贷款方式大体可分为以下几种：

（1）通过中介发放贷款。BASIX 以 30%的利率差作为中介人的服务费。中介既包括商人、开商店的小农、教师，也包括代理商，如种子公司、化肥公司等。BASIX 把资金贷给中介，中介再把资金贷给予他们有业务联系，相互了解的农民。通过中介发放贷款，可以节约成本。另外，中介也可以从 BASIX 得到贷款，扩大业务。

（2）直接贷款给个人。BASIX 规定，5 万卢比以下的贷款不要抵押。为了保证贷款按时回笼，他们对贷款人采取了及时还款可以减低利息，增加贷款，而且贷款用途可以不仅仅是一种的鼓励措施。比如，某一贷款人如果连续 3 年能够及时还款，他的贷款就可以有多种用途；到第 4 年仍能及时还款，他的贷款就可以用做盖房子、结婚、孩子上学；第 5 年 BASIX 就不问其贷款用途，他可以用贷款做任何事情。

（3）组织联保小组放贷。联保小组有 5 个人，联保小组的每个人都在 BASIX 有存款。联保小组的存贷比例是 1∶8。BASIX 把贷款贷给联保小组的任何一个人，其他 4 人都要保证他能还贷。如果其中 1 人欺诈，其他 4 人的存款就取不回去。

（4）通过互助组发放贷款。BASIX 发给农民一张贷款凭证，农民用贷款凭证到 BASIX 指定的化肥、种子等公司购买化肥、种子等生产资料，到了还款期，农民再将贷款还给 BASIX。

BASIX 的还贷也有多种方式。除了到期以现金方式还贷外，BASIX 也允许农民把收获的农作物卖给指定的收购部门，抵消贷款。①

三、SHARE 计划

SHARE 是一个专门为农村贫穷妇女提供小额信贷的非政府组织。SHARE 是于 1989 年经印度银行、财政部批准登记注册的金融机构，它的服务对象是那些商业银行到不了的地方的农村贫穷妇女，为他们发放贷款，提供其生产经营的条件。SHARE 的资金来源主要是孟加拉乡村银行和联合国开发计划署。

① Thankom Arun，Katsushi Imai，Frances Sinha：Does the Microfinance Reduce Poverty in India? *Propensity Score Matching based on a National-level Household Data*，September 2006.

SHARE 总部在海得拉巴，下设两个分支机构，一个在发达地区，一个在落后地区。现共有职员 145 人。SHARE 的职员通过公开招聘录用，其条件是年轻、有能力、有朝气、愿意到农村工作、能向农民宣讲。经过考核、面试合格的人先在总部培训，培训结束后分配到分支机构工作。

SHARE 贷款对象选择最贫穷的人，其条件有以下三点：贷款对象的家庭财产不超过 2 万卢比；拥有耕地不超过 1 英亩；全家每月人均收入不超过 250 卢比。向 SHARE 贷款的妇女先要在 SHARE 有存款，每个星期存 5 卢比，然后才能贷款。SHARE 贷款采取小组形式。小组成立的条件是：每小组有 5 人；小组成员的观点相似；年龄相差不多；有相同的社会经济背景；住在同一地区，相互了解；成员之间是好朋友，相互信任，相互帮助；小组成员之间没有血缘关系，以免有人控制小组，影响团结。小组成立后，由 SHARE 工作人员进行 7 天培训。培训内容包括了解小组的作用，应负的责任，每个人在小组内应起什么样的作用，怎么申请贷款，学会签名。培训结束后要进行考试。考试合格，达到要求，小组开始运作。每个小组选出一个小组长，小组长只能干一年。刚开始运作时小组内只有两人得到贷款，4 个星期后另有两人得到贷款，最后一个得到贷款的是小组长。头两个得到贷款的人经营得好，后两个人才能得到贷款；前 4 个人贷款经营得好，小组长才能得到贷款。这样，就使小组成员之间产生了相互约束、相互激励的机制。①

---

① Thankom Arun，Katsushi Imai，Frances Sinha：Does the Microfinance Reduce Poverty in India? *Propensity Score Matching based on a National-level Household Data*，September 2006.

SHARE要求7个小组成立一个中心，中心每星期聚集一次，开30分钟的会，互通情况。SHARE的贷款程序为：贷款人在中心会上提出申请，中心领导、小组长同意后，报给项目负责人批准，项目负责人同意后报给分支机构，再由分支机构报给总部。贷款人第一年贷款最高额为2000卢比，第二年贷款额有3000卢比和3500卢比两种，前者为季节贷款，后者为一般贷款。第三年贷款额有3种，除一般贷款和季节贷款外，增加了住房贷款。一般贷款额逐年增加，第三年6000卢比，第四年7000卢比，第五年8000卢比。所有还、贷款的现金交易都在中心会上公开进行。贷款利息率是15%。发放贷款后的第二个星期中心负责人检查贷款是否启动，14天后项目负责人检查贷款运用情况。贷款人如果第一年贷款运用得好，才能有第二年贷款，否则第二年便不予贷款。SHARE的还贷分期进行，从贷款的第二周开始可以还贷。一次贷款分50周还清。SHARE小组成员经营项目涉及五大类多种行业，包括种植业：粮食、棉花等；畜禽养殖业：牛、羊、鸭等；商业经营业：小商店、小百货、小食品、小药店等；小手工业：手工艺品、制鞋、缝纫、草编、麻袋等；还有粮食加工业、烧砖、跑运输等。SHARE小额信贷项目有较完备的逐级监督检查机制。SHARE要求每周小组成员都要向组长汇报贷款使用情况，是否存有问题。组长向中心主任汇报小组情况，中心主任向项目负责人汇报本中心情况，项目负责人向分支机构经理汇报。每周一次的中心会议，除了互通情况外，也监督每个成员的发展趋势，检查有无还贷能力，发现问题及时采取措施予以纠正。因此，SHARE贷款项目运作良好，还贷率达100%。SHARE在项目进行3年后做了一次评估，其结果是：

贷款人收入从30卢比增长到300卢比，居住条件有所改善，食品和非食品支出都有增长，贫困减少50%；贷款人基本可以自我就业，有的也可以租种土地，孩子能够上学，有能力申请政府的就业项目。例如，有一个寡妇名叫苏布路，家境贫困，公公婆婆也看不起。在SHARE帮助下，她贷款2000卢比，开了一个小饭店，为客人提供茶、饮食。刚开始几天没生意，但她不灰心，由于她勤奋、努力，生意慢慢好起来，由一天能挣一二十卢比到一天能挣五六十卢比。第一次贷款还清后，苏布路看到了希望，又一次贷款。第二次贷款买了一头奶牛，用牛奶做饮料，自做自卖，生意越做越好。到第三次贷款，自己盖起了房子。现在，不但日子越过越好，而且得到了公公婆婆的尊重，经常到她这里看望、喝茶。①

四、印度自我就业妇女协会（SEWA）

印度自我就业妇女协会成立于1972年，简称SEWA。其前身是个体劳动妇女的工会。在印度，94%的劳动妇女都是个体劳动者，其余6%在有组织的产业里就业。个体劳动者可以粗略地分为三类：出售蔬菜、水果、鱼、蛋及其他主食、生活日用品、服装及其他产品的小商贩；以家庭为单位的织布、陶器、比笛烟（印度的一种卷烟）、服装及其他类似产品的生产者；包括农、工、建筑工、合同工、人力车夫、搬运工、厨师、清洁工及其他

① G. K. Chadha and P. P. Sahu (2002): "Post-Reform Setbacks in Rural Employment Issues That Need Further Scrutiny", *Economic and Political Weekly*, May 25, 2002

服务性劳动者。个体劳动者的工作不属于正规体系，并且很多工作不被承认。他们所得很低。由阿米达达个体劳动妇女协会进行的一个调查表明，这些妇女的多数家庭年收入少于 3600 卢比，这大大低于城市的贫困线。他们不享受劳动法律、法规保护或社会保险提供的好处。他们为了勉强糊口要与各种放贷者和中间人斗争。

为了改变妇女们这种不利的社会经济地位，帮助妇女们摆脱贫困的恶性循环，SEWA 进行了三方面的努力：以工会的形式，按行业把妇女们组织起来；建立各种经济组织；提供支持服务。①

SEWA 工会的主要目标是把女工带入劳工运动的主流，并让人们认识到女工的存在。这些组织培养女工的团结意识，帮助他们取得合理待遇，如较高的工资、较好的工作条件及法律保护。目前，此工会拥有 30000 会员。SEWA 工会组织个体劳动妇女的经验表明，只有斗争是不够的，对于个体劳动者来说更是如此。由于没有其他就业机会，女工很容易成为牺牲品。如果有了其他就业机会，他们讨价还价的能力就会加强。同样，有了自己的经济组织，他们就可以进入市场，得到培训和其他服务。目前，SEWA 按行业组织了 25 个工人自己的合作社，例如，粗印染工合作社、竹业工人合作社、缝纫工人合作社、废纸收集工合作社和手工织布工合作社等。这些都是按合作社条例注册的主要合作社，有自己选出的管理委员会。它们向社员提供培训，拥有

---

① The World Bank Report: *India*, *Alleviating Proverty through Forest Development*, 2000.

自己的销售中心，并与其他机构建立了联系。

SEWA 在组织妇女的过程中发现，贫困妇女们需要一系列的支持服务。这包括设立创收项目、提供银行服务、医疗与儿童保健、人身保险等。为此，SEWA 在全国农村帮助贫穷妇女成立了 1000 个行业小组，从事力所能及的经营活动，摆脱贫困。

缺乏贷款是贫困妇女面临的主要问题之一。帮助这些妇女摆脱贫困的重要一点是使他们能够得到启动资金。问题是，贫困妇女面临许多实际困难，一般银行的运作机制和工作程序不适合他们。因此，要帮助贫困妇女，不仅要帮助他们与信贷机构联系，还要为他们提供一系列适合他们且能被他们接受的相应服务。1974 年 5 月，SEWA 的 4000 名妇女每人拿出 10 卢比，建立了个体劳动妇女自己的 SEWA 合作银行。它创立了一套既适合贫穷妇女思维方式和工作条件的，又不违反银行规则条例的机制或程序来为他们服务。①

第一，贷款与扶贫项目紧密结合。SEWA 银行在未实施贷款之前，首先确立扶贫项目。SEWA 确立扶贫项目的依据是当地资源条件、技术条件和财产状况。而且确立的扶贫项目，一是对当地社区发展有贡献，二是能使贫困妇女创收，提高消费水平。因此，SEWA 确立的扶贫项目都请社区积极参与，共同进行。比如，SEWA 在古吉拉特地区实施的小流域治理项目、水资源利用项目、土地开发项目、农作物种植项目、牲畜饲养项目等。

---

① Gaurav Datt and Martin Ravallion (2002): "Is India's economic growth leaving the poor behind?" *Journal of Economic Perspectives*, summer, vol. 16 No. 3.

第二，贷款以小组形式进行。SEWA 银行根据扶贫项目，要求贫困妇女按行业组织小组，每组 10—15 人。在行业小组上面，有社区联合会，成为联结 SEWA 与小组的中间环节。社区联合会没有专职人员，由懂技术的人兼职，向贫困妇女提供培训服务。作为政策，SEWA 先动员妇女们存钱，过一段时间再申请贷款。这可帮助银行评估妇女在用钱方面的自我约束能力。如果某妇女定期存款，不管她存了多少，银行都可确认她很有自我约束能力。SEWA 银行的存贷比例是 1∶2。

SEWA 银行的贷款程序是：小组成员提出贷款申请，组长审核同意后，将贷款申请提交给社区联合会。社区联合会审核无误后，提交银行等待批准。银行贷款委员每两周开一次会，批准贷款时，除审核申请人个人情况外，还要考虑其所从事的行业等相关内容。SEWA 银行将贷款贷给社区联合会的年利率为 18%，社区联合会贷给小组的年利率为 21%。小组成员在 SEWA 银行的存款年利率为 11%。

第三，偿还贷款。SEWA 银行为贷款小组制定了分期还款、一年还清的方式。贷款人每月还贷一次，其公式为：

还贷数量=（贷款额+利息）÷12

每个月底，小组长将组员还贷收齐后，交到社区联合会，社区联合会再交给银行。SEWA 小组贷款的按期还贷率为 98%，有 2%的延期还贷。SEWA 对延期还贷采取的措施是，由社区联合会到小组询问，了解真实情况。如若贷款人确实存在困难或出现了临时情况，可给予 3 个月的宽限期，到期还清。如若有欺诈行为，社区联合会和小组共同采取行动，直至诉诸法律。事实上，这种情况并未发生过。

第四，储蓄特征。SEWA 银行除向贫困妇女提供贷款支持外，还向他们提供储蓄服务。SEWA 了解到，几乎所有的贫困妇女都是文盲，他们不愿到金融机构去，他们需要友好而非正式的机构。SEWA 银行从一开始便有意创造一种非正式的气氛环境，使顾客觉得这是他们自己的银行。在这里，顾客无一例外地受到微笑欢迎，顾客可以随意到柜台后去见银行职员，向他们倾吐自己的困难或与他们喝茶。由于大多数妇女是文盲，不会签名，因此，在 SEWA 银行里，用手印和两张照片就可开户并运作。照片一张放在存折上，一张存在银行里。储蓄开户最少 5 卢比。当妇女来这里开户或存取款时，银行职员帮助他们填申请表、存款单或取款单，而在商业银行的职员们很少这样做。许多妇女开账户都不让家里人或丈夫知道，因为他们不想让他们知道这笔钱。银行的一个政策是不给储蓄账户所有者写信。这是可行的，因为银行有很多实地工作者，能与账户所有者直接联系。

SEWA 银行发现，一方面，储蓄服务对妇女们很重要；另一方面，妇女们很难每天到银行存入节余。妇女们的工作大多是高强度的，且他们又必须到场地去工作。如果他们到银行去存钱，就要失去一天的收入。另外，存一小笔钱就要费很多事，他们难以做到。同时，妇女们收入低，如果不每天存上节余，在家里就很容易把节余花掉。因此，唯一的办法是银行每天收钱。但每天从近 25000 储户手里收钱既不可能也不方便。银行发给储户小盒子来解决这个问题。盒子有锁，钥匙留在银行。银行的实地工作者随时都可以到储户家里去，当着他们的面打开盒子，数好钱填到存折上，最后把现金带回银行存到各自的账户上。

第五，保险业务。SEWA 银行除了向客户开展存、贷款业务外，还向参加项目的小组成员提供保险业务。SEWA 银行的保险业务分为终身险、疾病险和灾害险三种。终身险的内容包括客户在参保期间生病、怀孕生产及遇到各种不可抗拒的灾害等。客户生病所得保费最高为 5000 卢比，怀孕生产保费为 300 卢比，灾害险保费视情况而定。参加终身保险的客户一次性交纳保险金 500 卢比，参加疾病险、灾害险单项保险的客户一次性交纳保险金 60 卢比。

SEWA 银行主动到贫苦妇女身边去，向他们介绍银行情况，鼓励妇女们向银行贷款，把节余的钱储蓄起来。由于可得到持续贷款，贫苦妇女都努力与银行保持良好的合作关系，他们的经济状况大有改观。1981 年客户人均负债 1000 卢比，到 1989 年成为人均储蓄 1050 卢比，这大大提高了他们的社会经济地位。此外，还取得了以下效果：（1）通过与 SEWA 接触，妇女们学会了与正式机构打交道。现在他们可以自己到银行找人谈话、存钱或申请贷款了。（2）妇女们增强了自信，在家庭里的地位也提高了。家里的经济决策要取得他们的同意，否则他们不会拿钱出来。（3）对中间商的依赖减少了，讨价还价的能力增强了。他们可以直接用现金大批购货通过讨价可买得便宜些。（4）他们可以购买一些设备来降低劳动强度，提高生产力和收入。

据 SEWA 合作银行一负责人介绍，到 1997 年底，银行的储蓄余额 1.5 亿卢比，贷款余额 0.85 亿卢比。贷款资金比较充裕。[①]

近年来，联合国等国际机构也积极参与印度农村的反贫困工作。2008 年 10 月 20 日，由联合国资助的一个近 4000 万美元的项目，将为印度西部干旱缺雨的拉贾斯坦邦（Rajasthan）提供帮助，预计这一地区的近 1 万个贫困农户将从中受益。由该基金资助的“西拉贾斯坦邦减贫项目”，将向该邦的 6 个行政区提供 3000 多万美元的贷款以及 60 万美元的补助金，以帮助当地包括妇女、青年在内的贫困人口开展手工制作、旅游以及农牧业方面的创收项目。由于严重缺水，印度拉贾斯坦邦西部地区农牧业生产力低下，妇女尤其因缺乏就业机会等原因备受歧视。由联合国资助的项目将通过流域管理、促进就业、提供金融和市场服务等手段改善农业生产，此外，还将尝试为产奶牲畜提供保险以及与私营机构合作寻找可行的创收项目等新的援助形式。目前，农发基金在印度共资助了 22 个项目，批准的贷款额近 600 亿美元。[②]此外，其他一些国际机构如世界银行、亚洲开发银行等也积极参与了印度农村的反贫困工作。

五、国际机构积极协助印度开展农村扶贫

近年来，世界银行与印度结为伙伴，以减轻贫困，提高印度

---

① Gaurav Datt and Martin Ravallion (2002): “Is India’s economic growth leaving the poor behind?”, *Journal of Economic Perspectives*, *summer*, vol. 16 No. 3.

② 联合国电台网：《联合国 4000 万美元项目帮助印度西部农村贫困人口》，2008 年 10 月 20 日，http://www. unmultimedia. org/radio/chinese/detail/7535. html.

人民的生活水平，努力实现“千年发展目标”。为了实现这些目标，世界银行强调投资于人民和赋权于社区，改善治理效益，促进私营部门的发展。世界银行的印度“国家战略”是严格按照体现在印度第十个五年计划（2002—2003 至 2006—2007 年）中的政府减贫战略制定的。世界银行的战略有三个指导原则，重点是帮助印度实现其发展目标，以及把世界银行的有限资源定位于受欢迎和最有效的领域。该战略通过分享国内和国际的好做法和经验，越来越重视向决策者提供解决有关重要发展挑战的实用建议。

世界银行预计无论是对中央政府还是对邦政府的贷款，对印度的贷款将有较大增长。这些贷款将达到每年三十亿美元左右，重点将包括基础设施、社会发展（尤其是教育和医疗）和农村生活。新战略的一个重大转变是用新的方法资助对实现“千年发展目标”至关重要的国家方案。这方面的一个例子是旨在资助“印度初等教育方案”的现行五亿美元世界银行信贷。该方案是根据共同安排与其他发展伙伴联合资助的。正在准备其他类似的改善国内和邦内医疗方案、城市发展以及农村道路业务。

自 1997 年以来，世界银行就把重点放在支持印度邦政府（改革的领导者）的改革上。然而，新战略的目的是扩大世界银行支持的范围。世界银行将根据各重点部门的“参与指南”安排贷款，特别强调帮助那些符合援助条件的最贫困和最薄弱的邦。世界银行将与其他捐赠机构（ADB、DFID）一道与印度 12 个最大的邦（拥有印度 90%的贫困人口）进行政策对话（主要是关于财政和治理改革的对话），无论它们的改革实施进展情况如何。这些邦是安得拉邦、阿萨姆邦、比哈尔邦、贾尔康德邦，卡纳塔克邦、中央邦、马哈拉施特拉邦、奥里萨邦、拉贾斯坦邦、泰米尔纳德邦、北方邦和西孟加拉邦。除了基本的改革对话以外，能力培养的重点将放在四个最贫困也是最大的邦，即比哈尔邦、北方邦、奥里萨邦和贾尔康德邦，并帮助他们更有效地使用政府资金。

世界银行将通过有关重要发展问题的分析报告扩大对印度的支持，以应对重大挑战。它还将保证其投资业绩在实现目标方面达到最高标准。

另外，预计国际金融公司（世界银行的私营部门机构）也将增加贷款，特别是为资助基础设施和支持印度公司扩展和全球化而提供的贷款。

印度于1944年加入世界银行，是世界银行最老的成员国之一。根据世界银行的战略，世界银行2005财年为印度提供了高达29亿美元的贷款（是前一年14亿美元贷款的两倍以上），使印度成为接受世界银行援助最多的国家。在这些援助中，印度获得了总共11亿美元的IDA信贷（全世界最大规模的信贷）和18亿美元的IBRD贷款（全世界第四大规模贷款）。同期，IFC的资助也增至四亿美元以上。2005年7月底，世界银行共有64个正在执行的项目，净承诺约130亿美元。其中有60亿美元的IDA信贷57亿美元的IBRD贷款以及GEF/蒙特利尔议定书下的1亿美元。世界银行对印度贷款的增加反映了印度经济的快速增长。大部分新贷款流入了急需资金的基础设施和人力资源开发项目。

第五章　印度农村反贫困的绩效

早在1947年8月14日，印度第一任总理贾瓦哈拉尔·尼赫鲁在新德里的立宪会议上的讲话中就指出："未来并不安逸、悠闲，明天是履行我们誓言的连续不断的奋斗。服务印度意味着服务千千万万的受苦人，它意味着摆脱贫困、愚昧和疾病，意味着消除机会的不平等。我们这一代人中最伟大的人的抱负是擦去所有人脸上的泪水，这也许是我们力所不及的，但只要有泪水和痛苦存在，我们的工作就将是没有完成的。"① 印度已故总理拉吉夫·甘地于1988年12月21日在我国著名高校北京大学和清华大学的讲演中也提到："作为印度现代国体的三大支柱之一的社会主义，其宗旨是扶植穷人、帮助弱者、给被压迫者以公正并平衡各地区的发展。为了达到这些目的，我们相信，国家必须执经济的牛耳，而自力更生应当成为发展的首要原则。我们强调，必须将发展的模式设计得能够给予全国各地公平的发展机会，并让

① 贾瓦哈拉尔·尼赫鲁：《与命运的约会》，《印度经济时报》1947年8月15日，第一版，第34页。

我国所有阶层的人民公平分享发展的果实。我们强调各地区的平衡发展与缩小社会差别是为了在顾及社会公平的情况下获得必要的经济发展。我们的社会主义认为，经济发展的方向应当是致力于推动社会公正的发展。”① 印度前任总理古吉拉尔于 1997 年 8 月 15 日在印度独立日向全国发表的讲话中也提到：“‘消除贫困’的口号很早就提出来了，我的政府的政策是如何将它变成现实——贫困和文盲是同一硬币的不同两面，它们必须被根除。国家发展的另一个基本点是消除贫困。”②

总体来说，印度各届政府都十分重视消除贫困，特别是农村贫困的问题，但由于各时期历史情况不同，各届政府的措施有所不同，因而其绩效也所差异。

独立初期，尼赫鲁政府发展印度经济的重点是工业生产，恢复被战争特别是印巴分治破坏的经济，稳定社会和安定人民生活。其经济发展的具体方法是发展国有重工业和基础工业，实现工业化。从 20 世纪 50 年代中期起，印度提出创建一种混合经济，使公私营经济有机结合。但由于过度强调发展工业，特别是发展重工业，导致印度工农业发展比例失调，导致粮食短缺，不得不大量进口，因而制约了印度经济的快速发展。进入 20 世纪 60 年代，印度在工业化过程中，忽视农业在经济发展中的作用，单纯强调工业化，以牺牲农业来推进工业化。其结果是农业拖了工业的后腿，不仅农业落后，农村日益贫困化，工农业及整个国民经济陷入了困境。进入 20 世纪 80 年代，印度的经济发展战略

① 印度驻华大使馆：《今日印度》，1989 年第 1 期。
② 印度驻华大使馆：《今日印度》，1997 年第 4 期。

有所改变，政府在很大程度上改变了把农业置于被动地位、支持工业部门片面扩张的传统理论，转向寻求农业与非农业部门有机协调发展，强调在宏观经济结构中分析农业发展，把农业部门视为工业化的重要国内市场，因而情况有所好转。①

英·甘地执政时期虽仍旧奉行尼赫鲁的混合经济模式，但做了较大的修正，放弃了优先发展重工业的战略，着重发展农业和较多依赖科技和市场经济，并通过实行“绿色革命”来解决粮食危机问题。工业中优先发展那些有助于增加出口、替代进口的工业部门。使国家经济朝着自力更生的方向发展。工业产品如钢铁、机械、电器、化学产品、有色金属等有大幅度增加。但是工业内部比例失调，轻工业和生活消费品增长缓慢，能源短缺问题突出。②

1984 年拉吉夫·甘地执政后，除继续坚持尼赫鲁制定的经济计划和混合经济模式，还进行私有化改革，实行新经济政策，更加重视科技在经济发展中的作用。把发展重点放在高新技术产业上，改革混合经济模式，实行私有化。拉吉夫·甘地还基于印度经济的弊端对印度的经济发展方针作了较大的调整，总方向是减少或者削弱政府对经济及企业的控制，主要内容是经济自由化和引进竞争机制，具体包括制定和实施农业，轻工业与重工业协调的发展战略；放宽对私营部门、垄断企业和外资的限制，整顿公营企业的经营管理，采取措施增强市场功能和活力，调整计划管理的地位，实行对外开放，促进科技进步等等。这些经济政策

---

① 林承节：《印度现代化的发展道路》，北京大学出版社，2001 年，第 79 页。

② 陈继东：《独立以来印度经济社会发展研究》，四川大学出版社，1998 年，第 47 页。

虽然提高了经济增长率，但并没有根本打破国有经济为主体的框架，他采取扩大政府开支，大量举借外债，特别是大量使用国际货币基金组织（IMF）的应急贷款和高利率短期事业贷款来发展能源工业和扩充军备，在其统治的1984—1989年间，导致通货膨胀、财政赤字扩大和外汇短缺，为20世纪90年代初期的政治经济危机埋下了病根。①

20世纪90年代初期在纳拉辛哈·拉奥总理的领导下印度开始了新一轮经济改革，以推进经济自由化和全球化，主要是在各个经济部门引进竞争机制，大幅度取消许可证制度，充分发挥市场调节作用，彻底改变进口替代政策，大力推动出口，积极引进外资，加速财政和金融体制改革。

1998年瓦杰帕伊政府制定了雄心勃勃的“信息技术超级大国”计划，目标是印度在十年内成为世界信息超级大国，并在2008年实现信息技术软件和服务出口总额500亿美元。瓦杰帕伊政府的改革措施主要包括：加快基础设施建设，特别是大力发展信息技术产业，重视公营企业改革，推动财政和金融体制改革，放宽对外资进入的限制等 。

2005年5月，以曼莫汗·辛格为总理的国大党重新上台后，开始认真考虑占印度人口大多数农民等中下层人民的利益。印新政府认为，印度经济改革的步伐不会停止，但改革重点、方向与步速需要调整，低收入群体和农业将是新政府经济政策的关注重点之一。国大党联合政府推行了统筹兼顾、稳中求快、快中求全

① 杨文武、李文贵：《20世纪90年代以来中印贫困问题比较研究》，《南亚研究季刊》，2005年第1期。

的经济发展模式：既强调市场经济的竞争性与公平性，又突出经济发展的平民化、人性化；既设法加快经济发展速度，又照顾到贫弱阶层利益。

从印度独立后各届政府所采取的经济发展战略的总的成效来看，其总体效果是显著的，使得印度整个经济面貌稳步发生了深刻的变化，经济实力有了很大增长。这些改革措施的最终结果是显著的，对印度政府消除贫困起到了积极的作用。但与此同时，印度的改革以及消除贫困的努力还存在较多的问题，这也是印度贫困的总体状况不理想的原因。①

第一节　印度农村反贫困的成绩

经过各届政府的积极努力，印度的农村经济获得了一定的发展，农民的收入有所增加，无地农民有所减少，农村贫困问题总体上有所缓和，农村发展取得了重要的成绩，为印政府消除农村贫困打下了良好的基础，其主要表现在如下几个方面：

一、农村经济获得了一定的发展

1947 年 8 月 15 日印度获得独立时，印度政府面对的是一个凋敝不堪的农业，农业生产特别是粮食生产长期处于停滞状态。

---

① 汪登伦：《印度的农业政策与农业现代化略论》，《河北农业大学学报》，2007 年第 1 期。

为了适应民族经济的发展，尼赫鲁政府进行了农村的土地改革。经过60年的发展，印度的农业获得了较大发展，农村经济取得了较好的成绩。

第一，“绿色革命”、“白色革命”、“蓝色革命”和“黄色革命”取得的成就。由于尼赫鲁的土地改革没有达到解决印度粮食缺口问题，印度政府不得不放弃以改革制度为主转而实行支持农民采用农业新技术为主的农业新战略，即“绿色革命”。“绿色革命”的主要内容包括扩大灌溉面积；引进、培育和推广高产品种；大量使用化肥；提高机械化程度等。农业新战略的主要内容是以推广高产品种为核心，辅之以化肥、水利、农药、农业机械和其他投入，以提高农作物的单位面积产量和增加农产品商品率。“绿色革命”首先在旁遮普邦、哈里亚那邦及北方邦西部进行试点，试点成功之后迅速向东部地区和干旱地区推广并使原来在农业生产发展方面落后地区，特别是东部湿地农业及中部旱地农业也有了很大起色，有力地提高了粮食的产量。在播种面积增加很少的情况下，印度的粮食产量从1964—1965年的8940万吨增加到1996—1997年的1.98亿吨，增长了近两倍。而且这一时期的粮食产量保持在2.7%的年增长水平上，超过了2.2%的人口增长率。“绿色革命”不仅使印度粮食产量的增加缓和了粮食短缺的矛盾，而且还提高了农业现代化程度并使农村贫困率有了部分下降。“白色革命”通过建立奶业生产、加工和销售紧密联结的产业体系，推动技术研究和推广，使印度成为世界第一产奶大国；“蓝色革命”通过加强对海洋的研究和开发，加大技术和人才引进，增加对海洋渔业和淡水养殖的投入，使水产品出口实现了平均每年26%的增长，并迅速跻身世界十大渔业国；“黄色革命”通过研究推广园艺作物新品种，以及先进的栽培、储藏保鲜、加工和运输技术，使印度已经成为世界最大的水果生产国和仅次于中国的第二大蔬菜生产国。目前，印度政府又启动了以提高农业总体效益为主要目标的“第二次绿色革命”，农业科技仍是其核心和关键。

第二，全面均衡发展的农业战略效果明显。从 20 世纪 70 年代末 80 年代初起至 90 年代前期，印度政府针对“绿色革命”中出现的一些问题，以及气候对农业的影响等，对农业发展战略进行了调整，除继续着力增产粮食外，注意调整农业内部结构，强调因地制宜、全面均衡发展农业，并把消除农村贫困作为农业和农村发展的重要战略。主要采取的措施有：一是把全国划分为 15 个农业气候区，因地制宜地发展农业；二是调整农业结构，全面发展农业。在稳定粮食生产的同时，大力发展经济作物，使农牧林渔各业得到全面发展；三是推广和实施多种农村扶贫计划，消除农村贫困等。这些措施有实施有力地促进了印度农业的发展。

第三，新时期的农业发展战略成效显著。进入 20 世纪 90 年代后，印度进行了大刀阔斧的经济改革，改革从工业开始并扩大到了农业。实现了“印度农业发展战略的一个重大转折，即从争取基本满足最低限度需要到充分开发商业潜力的转折。”这项改革被誉为“第二次绿色革命”。印度政府在“八五”计划（1992—1997）中明确指出了 90 年代印度农业的发展方面：在进一步推广高产品种的基础上，鼓励种植业、畜牧业和农业综合企业的结合以便提高农业收入水平、增加出口潜力、提高农产品出口中的附加值成分。印度已经不满足于生产更多的粮食，而是要在此基础上促进农业生产的多样化、产业化和强化出口。20 世纪 90 年代开启的全球化、自由化浪潮，为印度农业走向多样化创造了契机。印度政府抓住时机，努力推进畜牧业、林业和渔业等的建设，使得这些部门得到了长足的发展，出现了“白色革命”（乳制品业）、“蓝色革命”（渔业）和“黄色革命”（油菜籽种植）等。在政府的推动下，通过创办农工贸一体化合作社和以私营大公司为轴心，向农民、渔民、菜农、果农订购初级产品并加工销售来实现产业化。另外，因为强化出口可以更多创汇、支援国家的工业化和各项建设，增加国家的经济活力和农民收入，也可以吸引更多的国内外资本印度农业和农产品加工业，促进印度农业的发展。①

进入 21 世纪后，印度政府提出了未来 20 年印度农业发展的长远目标，就是要使印度在经济全球化的情况下能够保证粮食安全。该项政策考虑采取的具体措施主要有五个方面。一是使农业的年增长率超过 4%；二是保证农业可持续发展，提高农业资源的利用率，加强对土地、水资源和生物多样性的保护；三是在全国最大范围内促进农业发展，保证效率与公平；四是为农业增长提供充足的国内市场和驱动力；五是利用农业技术，促进农业生产持续稳定增长。为此，印度政府决定，要加强农业基础设施，改善农业资源条件，促进农业可持续发展，保证粮食安全和粮食营养，加强农业技术创新和农业技术推广，增加农业投入，提供农业激励机制，实行农业土地制度创新，改善政府对农业的管理等。

---

① 文富德：《印度农业新政策出台的背景》，《南亚研究季刊》，1999 年第 3 期。

二、促进农业技术进步，农村就业人口有所增加

印度农业的基本特征之一是，生产成本高，生产效率低。20世纪90年代以来，随着经济全球化步伐的加快，印度农业面临严峻挑战。为此，印度政府通过提高农业的劳动生产率，大幅度增加印度农产品的产量，并使农村就业人口有所增加。

2004年初，时任印度政府总理瓦杰帕伊指出，经过第一次“绿色革命”，印度基本实现了粮食自给。现在，需要发动第二次“绿色革命”，以提高农业的总体效益，并促进农村经济的进一步发展，进一步增加农村就业。这将是印度政府未来几年优先考虑的重点。因此经过独立后六十多年的实践，特别是“绿色革命”的实践，印度政府注意到，要真正应对世界贸易组织对印度农业带来的挑战，必须大幅度地降低印度农业的生产成本，大幅度提高印度农业的劳动生产率。要提高印度农业的劳动生产率，最根本的方法是提高印度农业的科学技术水平。为此，印度政府采取了一系列新的政策措施，发起第二次“绿色革命”，促进农业科学技术的进步及其在农业生产中的运用。①

第一，加强农业科学技术的研究与开发。经过六十多年的艰苦努力，印度已经建立起世界上最大的农业研究网，包含了97个国家研究所，82个全印协作研究项目和40多所农业大学，主要对农作物、牲畜、渔业和其他农业相关领域进行研究，并进行农业科技转让和农业技术教育等。为了应对经济全球化给印度农

① 王建刚：《政府扶持催生印度农奇迹》，《经济参考报》，2004年第6期。

业发展带来的挑战，印度特别注意加强农业研究，印度政府在2000年制定的国家农业政策中规定，要加强对生物物种和基因资源的保护，研究和开发更多的抗旱、抗病虫害、耗水少、营养价值高及适应不同气候条件的农作物新品种，并加速现代农业技术的转让；要实行农业经济、技术和环境的可持续发展。在全印建立了一大批生物技术中研究中心，争取在生物技术上有较大的突破。

第二，加强农业科学技术的推广和运用。为了推动第二次“绿色革命”，印度政府进一步强调农业技术在农业生产方面的作用，并要求农业科学技术部门积极向农民推广科学施肥方法，提高化肥的生产效率；改善农作物灌溉方法，节约用水；推广农产品冷藏技术，保证农产品质量；推广农产品加工技术，提高农产品附加值等。为了加强农业技术的推广，印度在注意利用农业教育机构和农业技术培训机构进行农业技术推广的同时，还重视利用现代信息和通讯手段加快向农民传播科学技术。一是利用遍及全印农村的广播电视网传播农业技术，目前，广播和电视几乎覆盖了全印所有地区；二是利用电话及传呼等现代通讯工具传播农业技术。印度政府为此建立了专门的农业呼叫中心，并与地区农业教育和农业研究机构连接起来。由农业院校的毕业生接听热线电话，一般免费接受农民的咨询服务。三是发起农业计算机革命，在农村建立互联网系统，设立电子集市项目，使农民从网上学习农业科技知识，以缩小城乡在数字化方面的差距。①

① 唐华俊、李建平、王东阳：《印度加入WTO后农业产生的变化及若干启示》，《中国农业资源与规划》，2002年第3期。

第三，加强农业科学技术的传播，印度鼓励私营部门进入该领域。政府对那些从农业院校毕业的学生建立“农业医院”提供经济鼓励，他们在向农民传播农业科学技术知识的同时，政府还允许他们可以向农民销售必要的农用物资。

通过上述各项措施的实施，印度的农村经济有了长足的发展，印度农业人口就业情况也得到较大改善。

三、农村综合发展计划有新的进展

长期以来，通过各届政府的努力，印度的农村综合发展计划也取得了新的进展。印度政府意识到，在经济全球化的进程中，为了增加广大农民的收入，使农民彻底摆脱贫困状态，除了稳定粮食生产外，必须尽快调整农村产业结构。为此，印度政府鼓励农民根据当地的自然条件，种植价值比较高的经济作物，大力发展特色农业；同时，印度政府还帮助农民开展农产品加工等多种经营活动，帮助农民增加收入。此外，印度政府也继续鼓励有条件的农民增加奶产量和鱼产量，不仅满足市场需要，而且增加农民收入。

印度政府在 2000 年制定的国家农业政策中指出，要取消农产品加工税，鼓励对农产品进行深度加工；同时，要根据各地不同的气候条件和环境条件，推进农业适度规模经营和专业化生产经营战略，在古吉拉特邦鼓励养殖高产奶牛，在马哈拉施特拉邦鼓励种植葡萄等；并推动包括私营公司在内的私营部门以合同的形式经营现代农业，推广旁遮普邦、哈里亚纳邦等西北各邦先进的农业发展模式等。从而通过调整农村产业结构，鼓励专业化农业生产，促进农业生产发展，增加农民收入。印度政府试图在这种政策的指引下，逐渐在印度西北地区形成小麦等粮食作物和棉花等经济作物的生产加工区，在西部地区逐渐形成奶牛饲养地和牛奶加工区，在南部地区逐渐形成热带水果、甘蔗等的生产加工区，在南部和东部逐渐形成水稻生产加工区，在东北地区形成茶叶及药材等的生产加工区。从而既调整印度农业内部结构和农村产业结构，又增加广大农民的现金收入。①

四、无地农民数量在减少

独立后，通过进行土地改革，逐步废除柴民达尔制度，以及后来的一系列农村改革措施，印度的无地农民数量有所减少。在印度从事农业生产的两亿多劳动力人口中，有近一半的人被政府称为农业工人，实质上指的是无地或少地农户家庭中的主要劳动力。印度农村劳动力就业问题是政府重点考虑的问题之一，也是减轻农村贫困的重要途径。中央政府的有关部门如农村发展部、劳动部、农业部等，都有一些相关工程。这些工程主要有：

第一，普遍农村就业计划，又被称作普遍以工代赈工程。这一工程宣布于 2001 年 8 月 15 日，在全国所有的邦和地区实施，促进或创造各种形式的就业机会。在这一计划下，每年有 500 万吨粮食免费拨给各邦政府，涉及资金为 500 亿卢比。这个工程的设计思想是，通过在农村地区修建持久耐用的社区基础设施，加

① 唐华俊、李建平、王东阳：《印度加入 WTO 后农业产生的变化及若干启示》，《中国农业资源与规划》，2002 年第 3 期。

强政府对农村的投入，一方面可以使农民获得额外就业机会，获得工资性收入，保证贫困人口的最低粮食需求，同时也可以改变农村落后的经济、社会基础设施面貌。该工程的受益人群主要为表列种姓和部族、妇女及领回从事有害工种童工的家长。

第二，乡村自我就业计划。是目前正在进行中的主要的农村贫困人口自我就业工程。由开始于1999年的农村综合发展工程（IRDP）及其附属工程如农村青年自我就业培训、农村地区妇女儿童发展计划以及水井计划等合并重组而成。该工程通过商业信贷和政府资助的组合贷款方式向贫困线以下家庭提供小额资金扶持，用于帮助他们形成可以产生收入的资产。政府希望通过这种方式依靠贫困人口自身的能力在农村地区形成大量的微型企业，主要为手工加工业，以此创造大量的就业机会，使贫困人口脱贫。采取的方式主要是动员贫困人口自我组织起来，形成自我帮助小组。在非政府组织的帮助下，目前已经建立了114万个自我帮助小组，大约有十分之一的小组已经开始了经济活动。除此之外，自我帮助小组的成员，主要是妇女，通过勤俭持家，将节省下来的零用钱放在小组的集体账户中，用于解决日常生活中的不时之需和生产资金周转，这一形式使得自我帮助小组同时发挥着微型民间信贷组织的作用。

第三，国家以工代赈工程。于2004年10月13日开始在全国150个最落后的县实施，其中大部分县为部落民聚居地。这个工程的目标是，向符合标准的受益家庭中最少一人获得一年100天的就业机会，保证其获得最低标准工资。所提供的工作种类主要是能够增加社区资产的劳务。

印度新政府《2005—2006年度联邦财政预算》中有关农村

的指导思想是以减轻贫困、增加就业为具体目标，来加速社会发展如教育、医疗保健诸方面的发展。该预算在相当程度上反映了当前政府努力实现“最低共同纲领”的愿望，即“坚决消除贫困，使贫困人口脱贫”。通过努力，印度的无地农民数量有所减少。[①]

五、农村贫困问题有所缓和

印度政府自20世纪70年代初设立解决失业问题专门委员会并开始实施扶贫工作以来，取得了显著成绩，到1999—2000年度，印度的贫困率已从1973—1974年度的54.88%下降26.10%，其中农村贫困率从1973—1974年度的56.44%下降到27.09%，印度农村的贫困问题总体上有所缓解。[②] 详见下表：

表5—1：印度贫困率发展趋势

年份	农村		全国（农村+城市）	
	人数（百万）	百分比	人数（百万）	百分比
1973—1974	261.3	56.44	321.3	54.88
1977—1978	264.2	53.07	328.9	51.32
1983	252.0	45.65	322.9	4.98
1987—1988	231.9	39.09	307.0	38.86
1993—1994	244.0	37.27	320.4	35.97
1999—2000	193.2	27.09	260.3	26.10

资料来源：印度国家计划委员会。

① *Business Line*，Chennai，March 9，2004。

② 文富德：《南亚国家反贫困的若干经验教训》，《反贫困与国际区域合作国际论坛论文集》，2006年8月，四川大学。

印度的土地制度改革以及“绿色革命”在一定程度上增加了农民收入，缓解了农村内部的收入不平等。印度独立后，针对土地分配存在的严重不公现实，印度政府通过废除具有浓厚的封建主义色彩的柴明达尔制度，在一定意义上解放了农业生产力，促进了农村经济发展和农民收入水平的提高。同时，从 1963 年到 1980 年，印度实行的具有农业技术革命意义的“绿色革命”，通过引进农业生产技术、新品种和使用化肥等新技术，促进农业发展。这些措施使得印度这个发展中人口大国逐步解决了粮食问题，农业发展、农民收入等都有显著提高，印度农村内部不平等逐渐下降。但由于受到 1990 年经济危机以及后来的市场化改革的影响，加上印度农产品与化肥等价格上涨等因素，结果改革以后农村不平等的下降趋势逐渐放慢。

近年来，虽然印度经济增长较快，但是普通老百姓没有从政府的经济改革和经济增长中得到实惠。印度社会仍然贫富悬殊，特别是广大农村，许多地方至今连食品、水电等基本生活必需品都得不到保障。①

第二节　印度农村反贫困工作中存在的问题

印度的农村反贫困努力取虽然得了一定成效，但这一成效总体上仍然不尽如人意。许多人甚至认为印度的反贫困努力在相当

① 文富德：《南亚国家反贫困的若干经验教训》，《反贫困与国际区域合作国际论坛论文集》，2006 年 8 月，四川大学。

大的程度上是失败了。根据缪尔达尔的理论和印度的农村反贫困实践，印度农村反贫困不成功的根本原因主要体现在以下几个方面：

一、农村扶贫措施不得力

印度人口众多，贫困比例大，贫困程度也不尽相同。因此，各地区对扶贫项目的需求也不同。但由于印度中央政府设计的扶贫项目，是逐级按地区实施下去的，这就造成了扶贫措施在有的地区适用、有效果，有的地区不适用、无效果的状况。印度农村27%的人没有土地，50%的人的耕地不到1英亩，只有少数人拥有较多的土地。无地、少地的人都是穷人。印度自独立来农村经济发展缓慢，农村没有工业，工业大部分在城市，不能给农村人口提供较多的就业机会。加之农村教育落后，多数农民都是文盲、半文盲，农村缺乏资金来源，这些都加剧了印度农村脱贫的难度及程度。因此，印度要想摆脱贫困，只有目前这些扶贫项目是不够的，关键是要加速经济发展，特别是在农村发展非农产业，为穷人提供更多的就业机会，才能较快地摆脱贫困。

与此同时，印度一些非政府组织也在帮助穷人摆脱贫困，改变妇女地位，实现男女平等，提供农村就业机会等方面，发挥了重要作用。但由于这些组织受规模、资金限制，在印度全国扶贫工作的全局中，只是杯水车薪，所起的作用是有限的。而且，这些组织在国家宏观经济环境下，其作用也受到限制。例如，印度政府规定，除国家银行外，非银行机构不允许开展金融业务，像BASIX这样一个专为穷人、小农、小企业提供贷款支持的扶贫组织，也只被批准设立地方银行，在有限的范围内工作。而且所谓批准也只是政府的口头批准，不发执照。因此，该组织在主管部门注册登记的是非银行的金融公司，使其在运行中总有不伦不类之感。此外，非政府组织的资金一般都不是太多，业务稍微扩大，就要向国外有关机构申请贷款，而贷款都是美元，美元与印度卢比的兑换率是经常变化的，因此，也给这些组织带来风险。①

二、农村发展不平等

1947 年 8 月 14 日印度脱离英国的前夜，贾瓦哈尔拉·尼赫鲁在议会里的发言曾明确提出，“结束贫穷、愚昧、疾病和机会不平等”是印度正面临并需要着力解决的问题。印度人口众多，而且贫穷人口是大多数。而印度经济不平等，问题的关键就在于贫穷。尼赫鲁虽然进行了土地改革、建立合作社、实施乡村发展计划等一系列尝试。然而，由于后面两个措施的实施都必须以完成土地改革为前提，而土地改革在实际上并没有被彻底的施行下去，因此这三个改革的措施都没有完全达到预先设想的目标，因此农村问题也没有完全彻底的解决，贫困问题也在不断继续。为了使贫富差距不至于太大，印度在着力解决贫困问题时也会出台措施限制富人的财产。在印度农村，政府实行土地持有最高限额制度，但在个别地区并未实行，因而出现农村发展不平等的情

① 中改院乡村治理与乡镇政府改革课题组：《印度乡村治理考察报告》，2006 年 10 月。

况。一个显著的例子是“绿色革命”。“绿色革命”依靠大量资金和现代农业投入来改造传统农业，使农业生产费用大大增加，这是代价昂贵的办法，只有富裕农民才能为此投资并享受益处，而贫苦农民无力支付，加之没有文化，在采用新技术方面行动迟缓，因而获益甚少。对于佃农来说，“绿色革命”犹如一场灾难，一方面，随着土地生产率的提高，地租不断增加，为了向土地投资以获得较高的产量，被迫背上沉重的债务；另一方面，由于“绿色革命”使农业变得有利可图，农村夺佃现象日益严重，越来越多的农民失去土地，加入绝对贫困大军。根据国际劳工局的一项报告，20 世纪六七年代，在号称“绿色革命”中心的旁遮普邦，生活在贫困线以下的农村人口从 18%上升到 24%。“绿色革命”的例子表明，只要农村经济制度依旧，推行“绿色革命”只能使富者愈富，穷者越穷。另外，权势集团、既得利益集团的存在，使多数“劫富济贫”的政策，要么根本通不过，要么即使通过了，执行过程中也大打折扣，最后经常不了了之，典型例子如土地改革，城市财富最高限额，等等，对贫困人口的同情仅仅停留在口头上，少有落到实处。关于教育，到 20 世纪 90 年代，印度初等教育的入学率为 93.4%，识字率为 41%②，比 60 年代有了进步，但是，有资料表明，受过教育者的失业人数从 1961 年的 59 万增加到 1986 年的 1640 万，其中，受过中等教育者的失业比例从 1961 年的 78.5%下降到 1987 年的 58%，而大学生和研究生则从 1961 年的 95%上升到 1987 年的 17%。这表明，为了找到工作，印度有一种追求高层次教育的趋势。另一方面，有经验的电机工程师、电工、钳工、铸工、车工、医生、药剂师、外科医生、大学教师、高级中学所需的数学和自然科学类教师、速记员和会计等，在许多邦都极其短缺。这些情况表明，前述教育制度的弊端并未得到彻底根除。如此看来，缪尔达尔所主张的土地、教育、权力关系三项改革，没有一项彻底有效地进行过，其中，土地与权力关系两项改革尤为失败。制度的缺陷使经济增长带来的利益，大部分没有下渗到贫困人口那里，而是被上层阶层所获，权力与财富进一步集中。制度的缺陷也使反贫困的努力没有达到大大缓解贫困的效果，贫困依然是印度社会经济发展中的一大难题。①

三、土地改革不彻底

为了恢复经济和安定人民生活，尼赫鲁政府制定的第一个五年计划把重点放在发展工业的同时，也十分重视农业生产并开拓和实行土地改革。印度整个农村简化为地主、自耕农、佃家和雇农四个阶层，最终确立了土地私有权，为印度农业资本主义发展奠定了基础。但是印度的土地改革并没有达到预期的目的。佃户改革的结果是地主以各种“理由”进行夺佃。政府宣布剩余的土地远远少于人们所期待的，而获得的土地又少于宣布的，在无地农和边际农中间分配的土地又少于获得的土地，实际可耕种的土地又少于分配到的土地。到 1992—1993 年度，实际可耕种土地占宣布剩余土地的 2%。印度的土地改革的不彻底性，导致农村土地所有结构没有彻底的改变，因此，土地改革没有直接的或间

① 邓常春：《印度的贫困与反贫困：成因、努力、效果与前景》，《反贫困与国际区域合作国际论坛论文集》，2006 年 8 月，四川大学。

接的阻止穷人贫困化进程。[①] 此外，印度虽然早在20世纪50年代初就开始实行以废除柴明达尔包税地主和规定土地拥有最高限额为主要内容的土地改革，试图限制土地集中以减轻贫困，但佃农的地位始终未得到根本改善，包税地主摇身变为合法的土地所有者，打着“自耕”的幌子随意夺佃，享有比过去更大的权力。规定土地拥有最高限额的法律也是一纸空文。土地改革的结果，在17亿公顷耕地中，只有560万公顷的“剩余土地”被分配，不足耕地总面积的33%，而且这些土地大多落入“二地主”手中，真正的贫苦农民很少能分到土地，相反，由于土改促使地主夺佃，使更多的人失去土地，沦为雇工。印度农村至今还广泛存在着封建租佃关系甚至债务奴役制。由于大多数小农生产条件落后，基本上靠天吃饭，一次歉收就可能是一个无可挽回的负债过程的开始，最终难免沦为债务奴隶。虽然在政府三次下达的20点纲领中都明确强调“废除债务奴隶”（债务劳工），但到20世纪80年代后期止，仍有债务奴隶200万人左右。这样，一方面不断制定缓贫政策并付诸实施，另一方面原有的农村经济结构和土地占有关系却在客观上起着维持和产生贫困的作用，于是，一系列开发政策只能暂时地局部地解决某些问题，却不可能从根本上消除农村贫困。[②]

土地制度改革不彻底，人口增长过快、落后的教育和人力资本环境，制约了农村经济增长以及减贫效应，这是制约印度农村发展最根本的问题。

---

① 马加力：《印度当今国情》，《国际资料信息》，2002年第2期。
② 王晓丹：《印度社会观察》，世界知识知识出版社，2005年，第75页。

四、无地农民的问题未得到真正解决

2007 年 10 月 29 日，印度首都新德里市中心爆发贫穷失地农民示威活动，来自 15 个邦的约 2.5 万名印度失地农民聚集在首都新德里市中心，要求政府返还因“发展经济”被征去的土地。农民们要求印度政府设立一个专门委员会，维护农民在征地过程中的合法权益。他们也希望印度政府出台有关占有、转让和租赁土地的严格法律，改变目前农民无力保住土地的状况。随后，印度政府宣布会成立一个专门委员会解决土地改革问题，该委员会将就土地政策和加快土地争议诉讼案件处理等问题提出建议，并将这些建议提交给以总理辛格为首的另一委员会。近年来，印度各地为吸引外资发展经济，纷纷设立经济特区。但由于缺乏统一规划，实施过程中操之过急，造成许多农民流离失所，引发农民抗议，一些地方农民甚至在被征去土地后没有得到赔偿。实际情况是，在印度经济发展的过程中，广大农民，特别是无地农民的问题并未得到真正解决。[①]

第三节　印度农村反贫困的前景

2008 年 2 月 26 日，印度各大报均在头版头条的位置，刊登

---

① 中国网：《印度数万农民示威，要求政府归还被征土地》，2007 年 10 月 30 日。

印度执政党国大党主席索尼娅·甘地神态优雅、面带甜蜜笑容的照片，照片中索尼娅·甘地手捧政府刚刚通过的2008年财政年度（从2008年4月1日到2009年3月31日）预算报告。而此次预算的最大亮点是，印度政府同意勾销穷苦农民欠下的77亿美元贷款，准备拨款150亿美元为农民提供“援助套餐”，大约3000万农民所欠的债务将一笔勾销，另有1000万人可获得经济资助。印度是拥有近11亿人口的农业大国，拥有耕地面积1.6亿公顷，农业生产有着悠久的历史和传统，在国民经济中一直占有重要地位。农村人口约占全国总人口的70%，从事农业生产的劳动力占全国劳动力资源的64%，农业产值占国内生产总值的26%，农副产品出口占印度外贸出口额的18%。尽管印度成功地进行了以改良粮食品种为核心的第一次“绿色革命”，并已经开始以科技兴农为核心的第二次“绿色革命”，但农村的贫困问题始终成为历届印度政府扶贫的第一难题，印度农村的反贫困前景令人担忧。

一、印度农村贫困人口众多，此种局面难以根本改变

印度的贫困线标准是每天收入不足1美元，目前共有2.6亿人生活在贫困线以下，贫困人口约占印度总人口的1/4，其中大部分贫困人口生活在农村。庞大的贫困群体不脱贫，印度就难以进入发达或较发达国家行列。目前印度农民直接面对日益萎缩的国际农产品市场的冲击，腰包干瘪，70%的农村家庭无任何存款，自杀现象日盛。由于收入微薄，为生活所迫的大批农民放弃

土地，进城打工，也加剧了城市的就业压力。此次，印度政府之所以采取免除债务的做法，在很大程度上缘于农民的经济收入受制于固有的、“天然形成”的不平等资源的分布格局。免除农民债务有利于提高农民的生产和生活能力，减免赋税，将促进农民的生产积极性，增加农民的生活出路，从而遏制越来越膨胀的农民工进城浪潮，促使印度社会的总体和谐。[①] 但是，要改变印度农村贫困人口众多的局面，其难度非常大。

二、农村反贫困的战争难以取胜

作为一个人口大国，印度的反贫困工作面临巨大难题，特别是印度农村反贫困任重道远。印度媒体称，这是一场无法轻易取胜的战争。2006 年年初，印度政府发起了一场旨在减少贫困的运动，印度总理曼莫汗·辛格将该运动描述为一场“历史性”事件，执政的国大党主席索尼娅·甘地称之为“一场革命”，而负责该运动的部长则宣布这是一个减少贫困的“完美”制度。政府的公关队伍则全力以赴保证让这场运动的重要性在全国范围内深入人心。在启动这场运动的当天，辛格和索尼娅·甘地还随同一批部长们乘直升机飞赴印度中部一个受干旱灾害最深的村庄为满怀期的村民们揭牌，并通过电视进行了现场直播。[②] 印度的政治家们声称，“农村就业保障全国计划”将在 7 年内使生活在贫困线以下的人口从 26%下降到 10%，并阻止农村人口拥入拥挤的

---

① 周戎：《印度扶贫路漫漫》，《光明日报》，2008 年 3 月 5 日。

② Amelia Gentleman：《印度的反贫困战争：一场无法轻易取胜的战争》，载《印度时报》，2006 年 2 月 28 日。

城市寻找工作，并在农村地区改善就业环境。该计划“将帮助我们消除贫困、疾病和债务的根源”。它“将提供就业机会，提供谋生的手段，并让老百姓生活得更加自尊和体面”。[①] 但是，由于历史与现实的原因，印度农村反贫困的战争难以取胜。

三、印度农村反贫困仍将面临诸多挑战

对于像印度这样一个大国，发展从来不是一朝一夕的事。印度仍然面临众多挑战——印度儿童比非洲儿童更易营养不良、基础设施建设落后拖延经济发展的步伐，此外贪污、歧视、宗教暴力、童工和污染等众多问题依然悬而未决。从长远来看，印度要实现有效的反贫困，必须在以下三个方面继续作出更多的努力：

第一，实现经济的持续快速增长，迅速全面的经济增长是实现可持续减贫最为重要的要素。经济增长和贫困之间的关系具有双向影响的性质。持续的高速增长会增加对劳动力的需求，提高工资水平，从而减少贫困。收入增加会相应地提高劳动生产率和进一步促进增长。经济增长也能扩大公共财政收入，使得更多的公共资金能够投向物理和社会基础设施建设，从而有助于减贫和提高经济体的生产潜力。

第二，实现社会的全面发展。经济增长必须与有效的社会发展规划一同发生，从而让社会中的弱势群体能够从经济增长所带来的更多机会中受益。正如联合国千年发展目标所指出的那样，

---

① Amelia Gentleman：《印度的反贫困战争：一场无法轻易取胜的战争》，载《印度时报》，2006 年 2 月 28 日。

每个人都应当得到基本教育、基本卫生保健和其他基本服务。这些基本条件为穷人提供了改善其生活质量和更加充分地参与社会活动的机会。需要采取更加积极的办法来帮助扭转社会和经济歧视，推动实施各项举措，满足那些原本被排除在外的边缘群体的需求。社会发展的触及面和可持续性的改善表现为所有人，特别是穷人和边缘群体，均有机会参与公共政策和规划的制订。确保在各级决策中均能倾听穷人的声音是社会发展举措取得成功的关键所在。

第三，改善治理。良好的公共部门治理对减贫至关重要，治理不力对穷人的伤害尤其大。由于公共部门效率低下、腐败盛行和浪费严重，导致用于提供基本的公共服务和扶贫规划的资源捉襟见肘。改善治理也有助于推行参与式、益贫式的政策，实现健全的宏观经济管理，促进经济增长，保持物价稳定。改善财政收入管理和财政支出的计划和实施，特别是用于提供基本服务的支出，是极为重要的。缺乏问责、地方精英支配、腐败盛行、长期存在的不平等模式，以及缺乏贫困人口的参与都是必须在提供公共服务的过程中加以解决的问题。只有这样，贫困人口的生活水平才能得到改善。①

---

① 邓常春：《印度的贫困与反贫困：成因、努力、效果与前景》，《反贫困与国际区域合作国际论坛论文集》，2006 年 8 月，四川大学。

第六章　中印农村反贫困的比较

中印两国同处亚洲，都是文明古国，具有悠久的历史和璀璨的文化，都曾经遭受过外来侵略，获得独立的时间也大致不相上下，都是人口大国，都是发展中国家，都是农业大国，都具有多民族、多语言、多宗教、多文化等特点，都有巨大的经济发展潜力并拥有巨大的经济规模的市场，因而在各自寻求现代化发展的进程中，应该相互参照、借鉴或学习的方面是很多的。当前，中印两国都同样面临着消除贫困的问题，中国虽然在扶贫方面取得了举世瞩目的成就，但印度政府在帮助落后地区脱贫致富方面的经验和教训，对于我国的扶贫解困工作，对于我国的西部大开发，对于我国的新农村建设同样有着重要的参考价值和借鉴意义。

第一节　中印农村反贫困政策比较

中国与印度同属发展中国家，同样是转型中的人口大国和农业大国，同样面临着复杂的减贫问题。因此，通过对双方的减贫战略进行比较，相互借鉴，是十分有意义的。

一、中国政府的农村减贫政策

中国政府的减贫战略主要集中在确定贫困行政单位，目标是将这些地区的人均收入水平提高到某一标准之上，最终消除贫困。除了这一以地区发展为目标的战略外，中国还有其他一些减贫政策和计划，包括力图解决城乡居民贫困和缺乏社会保障问题的社会救助与保险制度，以及其他一些旨在减少贫困和增加社会保障的计划和制度等。①

改革开放以来，中国政府的扶贫政策主要经历了三个阶段。

第一阶段：1978—1985 年。

这一阶段的主要特征是依靠改革焕发出蕴藏在农村中的生产力，通过普遍的制度变迁脱贫。主要是开展了以家庭联产承包制为中心的体制改革，同时大幅度提高农产品收购价格，改善农业交易条件，增加农民收入。由于改革和农产品价格的提高，1978—1984 年中国农业出现了持续的高增长率。与此同时，农民人均纯收入的年增长率高达 16.5%，农村贫困人口也迅速从 1978 年 2.5 亿人减少到 1985 年 1.25 亿人。贫困发生率则从农村改革初期的 33.1%下降到 1985 年 14.8%。

第二阶段：1986—1993 年。

随着市场化经济体制改革的深入，20 世纪 80 年代中期以来，在中国经济增长中开始出现工农、城乡和区域间差距拉大的

---

① 国务院扶贫办：《2006 年度扶贫报告》，第 3 页。

现象。同时，贫困人口的减少速度也出现了下降的趋势，某些年份甚至有所增加，这说明全面的改革和普遍的增长已不可能解决贫困问题。因此，中国政府在“七五”计划期间开始实施“重点扶贫”政策，即对集中连片的贫困人口重点区域划出331个国家重点扶持贫困县，由国家投入资金，实行“开发式扶贫”。“八五”计划期间又新增236个，使国家实施重点扶贫的贫困县达到567个。这种政策逐步取得了成效，扭转了贫困人口减少速度缓慢的局面，到1993年中国农村贫困人口进一步减少到7500万人，贫困发生率相应下降到1993年8.2%。

第三阶段：1994—2000年。

1994年，中国政府公布了《八七扶贫计划》，明确宣布，要集中人力、物力、财力，动员全社会力量，争取用七年时间即在20世纪结束前基本上解决中国剩余的8000万人口贫困问题。考虑到物价指数的变化，中国政府首先重新划定了贫困县的标准，按照“四进七出”的原则进行了调整，即凡在1992年农村人均收入小于400元的县都纳入贫困县，凡在同年农村人均收入高于700元的县都退出贫困县。调整后纳入国家“八七”扶贫攻坚计划的国家级贫困县增加到592个。1996年以后，中国政府又将扶贫的对象，从贫困县进一步调整至贫困村和贫困户，同时也较大幅度地增加了扶贫资金。1994—2000年七年中，中国政府投入的资金比1986—1993年增长了2.7倍多。此外还得到了世界银行、亚洲银行等国际组织扶贫资金的支持。例如在中国“九五”计划期间启动的“西南世界银行贷款项目”和秦巴山区扶贫世界银行贷款项目，利用世行贷款的总规模达到4.46亿美元。

“八七”扶贫计划取得了显著成效，使1994—2000年这七年成为中国自改革开放以来贫困人口减少速度最快的时期。全国592个国家重点扶持的贫困县的农民人均纯收入由1995年的824元提高到1999年的1347元。全国贫困地区以乡为单位的通公路率和通电率均达到97%以上，适龄儿童辍学率下降到6.9%，98%的乡镇有了卫生院。贫困地区劳动力素质和受教育水平明显提高，精神面貌发生了很大变化。特别是一些集中连片的重点贫困地区从整体上解决了温饱，沂蒙山区、井冈山区、大别山区、闽西南地区等革命老区群众的温饱问题基本得到了解决。其中沂蒙山区的贫困发生率下降到2.7%，农民人均纯收入达到2035元，实现了村村通车、户户通电。其他连片贫困地区，包括偏远山区、少数民族地区的面貌也有了很大改变。近五年来，我国农村贫困人口平均每年减少800万人，农村贫困人口发生率下降了4个多百分点。而在同一时期，世界贫困人口平均每年增加1000万人。联合国开发计划署认为，中国扶贫攻坚的成就，“为发展中国家，甚至整个世界提供了一种模式”。①

二、印度政府的农村减贫政策

独立以来，印度政府制定了一系列农村发展政策，并实施了相应的发展计划。为了应对贫困挑战和就业压力，印度政府进行了种种努力和探索，并制定了各种不同的扶贫政策。

第一，针对农民提供有限公共服务的种种努力。印度的公共服务比较落后，但印度政府却针对老百姓最为关心的医疗和义务

---

① 王建：2001年5月17日，中国宏观经济信息网。

教育问题，实行了免费服务。在农村免费医疗方面。印度政府一直着手建立农村医疗救助的框架，为贫困人口提供免费的医疗服务。印度现有的农村医疗系统由村卫生中心、初级卫生中心、社区卫生中心和地区医院四个层次组成，这些公立医院的医疗设施差，医务人员的水平较低，却也可以针对贫困人口提供最起码的医疗服务。辛格政府上台之后，出台了 2005—2012 年的“全国农村健康计划”，计划在未来 5 年内，其医疗卫生预算提高到占 GDP 的 2%到 3%。农村的义务教育方面，印度在教育方面的投入达到了 GDP 总量的 6%。而且，400 万进城农民工的子女在城市同样可以享受免费的义务教育。此外，印度还于 1979 年实施了“农村综合发展计划”，由中央和邦财政各出资 50%，向贫困人口提供补助和贷款，供应种子、化肥、农药与相关技术服务，投资兴修水利设施，开办职业培训，发展农村小型工业等一系列有限的公共服务。印度政府把有限的投入紧扣农民最为关心的医疗和教育等问题，提供了大范围的低水平服务，照顾到了贫困阶层的最低需求，在一定程度上减轻了农村家庭的经济负担，缓解了因贫富差距而积累的社会矛盾。

第二，构建“低水平、广覆盖”保障体系的作为。印度的财政比较拮据，影响了其社会保障的投入，但印度政府本着“低水平、广覆盖”的原则，有选择的重点投入，重在救急，发挥了一定的作用。20 世纪 80 年代初，印度开始实施国家乡村就业计划，实施该计划主要目标有二：一是无地农民有所就业；二是失业人口有所保障。1989 年印度又推出了“贾瓦哈尔就业计划”，由中央和邦政府各出资 80%和 20%为贫困人口创造修建房屋和挖水井等就业机会。后来这些计划进而上升为《国家农民雇用保障法案》，法案规定：每个无地家庭至少有一个成员一年内能获得政府所提供的 100 个工作日，农民失业后，可向当地政府提出申请，政府接到农民申请后，15 天内为其提供就业岗位。如果政府不能及时提供就业岗位，就必须将申请人纳入低保，由政府提供其基本生活费。据印度农业部哈克博士介绍，印度已有三分之一的乡镇开始执行了这一计划，尚有三分之二的乡镇未启动，到目前为止，印度有 400 万农民可享受到低保。此外，印度政府还计划以财政补贴的方式每年由财政出资 20 亿卢比（4 亿人民币）准备为无房户解决住房问题，目前这个计划正在印度南部试验，以后将视财政的情况逐步向全国推广。

第三，推行以耕者有其田为目标的土地改革尝试。印度的人均耕地约两亩左右，在土地制度方面，印度赋予了农民稳定、明晰、完整的农地产权，农民的土地可以买卖。目前，印度 80% 的土地掌握在 40%相对富有的人的手里，其余的 60%的农民中，无地农民约有 1300 万，其余的均为缺地农民，这些无地农民和缺地农民只能靠出卖劳动力为生，因而造成了印度社会巨大的就业压力。对印度政府而言，一方面，他们要保护农民的土地所有权；另一方面，又要防止农村土地无限制的兼并，避免出现更多的无地农民而导致社会两极分化的进一步加剧。印度独立后，从 1949 年开始实施了以废除柴明达尔地主为中心的土地改革，并着手围绕以下三个方面进行尝试：一是改革租佃制度，由政府固定地租数量以保障租佃关系；二是废除中间人制度，由政府接管其土地并将其所有权分配给佃户；三是实行个人土地最高额限制，规定每个农户灌溉地每户不能超过 7 公顷，非灌溉地不能超过 15 公顷，产茶叶的地没有限制。对此，各邦根据自己的实际情况对限额有所调整。印度政府为土地改革所付出的努力遭到地主们的反对，并未得到各邦很好地落实，除一些“左”派政党执政的邦开始执行土地最高额的限制外，绝大多数邦并未执行这一规定。

第四，实施以农村信息化促乡村建设的庞大计划。根据印度政府庞大的农村信息化建设计划，政府试图以农村信息发展和教育培训计划的制定与实施，促进农村、农业、农民的全面发展与进步，以规划印度乡村的美好未来。一是农村信息化的规划与设想。农村信息化的构想是在各地的农产品批发市场和政府部门之间建立网络，在互联网的基础上共建印度农产品市场数据库，将中央政府和地方政府的管理功能信息化、网络化。与此同时，将农业市场管理组织、农产品行业协会、出口促进组织和经营农产品的公司进行网络化管理，起到数据集成的效果。农村信息化网络系统由国家信息中心负责协调，会同农业部、乡村发展部、信息技术部等部门及地方政府共同构建一个政府管理信息系统平台，建立和运作农村信息化的综合数据库系统。二是农村信息化的步骤与实施。印度农村信息化建设已完成农村市场数据库系统的开发工作，并已将 670 个农村市场连接上网。印度政府计划到 2008 年在全国农村建立 100 万个互联网站。目前，农业部、乡村发展部和信息技术部之间的网络已经建立开通，通过国家信息中心与各邦和地区政府的网络联系也已经建立。印度政府为了实现电子政务到村级政权的目标，还制定了大规模的人员培训计划。印度农村信息化建设规划是以其发达的软件行业为基础的，在这一方面，印度有自己的优势，但如此庞大的计划也面临着不少问题，最为突出的是，基层的硬件设施和人员素质跟不上，其电子政务下基层还有很长的路要走。[①]

三、中印农村扶贫政策比较

由于中印两国的国情不同，两国农村扶贫政策的共同之处较少，更多的是各具特色的扶贫政策和措施。中国政府实行的是从上到下的宏观扶贫政策，而印度政府实行的是从下到上的扶贫政策。因此，两国的农村扶贫政策产生的效果也截然不同。

第一，中国的农村扶贫政策分阶段、有针对性地实施，因而针对性强，效果明显。中国从 20 世纪 70 年代末开始，主要是开展了以家庭联产承包制为中心的体制改革，同时大幅度提高农产品收购价格，改善农业交易条件，增加农民收入。由于改革和农产品价格的提高，1978—1984 年中国农业出现了持续的高增长率。与此同时，农民人均纯收入的年增长率高达 16.5%，农村贫困人口也迅速从 1978 年 2.5 亿人减少到 1985 年 1.25 亿万人。贫困发生率则从农村改革初期的 33.1%下降到 1985 年 14.8%。中国政府在“七五”计划期间开始实施“重点扶贫”政策，即对集中连片的贫困人口重点区域划出 331 个国家重点扶持贫困县，由国家投入资金，实行“开发式扶贫”。“八五”计划期间又新增 236 个，使国家实施重点扶贫的贫困县达到 567 个。这种政策逐步取得了成效，扭转了贫困人口减少速度缓慢的局面，到 1993 年中国农村贫困人口进一步减少到 7500 万人，贫困发生率相应下降到 1993 年 8.2%。1994 年，中国政府公布了《八七扶贫计

① 原载《转轨通讯》2006 年第 1—2 期。

划》，明确宣布，要集中人力、物力、财力，动员全社会力量，争取用七年时间即在本世纪结束前基本上解决中国剩余的 8000 万人口贫困问题。

第二，印度政府也在不同时期推出了不同的减贫计划，但这些计划缺乏持续性，针对性相对较差，因而效果不甚明显，尤其是没有惠及最弱势群体。多年来，印度的发展始终面临着这样一种尴尬局面，发展使富者越来越富，贫困人口却在原地踏步。尽管改革已经进行了二十年，但是印度的农村扶贫政策从来未能引发过良性循环，印度的农业未能成为改革的发射台。在改革的初期，印度没有像中国那样从对农村地区的巨大投资上获得益处，包括灌溉、基础设施和土地开发，这些都是在改革开始之前的几十年时间里发生的。或许最重要的是，在改革开始的一段时间里，印度农村人口中人力资源的开发水平远远低于中国。1980 年时，非文盲在印度所占的比例低于 50%，女性非文盲的人数只占男性非文盲的一半。只有稍微过半的人口能够获得安全用水，而健康指数更接近于撒哈拉以南非洲国家的水平，而不是亚洲人的水平。因此，印度农村人口利用农村收入增长的能力受到了大得多的限制。印度在刺激农业快速增长方面缺少能力，这意味着农村的贫困状况只会以非常渐进的方式得到改善，特别是 20 世纪 80 年代。广泛而持续的贫困给政府施加了巨大的压力，迫使着政府提供津贴。因此，印度也出现了关于基础商品的双轨制，比如粮食、化肥、水和电力，但是其方式很不同于中国。除市场价格之外，联邦政府和省政府还提供大量的津贴，向穷困家庭分配低于市场价格的商品。如同人们可能预料的那样，滥用和漏洞现象非常普遍。因此，和中国增长与改革的良性循环形成强烈对照的是，印度陷入了一个恶性循环。低下的农业增长和农村地区低水平的人力资源开发导致了持续的农村贫困。这产生对农村人口和其他贫困人口进行补助的政治压力，因而从发展支出、基础设施投资与提高增长的活动中抽取资源。这些针对性很差的反贫困计划深受滥用和漏洞之苦，对贫困人口很少起到帮助作用，它们导致了日益严重的财政赤字，并且降低了节余和投资的总体水平。因此，快速增长无法得以维持，而贫困的减弱保持很慢的速度。印度现在面临的挑战是，政府需要制定一个和印度的条件和能力相一致的改革战略——特别是和它的政治体制相一致的改革战略——这个战略将提高增长率，减少贫困，并且因此建立起对改革的支持。

第二节　中印农村反贫困的方法比较

中国经过三十多年的改革开放，逐渐形成了一套独特的扶贫模式。改革开放的三十多年是新中国成立以来经济发展最快的三十多年，也是中国人口缓解贫困走向富裕最迅速、最有效的时期。在改革初期，中国的贫困人口总量超过 2.5 亿。在农村，贫困人口发生率高达 33%。但是通过中国城乡的制度变迁，到 2000 年中国的贫困人口已经减少到 2600 万人，贫困发生率降到 3%以下，已成为世界上贫困发生率最低的国家之一。[①] 与此同时，印度的反贫困工作也取得了一定的成效，两国的发展模式虽

① 熊坤新、陶晓辉：《中印发展模式分析》，《科技导报》，2001 年 9 月 21 日。

有相同之处，但也各有各自的特点。

一、独具特色的中国农村扶贫模式

中国负责扶贫的机构是国务院扶贫开发领导小组，该领导小组国务院的议事协调机构，成立于1986年5月16日，当时称国务院贫困地区经济开发领导小组，1993年12月28日改用现名。目前领导小组由国务院副总理回良玉同志兼任组长，调整后的成员包括国务院办公厅、国家计委、经贸委、财政部、人民银行、教育部、科技部、民委、民政部、劳动和社会保障部、商务部、国土资源部、交通部、水利部、农业部、卫生部、计生委、环保总局、统计局、林业局、农业银行、全国总工会、团中央、全国妇联、供销总社、中国残联等有关部门的负责同志。

领导小组的基本任务是：组织调查研究；拟订贫困地区经济开发的方针、政策和规划；协调解决开发建设中的重要问题；督促、检查和总结交流经验。领导小组下设办公室，即国务院扶贫开发领导小组办公室，负责办理日常工作，主要包括：(1) 研究拟定扶贫开发工作的政策、规划并组织实施；(2) 协调社会各界的扶贫工作，协调组织中央国家机关定点扶贫工作和东部发达地区支持西部贫困地区的扶贫协作工作；(3) 拟定农村贫困人口和国家扶贫开发工作重点县的扶持标准，研究提出确定和撤销重点县的意见；(4) 组织对扶贫开发情况进行统计和动态监测，指导扶贫系统的统计监测工作；(5) 协调拟定中央扶贫资金分配方案，指导、检查和监督扶贫资金的使用，指导跨省区重点扶贫项目；(6) 组织开展扶贫开发宣传工作；(7) 负责有关扶贫的国际交流与合作；（8）承担全国贫困地区干部扶贫开发培训工作；（9）承办国务院扶贫开发领导小组交办的其他事项。相关省、自治区、直辖市和地（市）、县级政府也成立了相应的组织机构，负责本地的扶贫开发工作。中国的扶贫开发实行分级负责、以省为主的行政领导扶贫工作责任制。各省、自治区、直辖市，特别是贫困面积较大的省、自治区，都把扶贫开发列入重要议程，根据国家扶贫开发计划制定本地区的具体实施计划。中央的各项扶

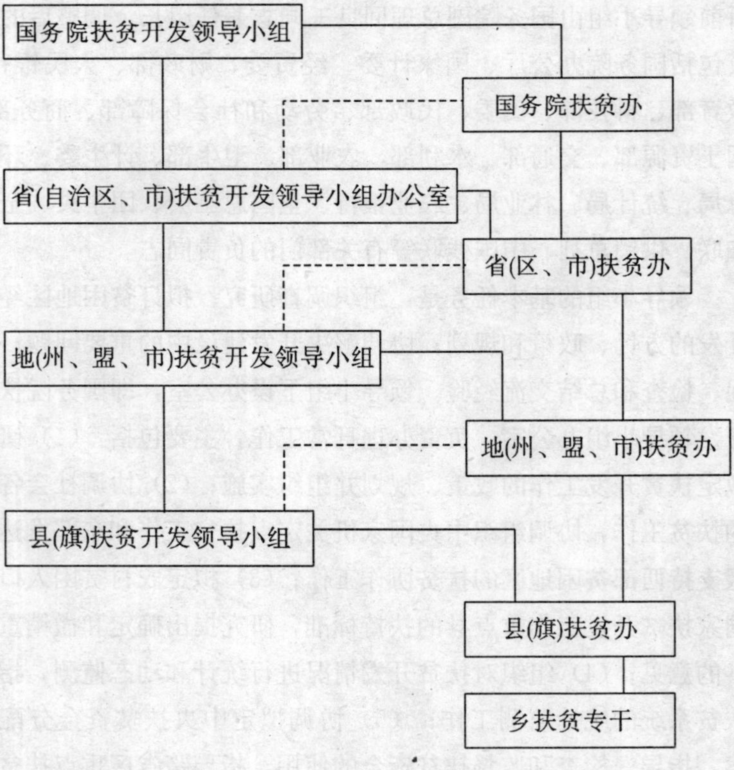

(图例：——— 领导关系 -------- 指导、协调关系)

贫资金在每年年初一次下达到各省、自治区、直辖市，实行扶贫资金、权力、任务、责任“四个到省（自治区、直辖市)”。所有到省的扶贫资金一律由省级人民政府统一安排使用，并由各有关部门规划和实施项目。

中国目前已逐步形成了一个集行业政策、区域政策和社会政策于一体的“大扶贫”格局，加快了扶贫进程。党的十六大以来，全国农村贫困状况继续缓解。全国绝对贫困人口从 2820 万减少到 1479 万；低收入贫困人口从 5825 万减少到 2841 万。国家扶贫工作重点县农民人均纯收入从 1305 元增加到 2278 元，连续五年增幅在 6%以上并高于全国平均水平。贫困地区整体经济水平有所提高。在科学发展观的指导下，“大扶贫”的观念和格局正日渐完善。在党中央、国务院的领导下，国务院有关部门采取有效措施，努力促进城乡、区域协调发展，共同推进扶贫事业。西部开发、中部崛起战略提升了中西部地区的基础设施和社会事业，带动了产业结构调整，为贫困地区和贫困人口的发展创造了更好的环境；中央财政支农资金和扶贫资金逐年增加；教育、科技、国土资源、交通、水利、农业、文化、卫生、广播电视、林业等部门制定专门政策，安排专项资金，加大了对贫困地区和贫困人口的扶持力度；国家民委、全国妇联、全国残联与扶贫办密切配合，关心和保护特殊贫困群体。特别是从 2007 年开始，全国农村建立了最低生活保障制度，从制度安排上解决了农村贫困人口的基本生存问题。地方各级党委政府强化扶贫措施，五年来，28 个省区市地方各级政府投入的财政扶贫资金从 27 亿元增加到 51 亿元，年均递增 17.2%。许多地方充分利用各项支农惠农政策，在资源整合方面创造了一些好的经验。通过改革创新，扶贫开发工作机制不断完善。实施整村推进，将扶贫开发工作重心从县下沉到村。贫困农户建档立卡，逐步完善瞄准机制。推广扶贫资金的公示、公告和报账制，在公共媒体上公布扶贫资金和项目情况，改进、创新了扶贫资金管理机制。下放贴息权限、“奖补资金”，对扶贫贴息贷款管理体制进行改革。利用财政扶贫资金开展贫困村村级互助资金试点，探索解决贫困农户贷款难的多种途径。广泛动员群众参与扶贫规划制定和扶贫项目实施，参与式扶贫方法得到普遍推广。实施机关定点扶贫、东西扶贫协作，以及国有大中型企业、民营企业、知识界和非政府组织参与扶贫开发，并不断拓展国际扶贫合作范围，完善和丰富了社会帮扶机制。[①]

二、印度的农村扶贫模式

印度是一个相对落后的国家，而贫困的人口又大部分居住在农村。为促进整个国家的繁荣和强大，印度政府非常重视农村发展和扶贫工作。为了促进农村地区的发展，印度在中央政府和地方政府专门设立了农村发展部，负责实施国民经济和社会发展计划中的扶贫计划和农村住房建设、饮用水的改善、乡村卫生计划、社会扶助事业、就业保证、荒地综合开发等农村基础设施建设。中央政府的农村发展部设立有农村发展局、土地资源局和饮水供应局三个部门，分别负责扶贫和各种项目建设、荒地开发和

① 王国良：《在中德合作扶贫监测评价项目总结会的讲话》，2008 年 8 月 28 日，中国政府门户网站： http：//www. gov. cn/jrzg/2008－09/04/content＿1087242. htm.

土地改革、乡村饮水和卫生项目。

印度农村发展的各种项目一般是由中央政府建立，由邦政府负责实施。其行政运行体系是：中央政府农村发展部——邦政府农村发展部——地区农村发展部——村农民自治组织。农村发展部所实施的各种项目大部分涉及农村人口的就业。印度政府认为，农民需要在可持续发展的基础上获得就业机会，包括付工资的就业和自谋职业。其中付工资的就业是有局限性的，印度政府在过去的两年中主要是帮助农民自主就业，包括务农、从事手工业生产经营等，中央政府主要是对地方政府实施的就业项目提供财政帮助（在中央政府所辖的各部门中，农村发展部所得到的预算是第二位的，仅次于外交部）。在农村发展部所实施的饮水项目、住房项目、荒地开发项目中，都同时为农民提供了就业机会。印度农村发展部认为，只有把农民组织起来，项目的实施才会更有意义。农村发展项目在基层的实施是依赖村农民自治组织。根据法律规定，印度的村农民自治组织每两年改选一次，要保障妇女、残疾人和贫困者加入该组织的名额，以便在农村发展项目的实施中更好地保护这些弱势群体的利益。村农民自治组织可以从中央和邦一级得到项目发展资金，由该组织选择项目的参加者和监督项目资金的使用，以达到农民自我管理的目的。地方政府的官员对村农民自治组织的项目实施承担行政管理的职责，并按照要求提供技术指导。印度农村发展部的官员认为，农村居民生活状况的改善相对于城市而言更为困难，农民的问题最终要靠农村人口自己通过开发来解决，只有这样，才能最终缩小城乡差距。作为一个农业大国，在粮食已经实现自给后，应当通过各种渠道促进农村地区的自我发展，而不是鼓励农村人口涌入城市。

三、印度农村扶贫模式的主要弊端

由于印度自生的社会制度原因和其独特的农村扶贫模式，印度农村扶贫体制存在巨大弊端。以印度“全国农村就业保障计划”为例，该计划堪称亚洲乃至全球最大规模的扶贫计划，由现联合政府“统一民主联盟”于 2006 年提出，初期范围覆盖 330 个农村地区。2007 年 12 月，印度财长奇丹巴拉姆又为该项目增拨了 10 亿美元的资金，让计划在今年扩展至全国各地。但主计审计长公署在经过 6 个月的调查后，发布报告指出，从 2006 年 2 月到 2007 年 3 月，“农村就业保障计划”仅仅覆盖了所有登记农村家庭中的 3.2%，换言之，97%的农村家庭没有享受到该政策。这份报告随机抽查了 68 个地区的 513 个村庄。印度总理辛格在 2006 年 2 月启动该计划时，曾将计划形容为印度历史上扶贫工作的里程碑。然而，主计审计长公署的报告却批评，该计划实际上是“政治和官僚腐败的里程碑”。对此，农村发展部坚决否认，并表示农村就业保障计划不存在腐败问题。农村发展部还公布最新数据指出，该计划为 2580 万失业家庭提供了 2540 万个就业机会。审计长公署的最终报告尚未发布，农村发展部表示，将在最终报告出台前，与各地方政府讨论初步报告中的数据。假设农村就业保障计划失败，那么执政的“统一民主联盟”就有可能被迫下台。上届由“国家民主联盟”领导的联合政府，因为忽视农村贫困问题而遭到弹劾。有鉴于此，新政府才会匆忙亮出农村就业保障计划这一王牌。已获得国会通过的《国家农村就业保障法案》规定，政府保证为每户农村家庭的1名成年人提供就业机会，工作时间不超过每年100天，每日薪水不低于60卢比(1.5美元)。“农村就业保障计划”的目标，是为农村失业人口提供诸如水利、灌溉、防洪和路桥建设等方面的工作。可是审计报告却揭露了该项目涉及的多种腐败舞弊行为，包括假借死者身份和不存在的工作岗位，支出项目资金等。

农村贫困问题，是“印度崛起”这个经济神话的阴暗面。印度65%的人口居住在农村，但农业总产值仅占印度国内生产总值的18%。随着印度逐步开放市场，农业领域正面临着更严峻的挑战，如进口农产品的廉价竞争力等等。由于许多农民放弃了传统的耕种方法，改用更昂贵的转基因品种、杀虫剂和化肥等污染品，印度的耕地危机也日趋严重。

连续几届印度政府，都没有落实土地改革，推动耕地私有化。“农村就业保障计划”同样忽视了这些核心问题，而且也未能解决农民无力还债而自杀的社会问题。从2004年起，单单在马哈拉什特拉邦的维达巴（Vidharba）地区，就有1万名棉农自杀，他们负债最高只有250美元，却已是走投无路的境地。从1993年起，自杀身亡的农民已起过10万人。马哈拉什特拉邦的棉农维权组织的负责人迪瓦里认为，“农村就业保障计划，是近代世界上最大规模的农村项目，但是对负债农民自杀的问题，却毫无帮助。”“这计划的90%拨款都被腐败官员攒走了，那些虚报员工人数的承包商，才是最大的受益人。”他认为该计划的设置本身就有缺陷，“路桥建设不是农民干的活，让他们从事这些工作没用。”迪瓦里表示，2006年7月总理辛格曾经到自杀问题最严重的维达巴地区视察，但是也没有起到任何效果。他当时宣布，向该地区的农民划拨 9.54 亿美元的救济款，可这些款项实际上并没有发放到农民手中。在辛格走后，自杀人数又增加了 2000 人。[①]

第三节　中印农村反贫困绩效比较

2000 年，联合国 189 个成员国通过《联合国千年宣言》。联合国千年发展目标是到 2015 年之前，联合国成国通过统一行动计划，将全球贫困水准降低一半，涉及消灭极端贫穷、普及小学教育、降低儿童死亡率、促进男女平等、医疗、环境、全球合作等八个方面。[②] 该计划将消灭极端贫困放在首位。2008 年 8 月 19 日，中国农业部政策法规司副司长黄延信在中国外交部举行的记者会上表示，中国是第一个提前实现联合国千年发展目标中贫困人口减半的国家。经过改革开放三十年来的发展，中国成功解决了 13 亿人的吃饭问题。粮食亩产从 1978 年的 336 斤增加到 2007 年的 634 斤，同期人均粮食产量由 637 斤达到 761 斤。黄延信表示，中国在扶贫开发方面也取得显著成绩。根据中国政府的贫困标准，中国农村尚未解决温饱问题的绝对贫困人口的数量，从 1978 年的 2.5 亿下降到 2007 年的 1479 万，占农村居民总人口的比例从三分之一下降到 1.6%。[③] 根据有关国际组织提

---

① 拉贾·M：《印度扶贫款遭贪挪，多年 10 万农民自杀》，《亚洲时报在线》，2008 年 1 月 20 日。

② 《星岛环球网》：《改革开放三十年中国贫困人口减半》，2008 年 9 月 19 日，http：//www. stnn. cc/china/200809/t20080919＿866974. html.

③ 新华网：2008 年 8 月 19 日。

供的数据，从1990年到2007年，中国减少的贫困人口的数量占全球减贫人口的比例超过了七成。在印度方面，经过各届政府的积极努力，印度的农村经济也获得了一定的发展，农民的收入有所增加，无地农民有所减少，农村贫困问题总体上有所缓和，农村发展取得了重要的成绩。但是，印度至今仍有三分之二的农村人口生活在贫困线以下。印度的减贫效果与中国相比还有很大差距。

一、过去三十年中印农村反贫困的效果比较

在统计学的意义上，1980年，中国与印度的发展水平和人均收入处在大约相同的水准上。两个国家都有数量巨大的人口，特别是贫穷的大多数人口过去居住在农村地区，现在也仍然居住在农村地区。因此，改革需要从农业增长和农村发展开始，或者至少是以农业增长和农村发展为基础，这种增长和发展将导致农村人口中收入的增长和贫困的减少。中国通过在20世纪80年代初实行的以联产承包责任制为主要内容的农村改革，使农村经济迅猛发改，农民的收入迅速增长，从而引发了农业增长和改革的良性循环。而在印度方面，尽管印度的农村改革已经进行了二十多年，但是印度从来未能引发过这样的良性循环，农业未能成为改革的发射台。[①]

第一，印度农业改革从一开始就受到了远远大于中国的限制。由于制度不同，特别是土地制度不同于中国，印度的农业改

① 任大鹏：《印度的农业和农村发展政策》，《世界农业》，2002年第11期。

革从开始就不顺利，其改革的程度受到很大限制。中国在农村推行以包产到户和家庭联产承包责任制为主要内容的农村改革极大地激发农民的种粮积极性，使中国农业的发展发生了飞跃。而印度实行的是与中国截然不同的土地私有制，印度农民的种粮积极性未能有效调动起来，印度的农村激励制度的受到严重扭曲，印度农业对改革的反应受到了远远大于中国的限制。

第二，在改革初期，印度没有像中国那样从对农村地区的巨大投资中获得益处。这些投资，包括灌溉、基础设施和土地开发等，都是在改革开始之前的几十年时间里发生的。最重要的是，在改革开始的一段时间里，印度农村人口中人力资源的开发水平远远低于中国。1980 年，非文盲在印度所占的比例低于 50%，女性非文盲的人数只占男性非文盲的一半。只有稍微过半的人口能够获得安全用水，而健康指数更接近于撒哈拉以南非洲国家的水平，而不是亚洲人的水准。因此，印度农村人口利用农村收入增长的能力受到了大得多的限制。①

第三，印度在刺激农业快速增长方面缺少能力。这意味着农村的贫困状况只会以非常渐进的方式得到改善，特别是 20 世纪 80 年代，广泛而持续的贫困给政府施加了巨大的压力，迫使政府提供津贴。因此，印度也出现了关于基础商品的双轨制，比如粮食、化肥、水和电力，但是其方式很不同于中国。除市场价格之外，联邦政府和邦政府还提供大量的津贴，向穷困家庭分配低于市场价格的商品。如同人们可能预料的那样，滥用和漏洞现象

① Thankkom Arun, "Kastsushi Imai, Frances Sinha: Does the Microfinance Reduce Poverty in India?", *Propensity Score Matching based on a National-level Household Data*, September, 2006.

非常普遍。①

第四，印度的农村反贫困计划无法接触到贫困人口。由于官僚主义和腐败等原因，印度的农村反贫困计划往往无法接触到贫困人口，真正的受益者经常是管理这些计划的同一批官僚主义者以及具有强大政治纽带的既得利益集团。此类计划的数量和规模迅速增长，最终拖垮了政府，尤其是邦政府。随着时间的推移，向贫困人口、特别是农村地区的贫困人口提供补助的压力变成了印度政治的主要特色。在每次选举中，各个政治派别许诺向农村家庭免费提供水、电力、煤油和其他基本商品。目前，对电力、食品、化肥和汽油的补助已经超过了国内生产总值的 3%。由于如此沉重的预算包袱，一些邦甚至面临着支付工资的困难，更不用说任何形式的发展支出了。②

因此，与中国增长与改革的良性循环形成强烈对照的是，印度陷入了一个恶性循环。低下的农业增长和农村地区低水平的人力资源开发导致了持续的农村贫困。而那些针对性很差的反贫困计划深受滥用和漏洞之苦，对贫困人口很少起到帮助作用，甚至还导致了日益严重的财政赤字，并且降低了节余和投资的总体水平。因此，快速增长无法得以维持，而减贫的速度十分缓慢。③

---

① Irfan Khan: *Assessing the Potentials of ICTs to Support Poverty Reduction*, Jul, 30, 2000.

② 李西林 《印度农业支持政策改革的经验及对中国的启示》，《世界农业》，2007 年第 10 期。

③ 李云霞：《中印经济发展的优势比较》，《东北师范大学学报》，2007 年第 1 期。

二、中国农村减贫成绩为什么好于印度

国际知名的发展经济学家普拉纳布·巴丹认为，全球化能够通过增加穷人的工作机会来促进减贫，这方面，中国是个很好的例子。近年来中国能够在世界市场上出售很多劳动密集型产品，这些产业为许多工人提供了就业。不一定是熟练工人，也包括许多非熟练工或半熟练工。这些此前没有工作的人就得到了更多的机会。另外，在很多情况下全球化也促进了女性状况的改善，因为许多劳动密集型产业雇用了大量年轻女性，而印度情况却非如此，中国农村减贫成绩好于印度有多方面的原因。

第一，与印度的农村产化相比，中国的农村产化带有更强的劳动密集型特征。印度的农产品出口也很不错，但主要的出口产品是资本密集型产品或技术密集型产品。此外，印度的软件业非常成功，但软件业并不雇用穷人，因为穷人没有专业技术。与此类似，印度现在的制药业也很成功，但也主要是雇用科技人士和其他专业人士，而不雇用穷人。印度在劳动密集型产业方面做得并不是很好，这是印度经济增长带来的减贫效果没有中国好的原因之一。

第二，一些资产或财富在印度的分配要比在中国不平等得多。这里指的是两类资产，一类是土地。中国在 1979—1980 年有过相当平等化的土地分配，到了今天，中国土地分配的平均程度仍然要比印度好得多。在印度，一个没有耕地的农民，肯定要比中国有地农民的境况糟糕得多，而中国农村基本上所有家庭都得到了耕地。印度的无地农民如果找不到工作，就会很艰难，因

为他没有安全保障。所以，土地分配的不平等使得减贫在印度成为一个困难得多的任务。另一类资产可以说是种无形资产，那就是教育。印度在普通教育方面取得的成就远低于中国。例如，即便在今天，印度劳动力队伍中还有相当高比例的文盲。教育的重要性在于，教育水平及与之相关的技术水平，决定了你是否能比较容易地调整工作。文盲的工作机会非常有限。穷人如果教育不足，那么即便是新的工作机会不断出现，他也会错过这些机会。

第三，非收入因素导致的贫困比收入因素导致贫困更严重。在过去三十年里，中国在医疗和教育方面的成就比印度要要高得多，尤其是普通人的医疗和教育。印度有非常光彩照人的科学家、诺贝尔奖获得者等等，但是穷人的境况要比中国差得多。例如，印度的婴儿死亡率比中国高得多，平均寿命比中国人低。所以说，非收入因素的贫困在印度更为严重。当然，其原因更多应归咎于政府政策，在印度的大部分地区，政府在医疗和教育政策都不如中国成功。①

三、印度农村减贫政策为何难以实现

印度独立以来，一贯重视工业发展，特别是重工业的发展。在历次五年计划中，印度政府不仅把大量资金投入工业，而且工业投资中 70%—80%又集中于重工业，尤其是钢铁及机械工业，

① 普拉纳布·巴丹：生于印度，在英国剑桥大学获经济学博士学位，现任美国加州大学伯克利分校经济学教授。曾担任国际权威杂志《发展经济学期刊》主编 18 年，著有十余本专著，内容涉及国际贸易、增长理论、贫困问题和收入分配、发展政策和规划、农业问题、制度经济学和政治经济分析等领域。

仅第二个五年计划期间（1956—1961）就开工兴建了三座大型钢铁联合企业。实行这样的发展战略，对于建立本国相对独立完整的工业体系和国民经济体系，显然是必要的，因为它从根本上扭转了以往经济上的殖民地位。但是，在发展重工业和轻工业之间，应该有一个合理的比例关系，忽视轻重工业的比例，就会造成不利的影响。印度是人口众多的农业大国，农业是国民经济的基础。独立之初，印度国内饿殍遍野，农民生活极为贫困，印度政府本应高度重视农业发展，以解决全国人民的吃饭问题。但是，当印度的粮食形势稍有缓和，政府即热衷于工业化而忽略了农业，结果导致饥荒重现，这才对农业重新加以重视。而这种重视是以基本上不触动农村原有的生产关系为前提的，主要着眼于某些技术环节上的改良，因此从总的看来，农业虽有发展，但并没有取得实质性的突破。

第一，印度农业基本上是靠天吃饭的农业。作为农业大国，印度近 11 亿人口中有大约 7 亿在农村，许多地方的农业至今仍停留在“靠天吃饭”的初级发展水平。近几年来，尽管印度经济每年以约 8%的速度持续增长，但占人口总数 70%左右的农业人口却未能从中受益，2006—2007 财政年度的农业增长率还不到 3%。在马哈拉施特拉邦、卡纳塔克邦等农业大邦，大量农民在春季向银行借款购买种子、农药和肥料，到了秋天却往往由于天气和病虫害等原因颗粒无收。在无力还款失去信用后，银行拒绝继续放贷，这些农民只好转向私营钱庄高利举债。如此恶性循环使许多农民家庭的欠债高达几十万卢比，因对生活前景极度绝望，他们中不少人集体走上自杀的道路。[①]

第二，土地制度导致农民经济严重分化。自 1947 年 8 月印度摆脱殖民统治以来，随着政治制度的变革，经济的发展，人口的迅猛增长，印度农民经济出现严重分化。首先，大农人数减少，他们占有的耕地数量下降。1950—1951 年度，大农家庭（拥有 25 英亩耕地者）占印度农村家庭数的 4%，它们持有的土地占印度全部耕地的 34.4%。到 1985—1986 年度，大农的家庭比重降为 2%，他们拥有的耕地份额降为 20%。其次，中农的相对户数有所减少，但由他们占有的耕地总量变化很小。拥有 5—25 英亩耕地的家庭为中农，这样的家庭 1950—1951 年度占全印农村家庭的 25.4%，由他们持有的耕地占全印耕地的 50.1%。1960—1961 年度，相应数为 23.3%和 52.1%；1970—1971 年度，相应数为 21%和 53%。此外，小农的人数及他们占有的土地数量都有较大增加（这里把贫农、边际农和小农都称为小农）。1950—1951 年度，拥有 5 英亩以下耕地的农户占全印农村家庭的 42.6%，他们占有的耕地为全印耕地的 15.5%。到 1985—1986 年度，边际农的家庭比重曾至 58%，它们占有的耕地比重升为 13%；小农的家庭比重为 32%，它们占有全印耕地的 38%。[②]

第三，印度政府的农业政策不切实际。2002 年 8 月 2 日，时任印度总理瓦杰帕伊在新德里红堡拉合尔门向全国发表的独立日讲话中，突出强调了经济问题，呼吁印度全国向当前最大的敌

---

① 陈继辉：《印度：农民救助项目受挫》，《人民日报》，2007 年 5 月 15 日。
② 殷永林：《当代印度农民经济的分化》，《南亚研究季刊》，1999 年第 1 期。

人——“贫困”开战，并为此提出了一项15点经济发展方案。这15点经济发展方案覆盖了基础设施建设、电力改革、教育、增强国家抗灾能力等经济生活的方方面面，可谓雄心勃勃。主要包括：政府承诺投资5500亿卢比进行全国公路建设；投资6000亿卢比用于农村道路建设；实施“2012年人人有电计划”，让所有乡村和住户用电畅通；在未来5年内，投资1500亿卢比消除制约印度铁路发展的瓶颈；为穷人和乡村提供更多的饮用水等等。15点方案最终目的是为消除贫困，增加就业机会，确保国民经济能在未来5年实现8%的高增长率，推动印度在2020年迈入发达国家的行列。① 然而，瓦杰帕伊提出的经济承诺在显示了印度加快经济发展的急迫心态的同时，也从侧面点出了印度经济发展面临的困境，难度可谓不小。随着经济改革进程的深入，人口基数庞大、基础设施老化陈旧、总体教育水平偏低、贫富差距增大以及朝野党派因经济政策走向问题争执不断等深层次问题，对印度经济发展的负面效应愈发明显，要想妥善解决远非朝夕之功。②

四、中印农村减贫绩效差异的主要原因

目前，中国的GDP和人均GDP均为印度的两倍多。2008年，中国外汇储备为已达到两万亿美元，印度仅为1300亿美元。中国已基本消除农村贫困，而印度农村仍有大约三分之二的人口

① 钱峰：2002年8月24日，人民网。
② 人民网：新德里2007年8月23日。

生活在贫困线以下。中国农村减贫成效远远大于印度，原因主要有以下几点：

第一，中国的改革开放比印度要早十年，思想也比印度更加解放。印度的民族主义情绪较中国强烈，其相当保守的文化传统、价值观也在一定程度上影响对外开放。从投资环境看，印度也不如中国，印度存在基础设施差、中央和地方政令不能统一、劳工法过严、罢工多、法律条文过繁、某些企业信用差等障碍。

第二，中国的社会主义制度总体效率高，能办成一些大事。正如邓小平同志指出："社会主义国家有个最大的优越性，就是干一件事情，一下决心，一做出决议，就立即执行，不受牵扯。就这个范围来说，我们的效率是高的，我讲的是总的效率。"[①] 以基础设施的建设为例，2003 年，中国在电力、工程、交通、电信和房地产方面的支出高达 2600 亿美元，印度只有 310 亿美元。

第三，中国政局保持了长期稳定，而印度从 20 世纪 80 年代后期以来，出现长期的"悬挂议会"（没有任何政党获绝对多数席位），政府更迭频繁，对印度的经济和社会发展带来十分不利的影响。特别是在农业政策方面，由于政局不稳，各届政府往往为了保住政权而只关注选票，忽视农村贫困人口这个弱势群体，从而形成恶性循环。

第四，印度没有经过彻底的民主革命，土地问题、种姓制度、教派冲突都成为包袱，贫富悬殊比中国严重。2007 年，按照中国的贫困人口标准（同年人均收入 637 元），中国的贫困人

---

① 《邓小平文选》第三卷，人民出版社，1988 年，第 74 页。

口为 2900 万人；如按国际社会通行的每人每天收入 1 美元的贫困标准，同年中国的贫困人口为 8800 万人（世界银行统计）。2007 年，印度政府公布其贫困人口为 3.7 亿人；但如按国际贫困标准，则印度贫困人口为 4.4 亿人。

第五，中印两国的经济结构有很大差别。根据世界银行统计，2000 年，中国的 GDP 中，农业占 16%，工业占 49%，服务业占 34%；印度的 GDP 中，农业占 27%，工业占 27%，服务业占 46%。也就是说，中国的工业占其 GDP 的一半，印度的服务业占其 GDP 的一半。一般来说，工业比重大有利于经济的更快增长。

第六，在亚洲各地区经济中，东亚经济发展最快。中国的地理位置有利于中国开展同东亚国家的经济合作。印度虽执行"向东看"的政策，其地理位置离东亚偏远，对印度开展同东亚国家的经济合作不利。

表 6—1　1951—2001 印度城市人口与城市经济发展比较　　单位:%

年份	城市人口比例	城市经济占国民经济的份额
1951	17.3	29
1981	23.3	47
1991	25.7	55
2001	30.5	60

资料来源：http：//urbanindia. nic/scene. htm.

表 6—2　1951—2000 中国与印度城市化的增长率　　单位：%

年份	1950—1955	1955—1960	1960—1965	1965—1970	1970—1975	1975—1980	1980—1985	1985—1990	1990—1995	1995—2000
中国	2.47	2.42	−0.008	−0.19	−0.11	2.51	2.83	2.86	2.56	2.25
印度	0.40	0.40	0.92	0.99	1.52	1.58	1.06	0.91	0.96	1.20

资料来源：*World Urbanization Prospects*，the United Nations，1998.

表 6—3　中国城镇人口增长来源估计　　单位：万人

类别	城镇人口增长总量	城镇人口自然增长总量	城镇人口机械增长总量
1949—1960	10583.0	3246.0	7337.0
1961—1965	−432.8	367.4	−800.2
1966—1976	1621.7	1922.3	−300.6
1977—1987	7649.4	1689.4	5960.0

资料来源：辜胜祖：《当代中国人口流动与城镇化》，第 38 页。

表 6—4　中印两国 GDP 构成及就业构成　　单位：%

类别	1979		1989		1998	1999（就业构成）
	中国	印度	中国	印度	中国	印度
第一产业	31.2	31.6	18.4	25.0	50.1	59.8
第二产业	47.4	27.6	48.7	43.0	23.0	16.4
第三产业	21.4	40.8	32.9	32.0	26.9	23.8

资料来源：《中国统计年鉴 1999》和 *India Economic Survey*：2000—2001.

表 6—5　中国和印度第一、二、三产业增长率　　单位：%

类别	第一产业		第二产业		第三产业	
	中国	印度	中国	印度	中国	印度
1995	5.0	−3.0	13.9	12.5	8.4	10.4
1996	5.1	7.9	12.1	6.4	7.8	8.1
1997	3.5	−1.5	10.8	5.5	11.1	8.8
1998	3.5	3.0	8.8	5.5	10.0	8.0

资料来源：*Economic and Social Survery of Asian and the Pacific*, the United Nations, 1999.

第四节　中印农村反贫困的潜力比较

中印两国近年来经济发展迅速，两个大国的崛起引起了世界的广泛关注。2004 年 12 月，美国国家情报委员会发表一份报告，将 21 世纪初崛起的中国和印度与 19 世纪起飞的德国以及 20 世纪崛起的美国进行了生动的比较。中国和印度有许多共同之处，其中包括地域相邻、庞大的人口、相同的挑战、古老的文明以及经济的快速发展，而且两个国家都是农业大国。中印两国自实施改革开放以来，都已经在消除贫困方面迈出了一大步。然而，中印两国却选择了不同的发展道路，再加上两国的制度不同，因而两国在农村反贫困方面的潜力也存在差别。[①]

① 《中国深圳：综合开发研究院报告》，2007 年 1 月 17 日。

一、中国加快农村改革的速度比印度快得多

两国都从改革开放中获得了相应的回报，但是中国和印度仍然面临着同样的挑战，如失业问题、区域差异问题、农民贫困问题等。相比之下，印度农村面临的贫困问题比中国来得得多。近年来，中国农村改革速度进一步加快，中国政府不但取消了农村税，而且还对农民实行补贴，对农村实行“多予，少取，搞活”的政策，使农村的种粮积极性进一步提高。印度对农村实行的政策至今仍然停留在不切实际的情况下。在印度，农业发展急需解决的问题是土地。由于绝大部分土地被一小部分地主掌握，广大农民因手中无地而生活贫困加剧。多年来印度政府力图进行土地改革，但至今收效甚微，其他对农村进行的改革措施也进展缓慢。

二、中国政府对“三农”的重视程度远远高于印度

中国自改革开放以来，中国中央政府历年的 1 号文件都是关于农村或农业问题，足见中国政府对“三农”的问题。今后，中国中央政府还将进一步加大对农业的投入，继续关注和解决“三农”问题，这对于中国的农村反贫困工作必将产生巨大的动力。为了加快农村发展，印度政府近年来推出了各种各样的“大项目”。印度财政部长奇丹巴拉姆在接受英国广播公司采访时也表示，政府目前正在制定积极的计划，力争在 2040 年使整个国家彻底消除贫困。印度政府对在 2040 年消除贫穷充满信心。然而，

现实的情况使许多雄心勃勃的大计划呈现出虎头蛇尾的局面。拿2006年辛格总理宣布的“给农民发工资”计划来说，当时政府曾信誓旦旦地宣布“将以政府修建工程来提供就业”，“保证让农民每天能够拿到100卢比的工资”，但时隔一年之后，记者到试点地区采访后发现，当地农民在干了两个月后“便没有了任何工作”，而且“即便是这样，每天劳动所获得的工资也没有足额发放到农民手中”。对于各种各样的大计划，一些印度学者也自嘲地表示，政府“一般只宣布20年以后的远景规划”，“反正那个时候自己已经不在台上了”。①

三、中国已基本消灭了农村贫困，而印度还有很长的路要走

世界银行驻华代表大卫·多拉尔确信，经过三十多年的改革开放，中国的农村发展取得了巨大成就，中国“几乎已经消除了贫困”。根据印度政府的数据，1977年到2000年，印度的贫困人口已降至6900万，但是2.6亿的人口仍然处于贫困之中。世界银行估计，35%的印度人仍然消费不足1美元。1990年到1992年，印度营养不良的人数为2210万，10年后下降至2160万，仍然占世界营养不良人数的四分之一。同期在中国，营养不良的人数是1940万和1420万。印度5岁以下儿童中的47%体重不足，而中国是10%。印度每千个婴儿的死亡率是65人，中

① 陈继辉：《印度人自豪感迅速上升，政府称2040年消除贫困》，中财网，2007年2月8日。

国是 30 人。有文化的成人在印度为 57％，而中国是 91％。在讨论基本生活水平的同时，我们还必须考虑和比较中印两国女性受教育的比例。整个家庭的身体健康、教育和寿命都得益于具有良好的女性。根据世界银行的研究，87％的中国妇女具有文化，而印度只有 45％。事实是经过二十年的发展，中国人民平均要比印度人民富裕两倍。①

① 《中国深圳：综合开发研究院报告》，2007 年 1 月 17 日。

第七章　印度农村反贫困的经验、教训与启示

独立后，印度政府为了尽快改变普遍存在的贫穷落后面貌，当时的尼赫鲁总理提出了要建立符合印度国情的“民主的社会主义”的构想。在尼赫鲁看来，“除了社会主义再没有别的办法可以结束印度人民的贫困、大量失业、落后和屈辱了”。① 印度国大党将尼赫鲁的建议写进了其党章及印度宪法中，并一直坚持这一目标。尽管印度所实行的“社会主义”与马克思主义的经典社会主义有着极大的不同，但它在通过经济计划、宏观调控等手段发展工农业生产，尤其是在实施解困扶贫方面还是取得了很大的成绩。②

① 尼赫鲁：《印度的发现》，人民出版社，1972年，第17页。
② 印度驻华大使馆《今日印度》，2005年3月刊，第35页。

第一节　印度农村反贫困的经验

从整体上看，印度独立六十多年来，在发展民族经济方面也取得了巨大的成就。印度目前已有了完整的工业体系，如钢铁、煤炭、化工、石油、电力、机械等工业均有长足的发展。特别是在原子能开发利用、航天技术等方面已有相当高水平。据有关资料显示，印度已先后建成近 10 座核电站，并发射了通讯、气象、遥感等卫星。印度的电子产业发展迅速，已成为世界主要软件中心之一。印度科技力量在发展中国家名列前茅，培养的科技人员总数已逾 340 余万，已居世界第三位。印度被认为是世界上第 10 个工业发达国家。独立以来，印度工业在整个国民生产（GDP）中的份额已从 15%增长到近年的 28%。第二产业和制造业的 GDP 在 1950—1951 至 1991—1994 年期间的长期平均增长率为 5%左右。独立后的前 15 年（1950—1965），印度的制造业的年增长率在 6.5%左右，后来略慢一些。从 20 世纪 80 年代第七个五年计划开始，增长率上升到 8.5%。1993—1994、1994—1995、1995—1996 年工业增长率分别为 6%、9.4%和 12%。独立以来的工业成分已有了明显改变：独立时消费品工业要占工业的一半，现有消费品工业约只占 20%；资本货物的份额从占整个工业生产的 4%上升到 24%；基本物质生产从 1950—1951 年占整个工业生产的 20%上升到现在的 40%。产品已覆盖了从硬件到软件、从土豆片到微电子芯片等各个方面。现在的小型企业在制造业中占 40%的营业额，占制造业出口的 45%，占整个出口的34%，提供了1530万个就业机会。相对而言，印度的农村发展却显得十分薄弱。

一、农村反贫困的首要问题是粮食问题

印度独立初期，曾一度在粮食供应方面出现严重困难。但20世纪60年代，印度开始了举世闻名的以推广农作物良种和农业技术为中心的"绿色革命"，实行了对农业进行现代化投入的一整套计划，取得了显著的成效。粮食产量从1950年的5080万吨增至2006年的19820万吨，终于实现了粮食自给有余，有时还可少量出口。作为农业大国，印度近11亿人口中有大约7亿在农村，许多地方的农业至今仍停留在"靠天吃饭"的初级发展水平。近几年来，尽管印度经济每年以约8%的速度持续增长，但占人口总数70%左右的农业人口却未能从中受益，2006—2007财政年度的农业增长率还不到3%。在马哈拉施特拉邦、卡纳塔克邦等农业大邦，大量农民在春季向银行借款购买种子、农药和肥料，到了秋天却往往由于天气和病虫害等原因颗粒无收。在无力还款失去信用后，银行拒绝继续放贷，这些农民只好转向私营钱庄高利举债。如此恶性循环使许多农民家庭的欠债高达几十万卢比，因对生活前景极度绝望，他们中不少人集体走上自杀的道路。[①]

① 陈继辉：《印度：农民救助项目受挫》，《人民日报》，2007年5月15日。

二、产业结构的调整与反贫困密切相关

就印度经济发展的过程来看，“一五”计划主要致力于恢复被“二战”破坏的经济，重点是解决粮食、生活用品和原材料匮乏等问题，使农业和工业生产出现较快增长。“二五”计划较全面地反映了尼赫鲁的经济思想，提倡自力更生与发展公营经济，并实施了重工业优先发展的战略。其间，印度的国民收入增长了20.4%，钢铁、机械工业发展迅速，但被忽视的轻工业却没有相应地发展起来，失业和贫困的现象仍然很普遍。“三五”计划继续优先发展钢铁、化学等基础重工业，继续向国有企业倾斜，但由于农业和轻工业发展相对滞后，因而形成了经济发展的“瓶颈”并出现了失业剧增的困难局面。为此，印度政府被迫进行了3年调整，紧缩工业投资，力图通过“绿色革命”来解决粮食问题。“四五”计划吸取了以往的经验教训，开始强调农业的重要性与经济增长的稳定性，减少了对外国的依赖，但农业发展波动较大，工业部门的不平衡也未完全改观。“五五”计划继续以农业、基础工业和消费品工业为重点，农业有了较快发展，粮食除了自给自足外，还有了剩余，但能源、原材料和消费品工业却相对滞后，从而制约了经济的发展。“六五”计划初期，印度经历了政府更迭和自然灾害，不得不对原计划进行了较大修改，但中后期由于改革措施得力，国民生产总值有了较快增长，同时财政赤字和外债负担又成为十分突出的问题。“七五”计划期间，印度政府致力于消除贫困和建立一个现代化的社会，私营企业的重要性有所上升，但国际收入状况进一步恶化。“八五”计划期间，

印度政府想方设法扩展国内外的私有企业，放宽进口，从国有企业中抽资、增加农业基础设施和社会保障方面的投资，其结果是减少了财政赤字、控制了通货膨胀。“九五”计划期间，印度政府在不减弱工业化进程的情况下，优先发展农业和农村建设，保证底线服务（即最基本的最低服务），改善慈善机构，产生了大量就业机会，提高了妇女和其他弱者的权利。[①]

三、道路的选择至关重要

印度独立之初，失业、贫困化问题很普遍，占人口70%的农村严重缺粮。为了恢复经济和安定人民生活，尼赫鲁政府制定的第一个五年计划把重点放在发展农业生产和实行土地改革上。印度整个农村简化为地主、自耕农、佃家和雇农四个阶层，最终确立了土地私有权，为印度农业资本主义发展奠定了基础。但是印度的土地改革并没有达到预期的目的。佃户改革的结果是地主以各种“理由”进行夺佃。政府宣布剩余的土地远远少于人们所期待的，而获得的土地又少于宣布的，在无地农和边际农中间分配的土地又少于获得的土地，实际可耕种的土地又少于分配到的土地。到1992—1993年度为止，实际可耕种土地占宣布剩余土地的2%。印度的土地改革的不彻底性，导致农村土地所有结构没有彻底的改变，因此，土地改革没有直接或间接地阻止穷人贫困化进程。在独立前，高利贷在印度农村信贷中占绝对的统治地位。独立后，在印度政府的积极支持下，各种信贷机构有了较快

① 林承节：《印度现代化的发展道路》，北京大学出版社，2001年，第79页。

的发展。但是，穷人真正想获得信贷支持是十分困难的。首先，穷人受许多条件的限制，如文化水平，缺少与信贷机构交往的知识与经验。其次，银行贷款给穷人存在很大的风险，因而对穷人的信贷附带十分苛刻的条件。再加上一些信贷机构效率低下，官僚作风、贪污腐化现象的存在，使70%最底层的贫弱阶层处于信贷的边缘。[①] 印度政府选择的发展道路导致印度农村反贫困进展缓慢。

四、农村反贫困的关键是要发展生产力

独立初期，印度通过土地改革，在一定程度上调动了农民的种粮积极性，解放了农民的生产力。从20世纪60年代中期起，为了解决因人口剧增造成的贫民粮食供应不足引起的贫民饥荒，印度政府开展了“绿色革命”运动。这一运动为那些新获得地权的土地所有者（其中多半是地主、富农）发展资本主义农业提供了机会。“绿色革命”最初的目的是通过发展农业生产力，增加粮食供给解决部分贫困人口吃饭问题，以此解决一部分农村地区的贫困危机。“绿色革命”尽管在解决印度粮食供给方面成绩斐然，但就其结果而言，和最初的设想尚有较大差距。因为“绿色革命”主要是在条件和气候较好的地区，国家的优惠信贷的对象又多半是地主和富农，因此，推行的结果使已存在的地区间和农户间经济差距进一步的拉大。针对这一问题，印度政府对前一阶段的战略进行了调整，从20世纪70年代中期开始，实行“缓解

① 马加力：《印度当今国情资料》，《国际资料信息》，2002年第2期。

农村贫困计划”。[①] 20 世纪 70 年代初，印度政府开始实施公营分配制度的反贫困策略。所谓公营分配系统就是政府控制价格的一系列平价商店，保证以合理价格向广大人民，特别是贫弱阶层供应基本消费品。从 1992 年 1 月开始对约 1700 个干旱、沙漠地部族区域和某些特定的山区实行公营分配制度。该制度在全国的落后地区设立灵活方便的商店，对所涉及的家庭提供的配额供应比其他供应分配系统的商品价格要低，除了粮食和基本必需品外，还供应像茶叶、肥皂、豆类和碘盐等。20 世纪 90 年代侧重于强调“发展与公正”并重的战略为创造就业机会，1989 年 4 月 28 日，拉吉夫·甘地总理宣布开展“贾瓦哈尔就业计划。”与以往就业计划不同的是中央援助占 80%，邦占 20%。其目的在于使每个乡村都实行。这个计划突出特点是创造就业机会的 30%保留给妇女。在选择落后的群体时，低种姓族占 60%的人口，其余人口占 40%。在“贾瓦哈尔就业保证计划”中，有两个辅助计划“英迪拉·赫瓦伊计划”和“百万水井计划”，共为低种姓部族及无地劳动者修建 107.4 万套住房，共挖掘了 36.7 万口水井。在一定程度上改善了贫弱阶层的生活状况。然而，在大多数邦实施就业保证计划并没有使相当的穷人跨过贫困线，这主要是由于穷人没有能力和机会利用投资兴建的基础设施，并且这一计划忽视了贫民自谋就业的作用。[②]

---

① 向元均：《科技与印度农村发展》，《南亚研究季刊》，1999 年第 4 期。

② 何鸿志：《从印度执政党更迭看效率与公平的关系》，《南亚研究季刊》，2006 年第 2 期。

第二节　印度农村反贫困的教训

尽管印度政府采取了诸多措施扶贫，但印度农村地区的贫困状况并没有得到实质性改善。至今，印度仍有较多的人口，特别是农村人口生活在贫困线以下。在印度农村，由于贫困，自杀现象仍然很普遍。媒体对印度的报道，反映的都是它充满希望的一面：经济飞速发展，使数以千万计的人口摆脱贫困，并使中产阶级队伍进一步壮大。但是，对许多贫苦农民来说，印度的经济繁荣并没有给他们带来好处。而印度劳动力大军中，农民占三分之二。印度的收入差距极大：该国目前有不少亿万富翁，但同时约有 8 亿人每天维持生计的费用不足两美元，不少贫困农民甚至负债累累。巨大的债务负担每年都导致大量农民自杀。

一、人口问题、粮食及食物问题未得到很好解决

印度农村发展中的主要问题是人口问题、粮食问题等。但时至今日，印度的人口问题、粮食问题和食物问题始终未得到很好解决。导致这些问题的主要原因包括以下几个方面：

第一，由于人口增加导致对粮食及食物需求扩大。印度面临的挑战主要来自人口方面的压力，印度是世界上第二人口大国。根据印度人口普查的统计结果，截止 2007 年 3 月 1 日，印度人

口总数已达到位 11 亿，占世界总人口的 16.7%。[①] 由于人口基数大，增长率高，因而对粮食和其他各类农产品的需求增大。农业增长的大部分被人口增长所抵消，如果农业出现波动，印度的国民经济就会受到很大的影响。印度既是人口大国也是农业大国，农业人口占全国人口的 70%。保证粮食和食物供给是印度政府的首要任务。

第二，印度政府缺乏用以解决粮食和食物供给的有效办法。印度在独立之前，经常闹饥荒。独立之后，印度政府十分重视粮食生产。为从根本上解决粮食问题，印度从 20 世纪 60 年代中期起发起了“绿色革命”，选择自然条件较好的旁遮普邦、哈里亚纳邦及北方邦西部等地，推广高产品种，增施化肥，扩大灌溉，加强植保，提高机械化程度，从而增加了粮食产量，在 20 世纪 80 年代初实现了粮食基本自给。印度注重从西方科技中吸收营养，继“绿色革命”后，印度为了保障国民的食物供给，又先后发起了“白色革命”（奶牛产业）和“蓝色革命”（渔业产业）。这不但从根本上解决了印度的粮食危机，还使印度成为世界上第二大“牛奶生产大国”，鱼类与水产品的出口也给印度带来了大量的外汇。2004 年，印度宣布实施第二次“绿色革命”。应该说，印度的农村改革是成功的，它在农业发展中取得了显著成效，但是，印度至今仍然面临严重的粮食问题，根本原因在于印度政府缺乏用以解决粮食和食物供给的有效办法。

① 《印度时报》，2001 年 3 月 2 日。

二、土地问题、失业问题、贫困问题依然存在

印度独立后，由于土地改革不彻底，引发了农村发展中的一系列问题。从 1949 年开始，印度实施了以废除柴明达尔地主为中心的土地改革。改革的内容有三项：一是废除中间人即柴明达尔土地所有制；二是改革租佃制度；三是实行土地持有最高限额法。土地改革废除了柴明达尔中间人地权制，改变了土地占有结构，加速了封建租佃关系向资本主义经营的转化。印度政府在农村进行过数次土地改革。由于多种原因，土地改革并不彻底，无地和少地农民仍然大量存在。这些无地和少地农民约占农村人口的四分之三。由于土地问题始终没有得到根本解决，致使无地的印度农民面临两种选择：一种是当“契约劳工”，另一种是流入城市寻找工作。农民一旦成为“契约劳工”，生活是贫困的，而规模庞大的民工潮则给印度的社会生活带来了许多无法回避的现实问题。由于土地改革不成功而引发的很多社会问题，其中以失业问题和贫困问题最为突出。据世界银行的一项研究报告表明，印度人口中生活在贫困线以下的有 3 亿多。印度农村贫困人口约占农村人口总数的 70%以上。据世界银行的预测，如果以印度经济增长较慢和政策对穷人较为不利的情况为基础，则印度穷人的数字还将增加 1 亿左右。在贫苦农民中又以无地少地的农民占绝大多数。如何解决约占人口一半的穷人问题，已成为印度经济发展中一个巨大难题。[①]

① 景荣：《印度经济改革失衡》，《中国贸易报》，2005 年 7 月 15 日

总之，印度政府把扩大就业和扶贫解困作为自己的社会目标。印度政府在解决农民失业和扶贫方面虽然采取了若干措施，取得一定的成效，但也同样存在一些问题，如乡村地区就业计划的扩展不均匀，过分集中在少数地区；承包人和中间人卷入了解困计划，致使资金出现渗漏；在选择工程类型上缺少轻重缓急的计划；约有10%的受益者属于误定等等。这些问题的存在，大大冲减了扶贫解困效应。①

三、地区差距、城乡差别仍然明显

由于历史、政策、区位等因素，印度农村发展中的地区差距、城乡差别仍然十分明显。印度地区差距、城乡差别由来已久，与城乡差别相比，印度的地区差距表现得更明显。造成印度地区差距的主要原因有三个方面：（1）英国殖民统治的后果；（2）政府资金投放和政策倾斜的结果；（3）地理区位的影响。由于上述原因，造成印度南北地区和城乡分化日益加剧。南方发展明显快于北部，城市发展明显快于农村。占印度总人口25%的两个大邦——北方邦与比哈尔邦（均在北方）的整体经济发展水平远远落后于全国平均水平。据印度计划委员会统计，这两个邦是印度人均收入增长最慢的，年增长率分别仅为1.24%和1.1%，而增长最快的古吉拉特邦则为7.6%。印度南部月均工资在514—700美元之间，而广大北部地区则不到这个数字的1/6；

① 熊坤新等：《印度帮助落后地区的措施、成就和经验》，《科技评论》，2001年第9期。

同样，城市中产阶级年收入达2000—4000美元，而一名农民工辛苦一年也只能挣60美元左右，相差约60倍。地区差距、城乡差别不仅阻碍着印度经济发展，而且影响中央和各邦的关系，危及国家安全和稳定，引起严重的社会问题。虽然经过艰苦努力，但印度的地区差距和城乡差别问题依然十分严重。印度彻底解决地区经济发展不平衡问题还要走很长的路。①

第三节　印度农村反贫困对中国的启示

印度和中国在农业改革和发展过程中，两国政府都十分重视农业，都采取了许多有利于农业发展的政策和措施，推进和保护农业生产。这些政策和措施有许多相似之处，但又有很大的不同。印度农业则主要停留在追求量的增加阶段，因而采取的农业政策主要是满足国内的基本需求。从印度土地改革不成功引发出的一系列问题可以看出，土地问题事关全局。由于印度土地改革并没有从根本上解决农民无地少地问题，致使无地少地的农民不得不流入城市或给地主当“契约工”。中国的土地问题虽说解决得较好，但农民工流动、失业等问题依然存在。印度是南亚首屈一指的大国，经济发展很不平衡，南北之间、东西之间存在着很大的差别，印度存在地区差距、城乡差别，中国也同样存在这个问题。地区差距、城乡差别，已经成为影响中国经济社会进一步

---

① 熊定坤：《困惑大国农业经济发展的主要问题剖析——印度的经验及对中国的启示》，《农业经济问题》，2004年8期。

发展的重要因素。由于自然、历史、经济、社会等方面的原因，致使我国地区差距、城乡差别逐步扩大。我国要实现全面建设小康社会的奋斗目标，必须重视中国现已存在的地区差距和城乡差别问题。[①] 通过对印度农业发展存在的主要问题的分析，以下几个问题值得我们借鉴：

一、农村发展的首要任务是增加农民的收入问题

中国的农民收入问题是中央和各级地方政府十分关心的一个全国性的大问题。中国的贫困率已经降到 5%以下的时候，印度的贫困率还在 26%以上，部分邦甚至三分之二的人口是贫困人口。农民收入问题说到底就是农业产值低和就业人口比重高之间的矛盾问题，目前中国第一产业产值比重是 14%不到，而就业比重还在 48%，印度 23%的农业产值是 60%的劳动力创造出来的，如果这 60%的农业劳动力平均分配 23%的收入，那劳动力平均收入是很低的，农民收入就成为一个全国性的大问题了，可是印度的土地私有制使农业收入不是在农业劳动力（农民）之间平均分配的，而是根据土地所有权由市场分配的。

印度的农民根据土地占有量的不同分为四大类，拥有土地自己不耕种的农民、拥有少量土地自己耕种的农民、主要耕种别人土地的农民和农业短工。目前，43%的农户家庭不拥有土地或者拥有半英亩以下的土地，而完全没有土地的农户一直占四分之一

---

① 文富德：《瓦杰帕伊政府大选失败看印度经济改革的几点教训》，《南亚研究季刊》，2005 年第 2 期。

左右（与贫困率基本相当）。土地的这种占有方式决定了印度城乡的一些特色，一是印度的农村还有很多农业富人，他们拥有土地、教育水平较高、生活质量较高，是生活在乡村的中产阶级；他们转换了印度的农民收入问题。二是没有土地的农民大量涌入城市，是城市贫民窟的深刻根源。他们其实就是农民收入问题的另外一个表现形式。所以，在印度，名牌大学毕业的律师会放弃工作而回家务农，因为他经营苹果园的收入是大学教授年收入的二倍，因为他有土地。而恒河流域印度土地最肥沃的地区确是印度当前最贫困的地区，因为密集的人口决定了人均土地资源太少，私有制使一半的人口不能以土地为生存保障。①

二、中印乡村治理中既有差异，也有共性，要因地制宜

印度从 1991 年开始改革，比中国晚了十多年。中国改革开放的过程中固然存在不少问题，这也是工业化、城市化步伐加快过程中必须解决的问题，而印度还远远没有走到这一步。我们应该正视改革中存在的老问题和出现的新问题，我们应该逐步解决这些新老问题以使我们的改革措施更加完善。但我们绝不能因为存在问题而动摇改革开放的决心，绝不能因为还存在问题而倒退，因为倒退是没有出路的。应该积极推动相关的惠农措施与政策立法，使之获得稳定的法律保障，但更为重要的是，惠农不惠

---

① 熊坤新、陶晓辉：《印度帮助落后地区的措施、成就和经验》，《科技评论》，2001 年第 9 期。

农，关键在落实。再好的政策、法律如果不落实，它就是一纸空文。不仅如此，政令不畅和有法不依还有损于政府的诚信，有碍于日后的行政。为此，我们必须形成一套行之有效的上下级之间的协调机制和工作机制，在发展民主的基础上做到有法必依，令行禁止。提供教育、医疗等基本公共服务与起码的社会保障是缓解社会矛盾的现实需要，是维护社会稳定和构建和谐社会的基本保证。政府必须本着急事先办的原则，在这方面进一步加大投入，探索出一条有中国特色的“低水平、广覆盖”的社会保障和公共共服务体系，并在农村的基础设施建设和公共服务方面发挥政府的主导作用。保护农民的土地权益，防止以各种借口侵犯土地权益事件的发生，维护农村社会长治久安。土地问题是“三农”问题的核心。保护农民对土地的长期使用权是切实保护农民利益的根本所在，也是防止两极分化和维护农村社会长治久安的根本所在。在建设社会主义新农村的进程中必须防止侵犯农民土地使用权事件的发生，基层政府在推行土地流转或进行乡村规划的过程中，必须尊重农民的意愿。着眼未来，培养造就适应市场、懂现代技术、会经营管理的新型农民。建设社会主义新农村需要与现代化接轨，需要培养造就适应市场、懂现代技术、会经营管理的新型农民。为此，中国政府应在加大对农村基础教育投入的同时，利用各种有利条件对农民进行再教育，重点培训种养技术、经营管理知识和信息知识。应该着手推进中国的电子农务，通过互联网联接农产品市场，并推动电子政务下乡镇。

三、政府扶贫工作应量力而行

2006年3月22日，印度人民院（下院）以高票通过了执政党联盟提交的《国家农村雇佣保证法案》，决心解决印度最大问题——贫困问题。根据规定，所有的农村家庭都是这项法案的实施对象。法案将保证每户家庭人均每天得到最低60卢比（约合12元人民币）的生活费和100天的劳动时间。印度政府将首先以全国600个地区中的200个地区作为该法案实施对象，提供土木建筑等纯体力劳动的机会，并在今后4年内将实施对象扩大至全国600个地区。据当地媒体透露，这项法案提供的劳动内容将主要包括灌溉等水利工作、植树、休耕地再利用、道路建设、提高乡村基础设施建设等。如果不能提供劳动机会，政府将提供最低60卢比生活费作为补偿。有分析人士指出，这样的扶贫法案，对全国70%的人口生活在农村、长期受到失业和贫困困扰的印度来说，是该国迈向福利国家的第一步，但是这项为期5年的法案在缓解国内贫困的同时，每年也将增加印度政府高达4000亿卢比（约合800亿元人民币）的开支。据调查，印度财政长期处于财政收支不足的状况，近五年来财政赤字占国内经济成长的比率大约维持在5%。印度财政能够承受每年增加4000亿卢比支出吗？会不会使原本收不抵支的财政雪上加霜？印度各界人士纷纷对法案的效果表示质疑，提醒印度政府在扶贫工作上，要量力而行，切勿好高骛远。

四、中印两国在农村扶贫工作中可相互借鉴

印度和中国在农业改革和发展过程中，两国政府都十分重视农业，都采取了许多有利于农业发展的政策和措施，推进和保护农业生产。这些政策和措施有许多相似之处，但又有很大的不同。其相似之处在于：一是在农业发展中重视粮食生产，在粮食产量能够满足国内基本需求时，开始调整农业产业结构，注重畜牧业和渔业生产。二是在农村实行土地改革，积极实施反贫困计划，扩大农民就业渠道或合理安置农村剩余劳动力，帮助农民脱贫致富。三是重视农业科学研究和技术推广，注重农业科技人才的培养和农村技术投入。四是两国都在为缩小本国地区差距、城乡差别进行积极探索，寻找有效途径。

两国农业政策及措施的不同之处在于：一是农业政策的效力和结果不同。由于中国政府把解决农民的切身利益放在首要地位，所以农业政策得到广大农民的拥护，政策执行比较彻底，成效比较显著。而印度的农业政策，并没有体现广大农民的利益，其政策受益群体是大农和富农，因而广大农民参与的热情不高，政策执行往往半途而废，收效较差。二是 20 世纪 90 年代以后，中国农业发展在粮食产量完全能够满足国内需求的情况下，开始由计划经济向市场经济转变，农业生产由追求量的增加转向质的提高，所要解决的问题是农业发展深层次的问题。印度农业则主要停留在追求量的增加阶段，因而采取的农业政策主要是满足国内的基本需求。换句话说，两国处在不同的发展阶段，中国农业

今天碰到的问题很可能就是印度农业明天将要碰到的问题。①

第一，处理好发展与反贫困的关系。发展中国家反贫困的经验表明，要消除贫困，发展是第一位的，只有发展，才能为反贫困提供物质基础和财力保障。但是，发展并不意味着就能消除贫困，相反，可能带来更大的贫富差距。因此，政府在促进经济社会发展的同时，应当采取有针对性的政策和措施，防止贫富差距的扩大，并且保证处于弱势地位的贫困群体享受发展带来的成果。当前，我国在建设社会主义和谐社会中提出的坚持以人为本原则，做到发展为了人民、发展依靠人民、发展成果由人民共享，正是对如何处理好这一关系的最好诠释。

第二，处理好教育与就业的关系。贫困人口受教育程度低，就业能力差，既是贫困的原因，又是贫困的结果。发展中国家在反贫困过程中，都把发展贫困人口教育，加强贫困人口培训，提高贫困人口素质，促进贫困人口就业，作为扶持贫困人口改变贫困状况的一项重要措施。我国目前农村扶贫开发的三大重点之一就是支持农村贫困劳动力转移培训，旨在培训贫困劳动力技能，提高其非农就业能力，实现非农就业转移。这和发展中国家的普遍做法可以说是不谋而合，对减少贫困意义重大，今后应当继续完善培训的方式方法，加大扶持的力度。

第三，处理好支持“三农”发展与扶贫开发的关系。发展中国家基本上都把支持农村地区发展与扶持贫困结合起来，统筹考虑。如印度推行的“绿色革命”战略和乡村综合开发项目与减贫项目相结合，等等。在我国，随着公共财政的建立，特别是“十

① 王晓丹：《印度社会观察》，世界知识出版社，2007 年，第 174 页。

五”中期中央财政提出公共财政阳光照耀农村的要求后，采取的一系列支持“三农”的财税政策措施，对贫困地区致贫因素起到了很好的消除或缓解作用。今后，一方面，要继续贯彻工业反哺农业、城市支持农村和少取多予放活的方针，促进“三农”的发展。另一方面，在支持“三农”发展中，更加注意改善农村落后地区面貌，改善贫困农民生产生活条件，把支持“三农”发展与扶贫开发有机地结合起来，并且要通过加大扶贫开发力度，完善扶贫开发机制，提高扶贫的针对性和成效。此外，必须指出的一点是，对于资源贫乏的地区，需要采取特殊的发展战略，因为那里的增长潜力受到自然条件的限制，居住在那里的贫困人口大多缺乏技术和文化，而且难以获得基础设施和就业的机会，如果盲目地进行扶贫开发，恶化的环境对邻近地区和下游地带将会造成不良影响。因此，加大对这些地区农村劳动力非农就业转移的支持力度，或者鼓励外迁，不失为一项有效措施。而对留在那里的居民，在保护好自然环境的前提下，可采取建立低保的办法，或者支持因地制宜地适当发展生产，以改善其生存状况。

第四，处理好政府财政支持与发展农村小额信贷的关系。“政府主导扶贫”是我国农村扶贫开发的一大特色。财政扶贫是政府扶贫开发工作的重要政策措施和物质基础。多年以来，尽管各级财政逐年增加了资金投入，但农村扶贫开发资金供需之间的矛盾仍然突出。印度的经验和我国农村贫困地区已有的一些实践充分说明，发展农村小额信贷对扶持贫困人口生产有着非常积极的作用。因此，一方面，应当学习别国经验，鼓励和支持多种形式的农村小额信贷发展，缓解贫困人口贷款难的状况。另一方面，在加大财政扶贫资金投入的同时，要积极创新财政扶贫资金的使用方式，提高资金使用效果。

第五，印度必须对种姓制度进行改革。印度社会有别于其他社会的主要特征是它的种姓制度。这种制度将全部人口划分成相互排斥的、具有界定明确的、并且是可以继承的社会职能的不同群体。除此之外，在印度还有一大批不能进入种姓系列的阶级，他们就是那些从事卑贱和肮脏工作的贱民。问题的关键在于印度的这种种姓制度是刚性的，即不同种姓的成员相互之间不能通婚、不可在一起吃饭，也不可以有任何的社会交往，由此产生的后果便是阶层或者阶级划分的凝固化，以及社会地位和职业的自然继承。这样的一种制度会给印度未来的经济增长和社会发展带来两个极为消极的影响：第一，它会削弱人们开展经济活动的动力。因为在种姓制度下，当人们不能通过自己的努力、甚至是没有机会来改变自己的社会地位及其对于财富的占有，那么人们就会失去工作动力而走向宿命论；第二，它会削弱人们进行人力资本投资的积极性。基于同样的原因，那些在种姓制度中处在底层的阶级、特别是那些无法进入种姓系列的贱民阶级，就根本不会有动力对自己和家人进行人力资本投资、接受正规的学校教育，由此产生的后果是印度人口中的识字率很低，文盲率比起中国来要高得多，这就决定了印度底层劳动者的行为能力必定要比中国低得多。①

第六，从制度上杜绝扶贫公款被贪挪，确保扶贫款落到实处。2006 年，印度政府斥资 45 亿美元以扶贫的“全国农村就业

① 华民：《中国和印度经济发展面对的挑战》，《中国选举与治理》，http://www.chinaelections.org/NewsList.asp?SortID=483.

保障计划”，最终被最高审计部门批评涉嫌腐败和数据造假。主计审计长公署这个报告的初步结果，将对政府构成重大的政治冲击；本来，现届政府就未必能够挺过整个五年任期。[①]“全国农村就业保障计划”堪称亚洲乃至全球最大规模的扶贫计划，由现联合政府“统一民主联盟”在2006年提出，初期范围覆盖330个农村地区。2005年12月，印度财政部长奇丹巴拉姆又为该项目增拨了10亿美元的资金，让计划在今年扩展至全国各地。但主计审计长公署在经过6个月的调查后，发布报告指出，从2006年2月到2007年3月，“农村就业保障计划”仅仅覆盖了所有登记农村家庭中的3.2%，换言之，97%的农村家庭没有享受到该政策。印度总理曼莫汗·辛格在2006年2月启动该计划时，曾将计划形容为印度历史上扶贫工作的里程碑。然而，主计审计长公署的报告却批评该计划实际上是“政治和官僚腐败的里程碑”。对此，印度农村发展部坚决否认，并表示农村就业保障计划不存在腐败问题。农村发展部还公布最新数据指出，该计划为2580万失业家庭提供了2540万个就业机会。审计长公署的最终报告尚未发布，农村发展部表示，将在最终报告出台前，与各地方政府讨论初步报告中的数据。印度“环境食品安全中心”的负责人雷伊指出，“全国农村就业保障计划的腐败程度，是惊人和可怕的，70%以上的资金被鲸吞了，基层农村居民根本没有受惠。”[②]

① Rajesh Kumar, *Corruption in Agricultural Reforms*, *Hindustan Times*, April 12, 2006.

② 《亚洲时报在线》，2006年2月17日。

参考文献

一、中文参考文献

[1] 孙培均等：《中印经济发展比较研究》，北京大学出版社，1991年。

[2] 李了文：《印度经济》，人民出版社，1982年。

[3] 孙培均等：《南亚国家经济发展发展战略》，中国城市出版社，1992年。

[4] 联合国开发计划署：《2005年人类发展报告》，2006年3月。

[5] 鲁达尔·达特，K.P.M. 桑达拉姆：《印度经济》，雷启淮等译，四川大学出版社，1994年。

[6] 王大超：《中印贫困现象与反贫困实践的经济学比较与启示》，《吉林大学学报》，2002年第3期。

[7] 张文木：《印度国家发展及其潜力评估——与中国比较》，人民出版社，1999年。

[8] 傅小强：《印度的穷人为什么看得起病》，《瞭望东方周刊》，2006年第8期。

[9] 杨文武、李文贵：《20世纪90年代以来中印贫困问题比较研究》，《南亚研究季刊》，2005年第1期。

[10] 唐灿:《中国城市贫富分化的特征及分析》,《凤凰周刊》,2005年第1期。

[11] 陈宜飚:《亚洲之虎挑战中国,压力在农村》,《国外社会科学文摘》,2006年第11期。

[12] 向元均:《印度应对WTO的措施》,《南亚研究季刊》,1989年第2期。

[13] 中国社会科学院印度扶贫考察团:《印度扶贫考察报告》,《中国农村经济》1998年9期。

[14]《上海农业网》:《印度农业科技体制启示录——中国农业考察团调查报告》,2008年2月26日。

[15] 高鲲、张敏秋:《南亚政治经济发展研究》,北京大学出版社,1995年。

[16] [美] 弗朗辛·R. 弗兰克尔:《印度独立后政治经济发展史》,中国社会科学出版社,1989年。

[17] [印] 兰吉特·萨乌:《印度经济发展》,四川大学南亚研究所,1984年1月。

[18] 邱永辉、陈继东、李德昌:《南亚国家的经济改革与民主化浪潮》,四川大学出版社,1998年。

[19] 雷启淮等:《当代印度》,四川人民出版社,2000年。

[20] 文富德:《南亚国家反贫困的若干经验教训》,《反贫困与国际区域合作国际研讨会论文集》,2006年8月。

[21] 邓常春:《印度的贫困与反贫困:成因、努力、效果与前景》,《反贫困与国际区域合作国际研讨会论文集》,2006年8月。

[22] 邓常春:《印度政府对农业的支持及其成效》,《南亚研究季刊》,2005年4期。

[23] 杨文武:《20世纪90年代以来中印贫困与反贫困探析》,四川大学南亚研究所。

[24] 王晓丹：《印度贫困农民的状况及政府的努力》，载《当代亚太》2001年第4期。

[25] 明拥军：《印度的反贫困经验与启示》，《新疆农业科技》，2003年第6期。

[26] 乐波：《反贫困过程中的印度农村妇女自助团体》《孝感学院学报》2006年第2期。

[27] 谭晶荣：《困惑大国农业经济发展的主要问题剖析——印度的经验及对中国的启示》，《农业经济问题》，2005年第4期。

[28] 大卫·阿姆斯特朗：《效率评估的新方法》，《国外社会科学文摘》，2006年第11期。

[29] 联合国开发计划署：《印度农村发展战略》，2003年7月。

[30] 印度政府：《农村减贫计划》、《农村发展计划》等，2001年。

[31] 南亚区域合作联盟秘书处：《南亚国家反贫困报告》2002年、2003年、2004年。

[32] 刘健芝：《印度喀拉拉帮扶贫启示》，香港岭南大学，2006年10月30日。

[33] 佚名：《免费背景下印度农村基础教育家庭支出及其影响分析》，2006年11月21日。

[34] 陈继东：《独立以来印度经济社会发展研究》，四川大学出版社，1998年。

[35] 殷永林：《独立以来的印度经济》，云南大学出版社，2001年。

[36] 赵建军：《改革与发展中的印度经济》，中南大学出版社，2004年。

[37] 王宏伟：《南亚区域合作的现状与未来》，四川大学出版社，1993年。

[38] 向元均：《印度市场经济与宏观调控》，四川大学出版社，2001年。

[39] 雷启淮：《印度农村产业结构研究》，四川大学出版社，1997 年。

[40] 马加力：《关注崛起中的大国——印度》，天津人民出版社，2002 年。

[41] 孙士海：《印度的发展及其对外战略》，中国社会科学出版社，2000 年。

[42] 林承杰：《印度现代化的发展道路》，北京大学出版社，2001 年。

[43] 王德华等：《龙与象》，上海社会科学出版社，2003 年。

[44] 马克思：《东印度公司，它的历史与结果》，《马克思恩格斯全集》，第 9 卷，人民出版社，1996 年。

[45] [英] 杜德：《早期英国统治下的印度经济史》，伦敦，1950 年。

[46] 贾瓦哈尔拉尔·尼赫鲁：《印度的发现》，1947 年。

[47] 马宗达等：《高级印度史》，商务印书馆，1986 年。

[48] 曹小冰：《印度特色的政党和政党政治》，当代世界出版社，2005 年。

[49] 郑瑞祥主编：《印度的崛起与中印关系》，当代世界出版社，2006 年。

[50] 王晓丹：《印度社会观察》，世界知识出版社，2007 年。

[51] [印] 阿玛蒂亚·森、让·德雷兹：《印度：经济发展与社会机会》，社会科学文献出版社，2006 年。

[52] 左学金等：《龙象共舞——对中国和印度两个复兴大学的比较研究》，上海社会科学院出版社，2007 年。

[53] 中国国际扶贫中心：《战略定位和发展规划 2006—2010 年》。

[54] 四川大学南亚研究所《南亚研究季刊》，1999—2007 年各期。

[55] 姜玉洪：《印度文化模式研究》，人民出版社，2008 年。

[56] 高海林、赵永发、张喜舜：《当代印度》，河南大学出版社，2005 年。

[57] 林承节：《独立后的印度史》，北京大学出版社，2005 年。

[58] 世界观察研究所：《世界报告 2006》，河北教育出版社，2006 年。

[59] 朱明忠、尚会鹏：《印度教育：宗教与社会》，世界知识出版社，2003 年。

[60] 尚会鹏：《种姓与印度教社会》，北京大学出版社，2001 年。

[61] 张淑兰：《印度拉奥政府经济改革研究》，新华出版社，2001 年。

[62] 马加力：《关注印度（崛起中的大国）》，天津人民出版社，2002 年。

[63] 杨冬云：《印度经济改革与发展的制度分析》，经济科学出版社，2006 年。

[64] 李芳、刘沁秋：《印度（在第三条道路上蹒跚）》，四川人民出版社，2002 年。

[65] 亚洲开发银行：《亚洲的分配不均等——关键指标 2007 专题章节》。

[66] 杜晓山：《印度的小额货款的发展及思考》，中国社科院贫困问题研究中心，2004 年 9 月。

[67] 孙培均：《解读印度经济的崛起》，《世界经济导刊》，2004 年第 8 期。

[68] 沈开艳：《困扰印度经济发展和社会进步的五大问题》，东方网，2006 年 6 月 27 日。

[69] 王良虎：《论邓小平的反贫困发展观》，《毛泽东思想研究》，2005 年第 4 期。

[70] 阿玛蒂亚·森：《论社会排斥》（王燕燕译），《经济社会体制比较》（双月刊），2008 年 8 月。

[71] 许建美：《论影响印度基础教育政策的因素》，《比较教育研究》，2005 年第 10 期。

[72] 文富德：《当代印度农民经济的分化》，《南亚研究季刊》，1999 年第 1 期。

[73] 谢代刚:《浅析印度独立以来解决农村贫困的主要措施》,《南亚研究季刊》,2000 年第 4 期。

[74] 农才士:《发展中国家反贫困的启示》,《中国财经报》,2007 年 1 月 4 日。

[75] 熊坤新、陶晓辉:《印度帮助落后地区的措施、成就和经验》,《科技评论》,2001 年第 9 期。

[76] 阿比德·侯赛因:《印度五十年的经济发展》,《今日印度》,第 23 期。

[77] 杨文武:《中印贫困现象与反贫困实践的经济比较分析》,四川大学学报(社哲科版),2007 年第 1 期。

[78] 程凯:《印度新预算提高对农村地区投入,誓向贫困宣战》,《中国工商时报》,2004 年 7 月 14 日。

[79] 黄力颖:《印度立法决定年斥资 4000 亿解决贫困问题》,《东方早报》,2005 年 8 月 25 日。

[80] 杨敏:《印度扶贫考察报告》,载《中国农村经济》,1998 年第 9 期。

[81] 杨东群、李先德:《印度农业和农村发展的现状与问题》,载《世界农业》,2007 年第 6 期。

[82] 殷永林:《当代印度农民经济的分化》,《南亚研究季刊》,1999 年第 1 期。

[83] 向元均:《科技与印度农村发展》,《南亚研究季刊》,1999 年第 4 期。

[84] 孙培均:《绿色革命推动下的印度农业》,《中国金融》,2006 年 9 月。

[85] 宋登卯、蒋平:《尼赫鲁对印度农业现代化的贡献》,《企业家天地》,2006 年第 2 期。

[86] 任大鹏:《印度的农业和农村发展政策》,《世界农业》,2002 年

第 11 期。

[87] 文富德：《印度农业的全球化对策》，《南亚研究季刊》，2007 年第 4 期。

[88] 李林译：《印度的经济自由化改革和农村贫困的缓解》，《中国贫困地区》，2004 年第 3 期。

[89] S. N. 萨达西文：《印度政党与民主制》，英文版，新德里，1977 年。

[90] 袁传伟：《对印度现代化模式的几点探索》，《南亚研究》，1997 年，第 2 期。

[91] 印度驻华大使馆：《印度经济新闻通讯》，2000 年 1 月。

[92] 印度政府：《1998—1999 年度经济调查》，第 S—4 页。

[93] 薛克翘：《谈中印传统价值观的现代转换》，《亚太研究》1996 年，第 2 期。

[94] 季羡林：《中印文化关系史论文集》，三联书店，1982 年。

[95] 陈峰君主篇：《印度社会述论》，中国社会科学出版社，1991 年。

[96] 朱明忠：《印度教民族主义的兴起与印度政治》，《当代亚太》，1999 年第 8 期。

[97] 马加力、傅小强：《印度瓦杰帕伊新政府的内外政策》，《现代国际关系》，1999 年第 11 期。

[98] F. R. 弗兰克尔：《 1947—1977 年的印度政治经济》，《南亚译丛》，1981 年第 8 期。

[99] 孙士海：《印度的崛起：潜力与制约因素》《当代亚太》，1999 年第 8 期。

[100] 印度政府：《1998—1999 年度经济调查》，新德里，1999 年。

[101] 张向晨：《发展中国家与 WTO 的政治经济关系》，法律出版社，2000 年。

[102] 印度政府，《1999—2000 年度经济调查》，2001 年。

［103］印度：《经济时报》，2000 年 9 月 12 日。

［104］印度：《计划》杂志，第 45 卷第 1 期，2000 年 1 月。

［105］印度政府信息广播部：《关于世界贸易组织的资料》，2001 年 10 月。

［106］印度：《聚焦 WTO》，第 2 卷第 5 期，2001 年 1—2 月。

［107］印度：《经济时报》，2000—2005 年。

［108］印度：《印度时报》，2000—2005 年。

［109］印度驻华大使馆：《今日印度》，2004 年 2 月，总第 50 期。

［110］向元均：《科技与印度农村发展》，《南亚研究季刊》，1999 年第 4 期。

［111］顾海兵、沈继楼、刘玮：《印度国家经济安全的经验与借鉴》，《开放导报》，2007 年 4 期。

［112］向玉凡：《根植于制度与宗教文化的印度软件产业研究》，成都理工大学，2006 年。

［113］李云霞：《中印现代化比较研究》，《东北师范大学》，2007 年第 3 期。

［114］薛克翘：《印度近年来宗教热分析》，《当代亚太》，2005 年第 3 期。

［115］马加力：《印度当今国情》，《国际资料信息》，2002 年第 2 期。

［116］狄承锋：《印度软件产业发展的经济学分析》，《北京师范大学学报（社会科学版）》，2004 年 1 期。

［117］朱明忠：《论印度教的特点及在印度社会发展中的作用》，《当代亚太》，2000 年第 7 期。

［118］文富德：《经济全球化与印度经济发展》，当代亚太，2001 年第 11 期。

［119］鲁志强：《印度是中国的镜子》，中国发展观察，2006 年第 5 期。

[120] 韦森：《文化精神、制度变迁与经济增长——中国—印度经济比较的理论反思》，《国际经济评论》，2004年第4期。

[121] 陶晓辉：《试论印度传统文化的基本特征》，《南亚研究》，2003年第1期。

[122] 姜玉洪、王志军：《印度传统文化特征论略》，《北方论丛》，2004年第4期。

[123] 薛克翘：《印度近年来宗教热分析》，《当代亚太》，2005年第3期。

[124] 刘建：《印度文化的底蕴及其现代化》，《现代国际关系》，2004年10期。

[125] 吴永年：《印度传统文化与经济发展》，《当代亚太》，2005年第2期。

[126] 宋涛：《印度经济和发展战略研究》，《福建师范大学学报》，2003年第1期。

[127] 马崇明：《中国、日本、韩国及印度现代化比较研究》，2005年7月。

[128] 周戎：《印度推进改革促进经济快速增长》，《光明日报》，2005年2月。

[129] 陶冶：《印度改革步伐坚定》，《金融时报》，2005年5月。

[130] 景荣：《印度经济改革失衡》，《中国贸易报》，2005年8月。

[131] 何燕：《印度考察的思考》，《南亚研究》，2002年第2期。

[132] 孙士海：《印度的崛起：潜力与制约因素》，《当代亚太》；1999年08期。

[133] 朱明忠：《传统文化对印度现代社会的影响》，《现代国际关系》，2004年10期。

[134] 孙培钧、华碧云：《解读印度经济的崛起》，载《南亚研究》2004年第1期。

[135] 孙士海：《印度政治五十年》，《当代亚太》，2000 年第 11 期。

[136] 詹姆斯·M. 布坎南、戈登·塔洛克：《同意的计算》，中译本，中国社会科学出版社，2000 年。

[137] 斯蒂芬·科恩：《大象和孔雀》，新华出版社，2002 年。

[138] 林良光：《印度政治制度研究》，北京大学出版社，1995 年。

[139]《中国经济现代化战略——第三期中国现代化研究论坛论文集》，2005 年。

[140] 《云南省国际贸易学会理事会暨 2001 年学术年会论文集》，2002 年。

[141]《西藏民族学院学报（哲学社会科学版）》，2004 年 5 期。

[142] 曹建如：《全球科技经济瞭望》，2008 年第 5 期。

[143] 宗义湘等：《印度农业国内支持政策》，《世界农业》，2007 年第 4 期。

[144] 黎海波：《印度农业机械化发展的政府扶持经验》，《福建农机》，2006 年第 1 期。

[145] 王建刚：《政府扶持催生印度农业奇迹》《金融信息参考》，2004 年第 6 期。

[146] 李西林：《印度农业支持政策改革的经验及对中国的启示》，《世界农业》，2007 年第 10 期。

[147] 李巧莎：《印度金融支持农业发展的经验及借鉴》，《金融教学与研究》，2008 年第 2 期。

[148] 汪登伦：《印度的农业政策及农业现代化成就》，《山东省农业管理干部学院学报》，2007 年第 3 期。

[149] 汪登伦：《印度的农业政策与农业现代化略论》，《河北农业大学学报》，2007 年第 1 期。

[150] 吴臣辉：《基于农村反贫困的印度农业保险政策》，《贵州财经学院学报》，2007 年第 6 期。

[151] 唐华俊、李建平、王东阳：《印度加入 WTO 后农业产生的变化及若干启示》，《中国农业资源与区划》，2002 年第 3 期。

[152] 王晓丹：《印度的农村建设》，《南亚研究》，2006 年第 2 期。

[153] 张颖梅、程绍仁、贾冬艳：《印度农村信息技术发展及对我国的启示》，《辽宁农业职业技术学院学报》，2008 年第 1 期。

[154] 朱超：《印度农村建设中的金融支持及启示》，《浙江学刊》，2006 年第 5 期。

[155] 中改院乡村治理与乡镇政府改革课题组：《印度乡村治理考察报告》，2006 年 2 月。

[156] 杨东群、李先德：《世界部分国家农村建设与发展研究》，《世界农业》2007 年第 5 期。

[157] [印] 辛格·索德赫：《印度乡村自治体系：对印度五个邦的研究》，《世界农业》2007 年第 6 期。

[158] 任福耀、王洪瑞：《中国反贫困理论与实践》，人民出版社，2003 年。

[159] 纲纳·缪达尔：《富裕国家与贫穷国家》，世界经济出版社，1957 年。

[160] 纲纳·缪达尔：《亚洲的戏剧：一些国家贫困问题研究》，1968 年 9 月。

[161] 纲纳·缪达尔：《世界贫困的挑战》，1970 年。

[162] 文富德：《试论印度混合经济体系中的宏观管理》，《世界经济》，1989 年 4 期。

[163] 文富德：《世界贸易组织与经济发展：印度的看法》，《南亚研究季刊》，2001 年第 1 期。

[164] 文富德：《坚持调整与改革的印度经济》，《南亚研究季刊》，2000 年 2 期。

[165] 文富德：《印度农业的世贸（WTO）对策及其启示》，《南亚研

究季刊》，2001年第1期。

［166］文富德：《西方经济衰退中的印度经济》，《南亚研究季刊》，2002年2期。

［167］文富德：《经济全球化与印度经济发展》，《当代亚太》，2001年11期。

［168］文富德：《浅析印度经济发展的前景》，《南亚研究季刊》，2002年3期。

［169］文富德：《印度经济发展前景的数理分析》，《南亚研究季刊》，2002年4期。

［170］文富德：《印度在世界贸易组织框架下发展经济的若干经验》，《南亚研究季刊》，2003年1期。

［171］文富德：《印度地区经济发展不平衡问题初探》，《南亚研究季刊》，1998年4期。

［172］文富德：《印度经济发展的若干特征》，《当代亚太》，2003年7期。

［173］孙培钧、华碧云：《印度的经济改革：成就、问题与展望》，《南亚研究》，2003年第1期。

［174］谢代刚、李文贵：《试论印度经济发展模式的演绎进程》，《南亚研究季刊》，2005年第2期。

［175］张淑兰：《印度拉奥政府经济改革研究》，新华出版社，2003年。

［176］王晓丹：《印度的农村建设》，《南亚研究》，2006年第2期。

［177］王晓丹：《印度贫困农民的状况及政府的努力》，2007年1月。

［178］李嘉岩：《人口可持续发展与农村反贫困研究》，湖南人民出版社，2004年。

［179］康晓光：《中国贫困与反贫困理论》，广西人民出版社，1995年南宁版。

二、外文参考文献

[1] UNDP：Indian Country Development Strategy，July，2003.

[2] A. N. Agrawal：*Indian Economy*，30th Edition，Wishwa Prakashan，2004.

[3] Indian Government：Country Poverty Reduction，Country Development Programme，etc.

[4] SAARC Secretariat：Anti-Poverty Report of South Asian Countries，2005.

[5] Rudar Datta：*Indian Economy*，2001.

[6] Ministry of Finance，Government of India，*Economic Survey*，1993—2001.

[7] Tata Service Company，*Indian Staticis Outline*，1979—2002.

[8] A. N. Agrawal，*Indian Economy*，Problems of Development and Planning，Willey Estern Limited，2004.

[9] Alok Ghosh，*Indian Economy*，It's Nature and Prlbems，Calacutta，The World Press Privated Limited，1987.

[10] Dut，*Indian Economic History*.

[11] Shankar Acharya，*India's Economy*，*some Issues and Answers*，New Delhi，Academic Foundation，2003.

[12] Jeffrey D. Sachs，*Ashutosh Varshney*，*Nirupam Bajpai*，*India in the Era of Economic Reforms*，Oxford Universtiy Press，2001.

[13] T. N. Srinivasan，Suresh D. Tendrulkar，*Reintergrating India with the World Economy*，Oxford University Press，2003.

[14] K. C. Pant，*India's Development Scenario*，*Nest Decade and Beyond*，New Delhi，Academic Foundation，2003.

[15] P. N. Varshney，*Banking Law & Practice*，Sultan Chand &

Songs Publishers, 1987.

[16] Gutumakh Ram Madan, *Indian Scocial Problems, Social Disorganizationa and Reconstrctuion Allied Publishers Privated Limited*, 1987.

[17] Isher Jdge Ahluwalia & John Williamson, *the South Asian, Experience with Growth*, Oxford University Press, 2003.

[18] Economic Times, *papers about Indian economy*, 2001—2006.

[19] Financial Express, *papers about Indian economy*, 2001—2006.

[20] Economic and Politic Weekly, *papers about Indian* economy, 2001—2006.

[21] Mainstream, *papers about Indian economy*, 2003—2006.

[22] *Indian Economic Review*, papers about Indian economy.

[23] *Reserve Bank of India*, Bulletin, papers about Indian economy.

[24] John Farndon: *India Booms*, 2007, Transworld Publ. Ltd UK.

[25] Timothy Besley, *India's Growth and Povery Reduction Experience*, Facts and Conjectures, LSE.

[26] Timothy Bestley and Robin Burgess, *Land Reform, Poverty Reduction, and Growth: Evidence form India*. London Publishing House, May, 2001.

[27] Rashmi Bhat: *Feminisation of Poverty and Empowerment of Women——An Indian Perspective and Experience*, July, 2003.

[28] Angus Deaton, *Jean Dreze: Poverty and Inequality in India*, August, 2004.

[29] Gaurav Datt, *Poverty in India and Indian States: An Update*, Dec. 2005.

[30] K. K. Bagchi, *Employment and Poverty Alleviation Programmes in India: An Appraisal*, New Delhi, Abhijeet, Feb. 2007.

[31] Roger Harris and Rajesh Rajora: Empowering the Poor, Informa-

tion and Communications Technology for Governance and Poverty Reduction, *A Study of Rural Development Projects in India*, UNDP _ APDIP Series, 2006.

[32] Savita Sharma: Poverty Estimates in India: Some Key Issues, *ERD Working Paper*, No. 51, May 2004.

[33] Arvind Virmani: How poverty in India can be eliminated, *Rediff News*, June 29, 2007.

[34] S. Senthikumaran: *Impact of ICTs on Poverty Alleviation in Rural India*, Report of the Project starting in October 2004.

[35] C. P. Chandrasekhar and Jayati Ghosh: Macroeconomic Policy, Enequality and Poverty Reduction in India and China, 2005.

[36] Nalini Kumar and Naresh Saxena: India: Alleviating Poverty through Forest Development, Evaluation Country Case Study Series of World Bank, 2000.

[37] Angus Deaton: *The Poverty Monitoring Agenda in India*, Priniceton University, 2003.

[38] Juan Pdero Schmid: Economic Growth and Poverty Reducion in India, Effectiveness and efficiency of econonomic and social policies of the center and the sates.

[39] K. Sundaram and Suresh d. Tendulkar: Poverty Among Social and Economic Groups in India in the Nineteen Nineties, Working Paper No. 118.

[40] N. C. Saxena and John Farrington: Trends and Prospects for Poverty Reduction in Rural India: Context and Options. Working Paper 198, May, 2003.

[41] S. K. Srivastava, C. B. S. Dutt, R. Nagaraja, S. Bandyopadhayay, H. C. Meena Rani, V. S. Hegde and V. Jayaraman: Strate-

gies for rural poverty alleviation in India: A perspective based on remote sensing and GIS-based nationwide wasteland mapping.

[42] India Knowledge Wharton: Why the Fight against Poverty Is Failing: A Contrarian View.

[43] Thankom Arun, Katsushi Imai, Frances Sinha: Does the Microfinance Reduce Poverty in India? Propensity Score Matching based on a National-level Household Data, September 2006.

[44] Irfan Khan: Assessing the Potentials of ICTs to Support Poverty Reduction, Jul. 30, 2000.

[45] Arvind Panagariya: Bank Branch Expansion and Poverty Reduction: A Comment.

[46] Dr. Rohini Nayyar: "Scaling up Poverty Reduction", *India Country Study*, Feb. 13, 2004.

[47] SMEs, "cluster development and poverty reduction: Lessons of experience from India", *OECD Report*, May, 2004.

[48] The World Bank Report: India, Alleviating Proverty through Forest Development, 2000.

[49] C. P. Chandrasekkhar and Jayati Ghosh: Macroeconomic Policy, Inequiality and Poverty Reduction in India and China.

[50] Ahluwalia, S. Montek (2000): "Economic Performance of States in Post-Reforms Period", *Economic and Political Weekly*, May 6—11.

[51] Akita and Kawamura (2002): Regional Income Inequaltiy in China and India: A Comparative analysis.

[52] Banerjee, A., and Piketty, T. (2001): "Are the Rich Growing Rcher: Evidence from Indian Tax Data", *Cambridge MA, and CEPREMAO*, Paris, processed. Available at http: www. worldbank. org/indiapovertyworkshop.

[53] G. S. Bhalla and G. Singh (2001): *Indian Agriculture: Four Decades of Development*, New Delhi: Sage Publications.

[54] Bhalla, S. Surjit (2003): "Recounting the Poor: Poverty in India, 1983—1999", *Economic and Political Weekly*, January 25—31.

[55] G. K. Chadha and P. P. Sahu (2002): Post-Reform Setbacks in Rural Employment Issues That Need Further Scrutiny", *Economic and Political Weekly*, May 25, 2002.

[56] Chakravarty, Suhkamoy (1987): *Development Planning: The Inidan Experiecence*, Oxford Univeristy Press, New Delhi.

[57] C. P. Chandrasekhar and Jayati Ghosh (2002): *The market that failed: A decade of neoliberal economic reforms in India*. New Delhi: Leftword Books. Revised eduction 2004.

[58] Gaurav Datt and Martin Ravallion (1998): "Why have some Indian states done bettern than others at reducting rurual poverty?" *Economica*, 65: 17-38.

[59] Gaurav Datt and Martin Ravallion (2002): "Is India's economic growth leaving the poor behind?" *Journal of Economic Perspectives*, summer, vol. 16 No. 3.

[60] Gaurav Datt, Valerie Kozel and Martin Ravallion (2003): "A model-based assessment of India's progress in reducing poverty in the 1990s", *Economic and Political Weekly*, January 25—31.

[61] Angus Deaton (2001): "Surevey design and provery monitoring in India", *Research Program in Development Studies*, Princeton University.

[62] Angus Deaton and Jean Dreze (2002): "Poverty and inequality in India: A re-examination", *Economic and Political Weekly*, September 7, 2002.

[63] Angus Deaton: "Adjusted Indian poverty estimates for 1999—

2000", *Economic and Political Weekly*, January 25—31, 2003.

[64] Angus Deaton: Prices and poverty in India, 1987-2000, Economic and Political Weekly, January 25-31, 2003.

[65] Angus Deaton: "Regional proverty estimates for India, 1999—2000", *Research Program in Development Studies*, Priniceton University.

[66] Bimal Jalan: *The Indian economy*: *Problems and Prospects*, New Delhi: Viking, 1994.

[67] C. T. Kurien: "Global capitalism and the Indian economy", *Delhi Orient Longman*.

[68] Abhijit Sen: "Agriculture, Employment and Poverty: Recent Trends in Rural India", *Agrarian Studies*, New Delhi: Tulika Bookds, 2002.

[69] Abhijit Sen and Himanshu: "Poverty and inequality in India: Getting closer to the truth", *Economic and Politial Weekly*, Januray 2005.

[70] Nirvikar Singh and Laveesh Bhandari: "Regional inequality in Inida: A fresh look", *Economic and Politial Weekly*, March 15, 2003.

[71] K. Sundaram: "Employment and Poverty in the 1990s: Further Results from NSS 55th Round Employment-Unemployment Survey 1999—2000", *Economic and Politial Weekly*, August 1—17, 2001.

[72] K. Sundaram and Suresh D. Tendulkar: "Poverty in India: An Assessment and Analysis", *Delhi School of Economics*, 2000.

[73] K. Sundaram and Suresh D. Tendulkar: "Poverty Has Declined in the 1990s: A Resolution of comparability Problems in NSS Consumer Expenditure Data", *Economic and Political Weekly*, January 25—31, 2003.

[74] K. Sundaram and Suresh D. Tendulkar: " Poverty in India in the 1990s: An Analysis of Changes in 15 Major States", *Economic and Political Weekly*, April 5—11, 2003.

[75] K. Sundaram and Suresh D. Tendulkar："Poverty in India in the 1990s：Revised Results for All Inida and 15 Major States for 1993—94"，*Economic and Political Weekly*，November 15—22，2003.

[76] Raja J. Chelliah and K. R. shanmugam："Strategy for Poverty Reduction and Narrowing Regional Disparities"，*Economic and Polital Weekly*，August 25，2007.

[77] Poverty Lines in India："Reflections after the Patna Conference"，*Economic and Polital Weekly*，Ocoter 13，2007.

[78] Archna S. Mathur："Status of Agriculture in India：Trends and Prospects"，*Economic and Political Weekly*，December 30，2006.

[79] Praduman Kumar："Long-term Changes in Indian food Basket and Nutrition"，*Economic and Political Weekly*，September 1，2007.

[80] P. Satich：Agricultural Credit in the Post-Reform Era，Economic and Political Weekly，June 30，2007.

[81] Alam，M. Shahid (1989)：Governments and Economic Strategies：Lessons From Korea Taiwan and Japan，New York.

[82] Atul Koh (1990)：India's Demorcracy，Princeton University.

[83] Babulal Fadia (1980)：Pressure Groups in Indian Politics，Radiant Publishing House.

[84] Baden-powell (1972)：The Indian Village Community，Cosmo publications.

[85] Black，Jan Knippers (1984)：Latin American：Its Problems and Its Promise，Westview Press，Inc.

[86] Bose，Sugata (1990)：South Asia and World Capitalism，Delhi，Oxford University Press.

[87] Chandra，Bipan (1987)：Communalism in Modern India，Vikas Publishing house Pub. Ltd.

[88] Chaudhuri, K, N, and Dewey C. J (1979): Economy and Society: Indian Economic and Social History, Delhi: Oxford University Press.

[89] Desai, A. R. (1969): Rural Sociology in India, Popular Prakashan Bombay.

[90] Deyo, Frederic C (1981): Dependent Development and Industrial Order: An Asian Case study, New York.

[91] Dhar (1986): National Integration and Indian Constitution, Deep & Deep Publication.

http: //bbs. cqzg. cn92. Dhingra Ishwar C (1981): The Indian Economy: Resources Planning Development and Problems. New Delhi.

[93] Fernandes, Walter (1986): Inequality, its Bases and Search for solutions, New Delhi, Indian Social Institute.

[94] Galenson, Walter (1985): Foreign Trade and Investment: Economic Development in Newly Industrializing Asian Countries, University of Wisconsin Press.

[95] Gavord, V. R (1981): Community Development in India, R. Dor, Z Mars, UNESCO London.

[96] Grover (1989): Political System in India, Deep&Deep Publication.

[97] H·R. Khanna (1981): Making of India's Constitution, Eastern Book Company.

[98] Hout, Wil (1993) Capitalism and the Third World, Edward Elgar Publishing Limited.

[99] http: //bbs. cqzg. cn99. K·Sharma (1982): Political Modernization in India, Shree Publishing House.

[100] Kapp K. W. (1963): Hindu Culture, Economic Development and Economic Planning in India, Bombay: Asia Publishing House.

[101] Madan, G. R. (1972): Indian Social Transformation, Allied Publishers Private Ltd.

[102] P · Ksrunakarn (1978): Democracy in India, Intellectual Book Corner.

[103] Pandhe, M. K. (1977): Social Life in India, Calcutta.

[104] Paul R. Brass (1994): The Politics of India Since Independence, New York , Cambridg.

[105] Pradeep Kumar (1988): Studies In Indian Federalism, New Delhi.

[106] Ramesh Thakur (1995): The Government and Politics of India, St. Martin's Press.

[107] Rekha Saena (1994): Indian Politics in Transition, Deep&Deep Publication. .

[108] Sagar S. L (1975): Hindu Culture and Caste System in India.

[109] Singh, Yogendra (1986) Modernization of Indian Tradition Pawat Publications, Jaipur.

[110] Srinivas, M. N. (1966): Social Change in Modern India, Orient Longman University.

[111] http: //bbs. cqzg. cn111. V. B. Rao (1987): General Elections in India, Uppal Publishing House.

[112] Weber, Marx (1958): The Religion of India, The Free press of Glencoe.

[113] Shekhar Aiyar, "Growth Theory and Govergence Across Indian States: A Panel Study", *India at the Crossroads*, International Monetary Fund 2001.

[114] Arvind Panagariya, "Growth and Reforms during 1980s and 1990s", *Economic and Political Weekly*, June 19, 2004, pp. 2581—2594.

[115] Arivind Virmani, "Election 2004: A Different Explanation", *Economic and Political Weekly*, June 19 2004.

[116] Angus Deaton and Dreze Jean (2002), "Poverty and Inequality in India: A Reexamination", *Economic and Political Weekly*, September7, 2002, Vol. XXXVII No. 36, pp3729—3748.

[117] *Economic Survey* 2003-2004. http: //www. indiabudget. nic. in.

[118] Mancur Olson (2000), Power and *Prosperity: Outgrowing Communist and Capitalist Dictatorships*, Basic Books.

[119] K Sundaram and Suresh D Tendulkar (2003), "Poverty among Social and Economic Groups in India in 1990s", *Economic and Political Weekly*, December 13-19, 2003, VolXXXVIII No 50, pp. 5263-5276.

[120] Surjit S. Bhalla (2003), "Not as Poor, Nor as unequal, As you Think—Poverty, Inequality and Growth in India, 1950—2000", http: // www. oxusresearch. com/downloads/ei041203. pdf.

[121] Max Weber (1968), *Economy and Society*, ed. Guenther and Wittich, California University Press.

[122] Yogendra Yadav (1999), "The Third Election System", *Seminar* 480: *Cruel Choices August*, 1999 .

后 记

读研一直是我多年的愿望！大学毕业后，由于工作等多方面的原因，一直没有机会考研，而读博更是我想没有想过的事，如今这全都变成了现实，着实令我感慨万端！

我是一个农家苦孩子，早年由于家境贫寒，父母在“文革”期间遭受迫害，多亏了改革开放，才使我这个放牛娃有机会考上大学。大学毕业后被分配到西藏边疆工作，由于工作原因，一直没有机会考研。之后又多次被派到国外工作，也没有机会完成自己读研的愿望，心中总有不甘。回国后终于鼓起勇气，放弃政府机关公务员的职位，来到四川大学南亚研究所工作，终于有机会实现自己的继续深造的心愿，如愿以偿地考上了尊敬的文富德教授的博士研究生，并如期毕业。

本书是我在四川大学经济学院攻读博士学位的毕业论文的基础上写成的。作为博士研究生学业的重要部分，我的毕业论文从选题到写作都得到了导师文富德教授的细心指导。不仅如此，由于选题局限，资料难寻，我的导师还无私地提供了他多年积累的文献资料，为我在搜集资料期间节约了大量时间。在此，我要向我的导师文富德教授表达我最诚挚的谢意！

文富德教授严肃的治学态度，精益求精的工作作风，深深地感染和激励着我；他那一丝不苟的工作作风一直是我工作、学习中的榜样；他循循善诱的教导和不拘一格的思路给予我无尽的启迪。我在四川大学南亚研究所工作中的每一个进步与成长始终离不开文富德教授的谆谆教诲！

同时，我还要感谢四川大学经济学院的李天德院长、陶宏书记和学院的其他领导、四川大学南亚研究所的同事，以及给予过我关心和帮助的各位朋友，由于他们对我的支持和鼓励，才使得我的学业按期、顺利完成！衷心感谢他们！

宋志辉

2009 年 9 月 30 日于成都

图书在版编目(CIP)数据

印度农村反贫困研究 / 宋志辉著 . 一成都:巴蜀书社,2011.11
(南亚前沿问题研究丛书)
ISBN 978-7-80752-894-4

Ⅰ.①印… Ⅱ.①宋… Ⅲ.①农村-贫困问题-研究-印度 Ⅳ.①F335.13

中国版本图书馆 CIP 数据核字(2011)第 191801 号

印度农村反贫困研究

宋志辉　著

责任编辑　陈　礼
封面设计　张　科
出　　版　四川出版集团巴蜀书社
　　　　　成都市槐树街 2 号　邮编 610031
　　　　　总编室电话:(028)86259397
网　　址　www.bsbook.com
发　　行　巴蜀书社
　　　　　发行科电话:(028)86259422　86259423
经　　销　新华书店
印　　刷　四川机投印务有限公司
版　　次　2011 年 11 月第 1 版
印　　次　2011 年 11 月第 1 次印刷
成品尺寸　203mm×140mm
印　　张　9.75
字　　数　250 千
书　　号　ISBN 978-7-80752-894-4
定　　价　24.00 元